宏观经济政策评价报告 2021

刘哲希　陈小亮　陈彦斌/著

科 学 出 版 社

北 京

内 容 简 介

本书在"大宏观"和"三策合一"视角下，结合宏观经济理论和中国国情，从"政策目标设定的合理性""政策整体效果""政策力度""政策传导效率""政策空间""预期管理""政策协调性"七大维度对中国宏观政策进行系统评价。作为一项创新性的基础研究，本书具有重要的理论意义和政策价值，不仅有助于倡导问题导向的宏观理论研究，而且有助于发现宏观政策制定和实施过程中的成功经验和有待改进之处，从而更好地实现"稳增长"和"防风险"等重要目标。

本书可供科研机构人员、政府部门相关人士以及经管类高校师生阅读使用，尤其适用于研究宏观政策及相关问题的经济工作者。

图书在版编目（CIP）数据

宏观经济政策评价报告. 2021 / 刘哲希，陈小亮，陈彦斌著. —北京：科学出版社，2021.6

ISBN 978-7-03-069154-5

Ⅰ. ①宏… Ⅱ. ①刘… ②陈… ③陈… Ⅲ.①中国经济－宏观经济－经济政策－评价－研究报告－2021 Ⅳ. ①F123.16

中国版本图书馆 CIP 数据核字（2021）第 109146 号

责任编辑：徐 倩 / 责任校对：贾娜娜

责任印制：张 伟 / 封面设计：无极书装

科学出版社出版

北京东黄城根北街 16 号

邮政编码：100717

http://www.sciencep.com

北京虎彩文化传播有限公司印刷

科学出版社发行 各地新华书店经销

*

2021 年 6 月第 一 版 开本：787×1092 1/16

2021 年 6 月第一次印刷 印张：14 1/2

字数：340 000

定价：142.00 元

（如有印装质量问题，我社负责调换）

作 者 简 介

刘哲希，对外经济贸易大学国际经济贸易学院副教授，主要从事经济增长与宏观金融等领域的研究。已经在《经济研究》、《世界经济》、《中国工业经济》、《金融研究》、*Emerging Markets Finance and Trade*、*China & World Economy* 等国内核心期刊和 SSCI 期刊上发表 30 余篇学术论文，并在人民网、光明网、《经济参考报》、《中国社会科学报》、《证券日报》等重要媒体和报刊发表多篇评论文章。出版 3 部著作，主持 1 项教育部人文社会科学基金项目和 1 项国家自然科学基金项目，并参与国家自然科学基金应急管理项目、马克思主义理论研究和建设工程等多项国家级课题项目。

陈小亮，中国社会科学院经济研究所《经济研究》编辑部副编审，主要从事宏观经济政策、经济增长和房地产等方面的研究。已经在《经济研究》、《中国工业经济》和 *Energy Policy* 等国内外核心期刊发表 50 余篇学术论文，并在光明网、《中国社会科学报》、《经济参考报》、《经济观察报》等重要媒体和报刊发表近 30 篇评论文章。出版 6 部专著，主持 2 项国家自然科学基金项目，参与 10 多项国家级课题项目。研究成果获得中央领导批示，获得第八届高等学校科学研究优秀成果奖三等奖、北京市第十五届哲学社会科学优秀成果奖二等奖等奖项。

陈彦斌，国家经济学教材建设重点研究基地执行主任，教育部长江学者特聘教授，中国人民大学二级教授、“杰出学者”特聘教授。担任《经济研究》、《中国工业经济》等权威期刊编委会委员，《光明日报》（理论版）专栏作家，中共中央宣传部“马克思主义理论研究和建设工程”首席专家，甘肃省人民政府决策咨询委员会顾问委员，（中国）消费经济学会副会长，北京外国经济学说研究会副会长，中国老年学和老年医学学会老龄经济学分会主任委员。长期研究宏观经济学，尤其是中国宏观经济学理论和宏观经济政策评价。在国内外重要学术期刊发表近 200 篇学术论文，在《人民日报》（理论版）和《光明日报》（理论版）发表 20 余篇论文。主持国家级和省部级课题 20 余项，出版学术著作 10 余部。创办《宏观经济政策评价报告》，在“大宏观”视角下结合宏观经济理论和中国国情对宏观调控进行系统评价。创办《中国企业创新能力百千万排行榜》，对全国所有高新技术企业的创新能力进行了全覆盖全方位的评价。2020 年 1 月 15 日，受邀参加李克强总理主持的《政府工作报告（征求意见稿）》专家座谈会。

前　言

对宏观经济政策（简称宏观政策）进行评价是一项重大的基础性研究工作，具有重要的理论价值和现实意义。就理论价值而言，本书倡导问题导向的理论研究，有助于完善中国的宏观政策理论体系。就现实意义而言，站在“两个一百年”奋斗目标的交汇点上，中国既面临前所未有的机遇，也面临前所未有的挑战，处于百年未有之大变局之中。一方面，新型冠状病毒肺炎疫情（以下简称新冠肺炎疫情）和国内外复杂、严峻的经济环境使得经济面临下行压力，要想顺利跨越中等收入陷阱并到2035年基本实现社会主义现代化，需要经济保持一定增速，因此很有必要运用宏观政策“稳增长”。另一方面，近年来房地产泡沫风险、债务风险等多种金融风险并存，有效运用宏观政策才能实现十九大报告所强调的“守住不发生系统性金融风险的底线”等重要目标。正因如此，“十四五”规划首次明确提出要“健全宏观经济政策评估评价制度”。本书通过对宏观政策进行评价，能够发现宏观政策制定和实施过程中的成功经验和有待改进之处，从而有助于提高中国宏观政策的调控效率，更好地实现“稳增长”和“防风险”等重要目标。

近年来，中国对宏观政策的重视程度日益提高。一方面，不断突出货币政策和财政政策在宏观政策体系中的主体地位。十八届三中全会明确指出，要健全“以财政政策和货币政策为主要手段的宏观调控体系”。党的十九届五中全会进一步强调要“健全以国家发展规划为战略导向，以财政政策和货币政策为主要手段”的宏观经济治理体系。另一方面，对宏观审慎政策的重视明显加强，十九大报告明确提出，要“健全货币政策和宏观审慎政策双支柱调控框架”。事实上，符合宏观政策所追求的经济与金融“双稳定”核心目标的主要就是货币政策、财政政策和宏观审慎政策，三者被称为狭义的宏观政策。有鉴于此，本书主要评价狭义的宏观政策。

2016 年以来，《宏观政策评价报告》每年出版一部，取得了不错的社会反响。本书将在出版的多部报告的基础上，在“大宏观”和“三策合一”视角下，结合宏观经济理论和中国国情，从“政策目标设定的合理性”“政策整体效果”“政策力度”“政策传导效率”“政策空间”“预期管理”“政策协调性”七大维度对中国宏观政策进行系统评价。这不仅有助于完善中国宏观政策理论体系，而且有助于更好地提高中国宏观政策的效率，以更小的代价促进中国经济实现高质量发展，从而早日实现中华民族伟大复兴的中国梦。

本书得到了国家自然科学基金应急管理项目“国内经济政策环境与金融风险防范”（项目号：71850003）的资助，在此表示感谢。

陈彦斌

2021 年 2 月

目　　录

第一篇　评价报告

第二篇　专题研究

第一篇 评 价 报 告

主报告　宏观政策评价报告 2021

宏观政策对于一个国家的经济稳定和金融稳定至关重要，对当前中国而言尤其如此。一方面，新冠肺炎疫情和国内外复杂、严峻的经济环境使得经济面临下行压力，要想顺利跨越中等收入陷阱并到 2035 年基本实现社会主义现代化，需要经济保持一定增速，因此很有必要运用宏观政策“稳增长”。另一方面，近年来债务风险等多种金融风险并存，有效运用宏观政策才能实现十九大报告所强调的“守住不发生系统性金融风险的底线”等重要目标。

本报告将在“大宏观”视角下，结合宏观经济理论与中国国情，从“政策目标设定的合理性”“政策整体效果”“政策力度”“政策传导效率”“政策空间”“预期管理”“政策协调性”七大维度对 2020 年的宏观政策尤其是货币政策和财政政策进行系统评价。由此，能够发现宏观政策制定和实施过程中的成功经验和有待改进之处，从而更好地实现“稳增长”和“防风险”等重要目标。

一、宏观政策目标设定的合理性评价

宏观政策目标并不等同于国家治理目标。国家治理目标包含经济发展、民生福祉与社会稳定等多个维度，而宏观政策目标主要包含经济稳定与金融稳定。就经济稳定而言，宏观政策旨在实现增长稳定、就业稳定与物价稳定，政府工作报告通常会在年初设定经济增速、城镇新增就业人数和失业率、物价涨幅的目标值。就金融稳定而言，宏观政策旨在防控金融风险，从而维护金融体系的稳定运行，近年来的政府工作报告也都对金融风险防控做出了明确要求。本报告将基于 2020 年政府工作报告设定的目标，对其合理性进行评价。

第一，考虑到疫情冲击下经济运行存在较大不确定性，2020 年没有明确设定经济增速目标值具有合理性，但仍然高度重视经济增长。政府工作报告指出，“没有提出全年经济增速具体目标，主要因为全球疫情和经贸形势不确定性很大，我国发展面临一些难以预料的影响因素”。这一考虑是合理的。不过，从对赤字率等其他指标的设定，可以推算出 2020 年名义 GDP 增速要达到 5%左右，说明仍然高度重视经济增长。这是因为，从短期来看，经济增长是完成“六稳”“六保”工作的重要保障，而从中长期来看，中国面临到 2035 年要基本实现社会主义现代化等重要任务，这也要求经济增速保持在一定水平。

第二，2020 年将城镇调查失业率上调了 0.5 个百分点，既考虑了疫情冲击的影响，也体现了宏观政策的积极立场。2020 年政府工作报告将城镇调查失业率设定为 6%左右，比 2019 年上调了 0.5 个百分点。考虑到当时疫情发展存在较大不确定性，以上设定具有一定的合理性。不过，在疫情冲击之下，城镇调查失业率目标值的上调幅度仅为 0.5 个百分点，这也体现了政府积极运用宏观政策缓解就业压力的决心。

第三，2020 年消费价格指数（consumer price index，CPI）目标涨幅上调了 0.5 百分点，这主要考虑到了年初食品价格上涨以及积极宏观政策实施可能带来的通胀压力，具有合理性。不过，CPI 包含了易受到季节性与随机性因素干扰的食品与能源价格，具有较强的波动性。宏观政策更应该关注剔除食品和能源价格的核心 CPI，未来应该明确设定核心 CPI 的目标值。维护食品价格稳定属于国家治理层面的任务，不应主要依靠宏观政策对 CPI 目标的调控来实现，而应依靠产业政策与社会政策加以应对。

第四，2020 年突出强调“加强金融等领域重大风险防控”与“坚决守住不发生系统性风险底线”，具有较大的必要性。2008 年全球金融危机的爆发使得社会各界普遍意识到，宏观政策既需要保证经济稳定，也需要保证金融稳定。由于货币政策和财政政策在实现经济稳定的同时难以兼顾金融稳定，宏观审慎政策成为实现金融稳定的核心政策工具。近年来，中国对金融稳定的重视程度不断提高。考虑到中国仍面临债务风险、房地产泡沫化风险等多方面金融风险，2020 年政府工作报告强调重视金融稳定，是有必要的。

二、宏观政策整体效果评价

本报告将从经济稳定和金融稳定两个方面对 2020 年中国宏观政策的整体效果进行评价，着重分析宏观政策追求的核心目标是否顺利实现。

就经济稳定而言，疫情冲击下的 2020 年中国经济增速实现了阶梯式快速回升，成为全球唯一正增长的主要经济体，实属难得。2020 年一季度中国经济增速受疫情冲击跌至–6.8%，为改革开放以来的同期最低点。随着宏观政策的积极应对，工业与服务业生产迅速恢复，四季度经济增速已回升至 6.5%，全年经济增速达到了 2.3%。产出缺口已经从一季度的–12.8%左右回升至四季度的 0.7%左右。2020 年中国不仅是全球范围内唯一实现正增长的主要经济体，而且高于其他主要经济体至少 5 个百分点，在全球范围内一枝独秀。但是，正如 2020 年底中央经济工作会议所指出的，“疫情变化和外部环境存在诸多不确定性，我国经济恢复基础尚不牢固”。一是消费与投资需求的增长动力依然不足，突出表现为居民人均消费支出增速与民间投资增速较为低迷。二是核心 CPI、生产价格指数（producer price index，PPI）与国内生产总值（gross domestic product，GDP）平减指数均处于低位，呈现一定的通缩迹象，从而对经济复苏的可持续性产生影响。三是中低收入群体收入增速下滑较为明显，部分中小企业生产经营压力依然不小。四是潜在增速持续较快下滑，与长期合理的潜在增速之间的缺口（潜在增速缺口）呈现扩大态势。“十三五”时期中国的潜在增速缺口平均为–0.4%，比“十二五”时期扩大了 0.2 个百分点。

就金融稳定而言，2020 年外汇风险和不当金融创新风险有所缓解，不过还存在一些风险隐患。外汇风险显著下降，主要表现在人民币汇率的走强以及外汇储备规模的稳中有升。截至 2020 年末外汇储备为 3.2 万亿美元，显著高于使用国际货币基金组织（International Monetary Fund，IMF）风险加权法测算得到的“安全线”（1.4 万亿～2.2 万亿美元），为防范外汇风险提供了坚强后盾。同时，互联网金融风险大幅压降，部分金融乱象得到有效治理。不过，房价泡沫化风险、金融体系的信用风险和流动性风险，以及居民、企业和政府部门的债务风险仍然需要高度重视并加以防范。

三、政策力度评价

政策力度是宏观政策调控效果的重要决定因素。在经济下行压力之下，如果政策力度不足，将很难实现宏观政策的调控目标。

就货币政策力度而言，第一，数量型货币政策力度较为充足，2020 年广义货币（M2）与社会融资规模余额同比增速都显著提高，较好地实现了政府工作报告制定的“明显高于去年”的目标。不仅如此，2020 年 M2 同比增速与名义 GDP 增速的差额（7.6%）与 2016～2019 年的平均值（–0.5%）相比也明显升高，表明数量型货币政策的逆周期调节力度较大。第二，价格型货币政策的力度在 2020 年上半年明显加大，但是下半年恢复常态的步伐偏快。以 DR007 为代表的货币市场利率在 2020 年初明显下降，但是 5 月之后有所反弹。与之类似，信贷市场实际利率（金融机构一般贷款加权平均利率扣减核心 CPI）在 2020 年上半年略微下降，但是下半年有所升高。

就财政政策力度而言，2020 年较好地实现了政府工作报告所要求的“积极的财政政策要更加积极有为”的目标，不过财政支出进度偏慢，对财政政策的力度产生了掣肘。第一，实际赤字率达到了“十三五”时期的最高点。2020 年前三季度，调整后的一般公共预算赤字率为 4.73%，调整后的一般公共预算与政府性基金预算赤字率之和为 7.91%，均达到“十三五”期间的同期最高水平。第二，宏观税负降至“十三五”时期的最低点。2020 年前三季度宏观税负[“（一般公共预算收入+政府性基金收入）/GDP”]为 27.15%，比“十三五”期间的平均水平下降了 2.18 个百分点。不过，2020 年的一般公共预算支出实际增速和政府性基金预算支出增速均低于中央制定的目标值。此外，2016～2019 年“一般公共预算支出+政府性基金支出（扣除成本）”增速与名义 GDP 增速差额的平均值是 3.27%，而 2020 年前三季度只有 3.12%。可见，财政支出政策的逆周期调节力度还有待加大。

总体而言，2020 年货币政策和财政政策明显加大了力度，为宏观政策应对新冠肺炎疫情和国内外复杂、严峻形势所带来的经济下行压力提供了重要保障。不过，也都存在一定的改进空间，尤其是价格型货币政策的力度需要进一步加大，财政支出力度需要进一步加大，进度也需要进一步加快。

四、政策传导效率评价

2020 年货币政策的传导效率有所提高。货币政策传导机制主要包括三个环节：央行货币政策操作是否能够顺利调节银行部门流动性；银行部门是否能够顺利地将资金释放给企业和居民部门；企业和居民部门是否真正将所筹集资金用于生产性投资和消费活动。2020 年，央行通过降低存款准备金率（以下简称降准）和降息（降低存款利率和贷款利率，并相应调整贴现率）等操作较好地提高了银行部门资金可获得性并降低了资金成本，同时全社会新增信贷大幅增加，流向房地产的新增信贷占比不断下降，可见货币政策在前两个环节的传导效率有所改善。虽然金融对实体经济的支持力度显著增强，但是民间投资和居民消费相对低迷，可见货币政策在第三个环节的传导效率有待提高，这主要由长期存在的结构性问题所致，仅靠货币政策难以解决。

财政政策的传导效率有待提升。评估财政政策传导效率的关键在于判断政府支出、减税等举措能否有效带动全社会的投资需求和消费需求。2020 年积极财政政策对国有控股投资的带动作用较为明显，但是对民间投资和基础建设（以下简称基建）投资的带动作用有待改善。此外，积极财政政策对居民消费的带动作用同样有待改善。

五、政策空间评价

货币政策空间有所收窄，但是国外货币政策环境较为宽松，因此中国货币政策的实际可操作空间仍然较为充裕。就数量型货币政策而言，中国金融机构的平均法定存款准备金率已经由 2018 年初的 14.9%降至 2020 年底的 9.4%。就价格型货币政策而言，截至 2020 年末，中期借贷便利（medium-term lending facility，MLF）利率和公开市场操作（open market operations，OMO）利率都降至了“十三五”时期的低位。由此，降准和降息空间均有所收窄。不过，2020 年多国大幅降息，从而使得中国货币政策的实际可操作空间事实上反而有所增加。

财政政策空间仍然较为充裕。近年来中国政府债务率不断升高，2020 年的涨幅尤为明显，已经超过新兴经济体的平均水平。未来，老龄化等因素还将促使中国政府债务率进一步升高。不过，由于中央政府债务占比偏低（中国为 43%左右，而发达经济体通常为 90%左右）和外债占比偏低（中国仅为 3.5%左右，而爆发欧债危机的国家高达 75%左右）这两大特征的存在，中央政府部门仍然具有一定的加杠杆空间，从而拓宽了中国财政政策的实际可操作空间。

六、预期管理评价

预期管理的核心是通过加强对公众的信息沟通，对公众预期形成引导，从而提高政策的调控效率。美国等其他主要经济体的预期管理主要针对货币政策，中国预期管理的范畴更加宽泛，具有典型的中国特色。本报告将从两个维度对预期管理进行评价：一是基于主流预期管理理论，对中国货币政策预期管理进行评价；二是对中国特色预期管理的主要做法进行评价。

2020 年中国货币政策预期管理显著改善，但仍有提升空间。货币政策预期管理包含提高政策透明度和强化前瞻性指引两个方面。就透明度而言，2020 年央行对未来经济和政策的定性表述更为明确，提高了经济信息的透明度。同时，央行加强了对货币政策操作方式与意图的解释，提高了操作信息的透明度。不过，货币政策锚定的目标仍然偏多，未来可以精简并且明确优先目标，从而提高目标信息的透明度；同时，还可以适时公开货币政策的决策过程，从而提高决策信息的透明度。就前瞻性指引而言，疫情冲击下央行通过多种渠道提前沟通货币政策的应对举措，并逐渐加强了对未来货币政策的引导和沟通，有效引导了公众对货币政策走向的预期。不过，货币政策中介目标的前瞻性指引仍有待加强。

中国特色预期管理的政策实践主要体现在短期、中期、长期三个维度，发挥了引导与稳定公众预期的重要作用。短期而言，每年通过中央经济工作会议与两会（“全国人民代表大会”和“中国人民政治协商会议”的简称）发布全年经济运行的前瞻性指标并明确表述宏观政策定位，在稳定公众预期方面发挥了重要作用。中期而言，定期制订经济发展五年规划，明确未来五年经济发展的总体目标、具体任务和政策导向，使公众更加明晰经济发展路径，增强了公众对经济发展的信心。长期而言，通过战略性地规划部署“三步走”战略、2035 年远景目标以及“两个一百年”奋斗目标等，前瞻性地设定了不同阶段的经济发展目标，有效发挥了前瞻性指引的重要作用。

七、政策协调性评价

2020 年理想的政策协调方式是“积极的财政政策+稳健偏宽松的货币政策+偏紧的宏观审慎政策”。一方面，“积极的财政政策+稳健偏宽松的货币政策”能更好地实现经济稳定，推动经济增速尽快向长期合理的潜在增速靠拢。另一方面，“偏紧的宏观审慎政策”与“积极的财政政策+稳健偏宽松的货币政策”相互协调，有助于防范货币政策与财政政策双双发力过程中可能出现的资产泡沫化等金融风险，提高金融体系稳定性。

从政策实践来看，三类宏观政策实现了较好的协调配合。首先，货币政策力度有所增强。其次，财政政策较为积极，显著提高了赤字率。最后，宏观审慎政策框架进一步完善，健全了房地产金融、影子银行等重点领域宏观审慎监测、评估和预警体系。各类宏观政策的协调性仍有提高空间。一是价格型货币政策的力度有待加大，从而进一步推动实际利率下降。二是财政支出的执行进度有待加快。三是宏观审慎政策对房价泡沫化风险与债务风险的管控有待加强。

八、2021 年宏观政策的总体思路

通过对 2020 年宏观政策进行系统评价，总体而言，宏观政策操作在不少方面比以往明显改进，对中国经济在全球一枝独秀的表现起到了重要支撑作用。展望 2021 年，建议从如下几个方面创新与完善宏观调控。一是构建更加完善的宏观政策指标体系，尤其要完善核心 CPI 等指标及其目标值的设定。二是适度加大货币和财政政策的力度，尤其要注意加快财政支出的执行进度，从而更好地实现逆周期调节。三是消除结构性因素的阻碍，从根本上着力提高货币政策和财政政策的传导效率。四是进一步强化预期管理。五是不断健全各类宏观政策的协调机制，从而更好地实现经济稳定与金融稳定的双重目标。

需要强调的是，当前中国经济复杂局面在于多因素的交织，需要打破既有的宏观调控理念和思路，构建新的宏观调控框架。在“大宏观”视角下，将稳定政策（货币、财政与宏观审慎政策）、增长政策和结构政策有机融合起来，实现“三策合一”，才能有效应对当前中国经济所面临的复杂格局。第一，稳定政策需要适当加大力度，以增加对潜在增速缺口的关注，兼顾短期与中长期的最优增长路径。第二，增长政策既要挖掘中国经济增长的“老动力”，又要增强“新动力”，防止潜在增速过快下滑。第三，结构政策要以改善总需求结构、收入分配结构、总供给结构等为核心抓手，切实提高稳定政策的调控效率。宏观政策“三策合一”新框架既能提高宏观调控的整体效率，又能节约宝贵的政策空间，从而助推中国经济实现高质量发展，促使中国经济顺利跨越中等收入陷阱并迈向社会主义现代化。

分报告一　政策目标设定的合理性评价

一、引　言

宏观政策目标设定是宏观政策制定的关键环节，对宏观政策的最终效果发挥着决定性作用。合理的宏观政策目标设定，有助于稳定经济的短期波动，对宏观政策调控具有重要的指导意义。不合理的宏观政策目标设定会降低宏观政策的调控效率，反而会加剧经济波动，甚至引发经济与金融危机。比如，20 世纪 70 年代的美国滞胀危机很大程度上就源于政府追求过高的经济增长速度，从而实施了过于积极的财政政策与货币政策（Orphanides，2003；Bianchi and Ilut，2017）。[①]

宏观政策目标不等同于国家治理目标。国家治理目标一般包含经济发展、制度建设、社会稳定与环境治理等多个维度，相比于宏观政策目标更为宽泛。比如，“十三五”规划中，国家一共设定了 33 项指标的目标值，涉及经济发展、创新驱动、民生福祉和资源环境等四个大类，这属于国家治理目标。[②] 2020 年面对新冠肺炎疫情的冲击，国家提出的“六稳”“六保”目标，也属于国

① 引爆2008年全球金融危机的美国房地产泡沫一定程度上也源于前期美联储实施了利率过低的货币政策（Taylor，2007）。

② “十三五”规划中“经济发展”大类的细分指标为GDP、全员劳动生产率、常住人口城镇化率、户籍人口城镇化率、服务业增加值比重。“创新驱动”大类的细分指标为研究与试验发展经济投入强度、每万人口发明专利拥有量、科技进步贡献率、固定宽带家庭普及率、移动宽带用户普及率。“民生福祉”大类的细分指标为居民人均可支配收入增长率、劳动年龄人口平均受教育年限、城镇新增就业人数、农村贫困人口脱贫数、基本养老保险参保率、城镇棚户区住房改造数、人均预期寿命。“资源环境”大类的细分指标为耕地保有量、新增建设用地规模、万元GDP用水量下降比率、单位GDP能源消耗降低比率、非化石能源占一次能源消费比重、单位GDP二氧化碳排放降低比率、森林覆盖率、森林蓄积量、地级及以上城市空气质量优良天数比率、细颗粒物（PM2.5）未达标地级及以上城市浓度下降比率、达到或好于Ⅲ类水体比例、劣Ⅴ类水体比例、主要污染物（化学需氧量、氨氮、二氧化硫、氮氧化物）排放总量减少比率。

家治理目标，而不能笼统地视为宏观政策目标。[①]再如，保证食品价格基本稳定是维护中低收入群体生活质量的重要举措，虽然食品价格也包含在 CPI 之中，但这属于国家治理目标，宏观政策更应关注剔除食品价格和能源价格的核心 CPI。

宏观政策目标包含经济稳定和金融稳定两个方面。就经济稳定而言，主要是设定经济增速、失业率与价格总水平的目标，并予以实现。既有宏观理论认为，经济稳定目标设定所遵循的原则是使一个经济体的产出缺口与通胀缺口维持在零附近的状态，从而减少短期内资源的无效或低效配置。在此基础上，陈彦斌（2020）提出了“潜在增速缺口”的新概念，[②]认为宏观政策不仅要实现产出缺口和通胀缺口保持在零附近，还要兼顾中长期的经济增长路径。就金融稳定而言，主要是要保证金融体系的稳定运行，防控金融风险，守住不发生系统性金融风险的底线。国际经验表明，如果金融体系的稳定性不强，就会放大冲击所造成的风险，严重时甚至会危及整体经济的健康发展。[③]基于此，本报告将从经济稳定和金融稳定两个方面对 2020 年中国宏观政策目标的合理性进行研究。

二、经济稳定目标设定的合理性评价

理论上，增长稳定、就业稳定与物价稳定是经济稳定的重要组成部分。中国每年年初的政府工作报告通常会对 GDP 增速、城镇新增就业人数、失业率、CPI 涨幅等关键性指标设定具体的量化目标值，这也是全年宏观政策所锚定的重要目标。本报告将根据 2020 年政府工作报告对经济稳定目标设定的相关表述进行分析。

---

① “六稳”指的是“稳就业、稳金融、稳外贸、稳外资、稳投资、稳预期”，“六保”指的是“保居民就业、保基本民生、保市场主体、保粮食能源安全、保产业链供应链稳定、保基层运转”。

② 陈彦斌（2020）指出，潜在增速缺口是指潜在增速对长期合理潜在增速的偏离。理论上，长期合理的潜在增速应该是一条平缓的曲线，如果在一定时期内潜在增速出现过大幅度的变化，那就意味着出现了潜在增速缺口，需要使用宏观政策进行干预，既有理论忽视了这一点。

③ 目前对金融稳定的定义可以分为两类。一类是从金融体系稳定时期应该有的表现与特征来定义（Crockett，1996）。另一类是从金融不稳定的特征反向定义金融稳定（Mishkin，1999）。从政策实践来看，基于中国央行与美联储对自身维持金融稳定职责的描述，核心任务都是要防范系统性金融风险的发生，从而保证金融体系平稳运行，支撑经济的健康发展。

1. 考虑到疫情冲击下经济运行存在较大的不确定性，2020 年没有明确设定 GDP 增速目标值具有合理性，但仍然高度重视经济增长

GDP 增速具体目标的设定以往通常是经济稳定目标设定的重要组成部分。以“十三五”时期为例，2016～2019 年的政府工作报告中，均对 GDP 增速目标做出了具体表述（表 1），设定 GDP 目标的量化值或目标区间。不过，2020 年政府工作报告没有设立 GDP 的具体量化目标，政府工作报告指出“我们没有提出全年经济增速具体目标，主要因为全球疫情和经贸形势不确定性很大，我国发展面临一些难以预料的影响因素”。

表 1 “十三五”时期各年政府工作报告对经济增长目标值设定的相关表述

年份	经济增长目标值设定的相关表述
2016	经济增长预期目标 6.5%~7%
2017	GDP 增长 6.5%左右
2018	GDP 增长 6.5%左右
2019	GDP 增长 6%~6.5%
2020	没有设定具体目标

虽然 2020 年政府工作报告没有明确提出 GDP 增速目标，但预算赤字率等其他指标也体现了对名义 GDP 增速目标的要求，实际上政府部门对经济增长依然高度重视。2020 年政府工作报告提出，“今年赤字率拟按 3.6%以上安排，财政赤字规模比去年增加 1 万亿元”。2019 年财政赤字规模为 2.76 万亿元，由此可知 2020 年的财政赤字规模将达到 3.76 万亿元。根据赤字率的计算公式“赤字率=赤字规模/名义 GDP”，由此可以推算出 2020 年名义 GDP 要达到约 104.44 万亿元。2019 年中国名义 GDP 规模约为 99.09 万亿元，这意味着 2020 年名义 GDP 增速力争要达到 5%左右（2019 年中国的名义 GDP 增速为 7.8%）。由此可知，面对疫情的巨大冲击，以及在 2020 年一季度 GDP 实际增速大幅下滑至−6.8%、名义增速大幅下滑至−5.3%的情况下，2020 年 5 月发布的政府工作报告依然对全年的经济增长提出了较高的要求。

客观上看，保持较快的经济增长对于中国经济发展至关重要，因而政府部门在疫情冲击下依然高度重视经济增长具有必要性与合理性。一是从短期来看，经济增长是稳定居民就业与保基本民生的重要基础，是完成“六稳”

“六保”工作的重要保障。[①]就稳定居民就业而言，经济增长是创造就业岗位与带动居民就业的基础。近年来 GDP 每增长 1%带动的新增就业人数（即增长就业弹性）不断增加，从 2015 年的 187 万人增长到 2019 年的 222 万人。按照增长就业弹性的增长趋势，再考虑到“六稳”“六保”政策加码会对增长就业弹性产生显著的正向影响，要完成 2020 年 5 月政府工作报告提出的 900 万新增城镇就业目标（在一季度已完成 229 万新增城镇就业的情况下），GDP 实际增速需要在一季度为–6.8%的情况下实现全年 1.5%以上的增长，这对经济增长提出了较高的要求。就保基本民生而言，保民生的核心是保收入，而居民收入与经济增长息息相关，2016～2019 年居民可支配收入实际增速平均为 6.5%，与 GDP 增速基本保持同步变化。因此，保民生与稳定居民收入也需要以经济增长的相对稳定作为支撑。

二是从中长期来看，中国面临到 2035 年基本实现社会主义现代化的重要任务，这也对经济增长提出了较高的要求。党的十九大报告明确指出，“从二〇二〇年到二〇三五年，在全面建成小康社会的基础上，再奋斗十五年，基本实现社会主义现代化”。[②]党的十九届五中全会进一步对基本实现社会主义现代化的内涵进行细化，对经济增长提出了“经济总量和城乡居民人均收入将再迈上新的大台阶”和“人均国内生产总值达到中等发达国家水平”等明确要求。[③④]刘伟和陈彦斌（2020）从跨越中等收入陷阱、跻身创新型国家行列与追赶中等发达国家等三个维度指出，2020～2035 年中国人均实际 GDP 水平要达到翻一番的要求，即 2020～2035 年中国实际 GDP 年均增速要达到 4.8%左右。习近平在关于《中共中央关于制定国民经济和社会发展第十四个五年规划和二〇三五年远景目标的建议》说明中指出，“一些地方和部门建

① 2020年政府工作报告指出，“‘六保’是今年‘六稳’工作的着力点。守住‘六保’底线，就能稳住经济基本盘；以保促稳、稳中求进，就能为全面建成小康社会夯实基础。要看到，无论是保住就业民生、实现脱贫目标，还是防范化解风险，都要有经济增长支撑，稳定经济运行事关全局”。

② 习近平，《决胜全面建成小康社会 夺取新时代中国特色社会主义伟大胜利——在中国共产党第十九次全国代表大会上的报告（2017年10月18日）》，人民日报，2017年10月28日。

③《中共中央关于制定国民经济和社会发展第十四个五年规划和二〇三五年远景目标的建议——二〇二〇年十月二十九日中国共产党第十九届中央委员会第五次全体会议通过》，人民日报，2020年11月4日第1版。

④ 中等发达国家水平不等价于发达国家人均GDP的平均值或中位数，对这一概念的理解需要与“基本实现社会主义现代化”相结合。中等发达国家水平指的是中等发达程度或现代化水平距离美国、日本、英国等高度现代化国家还有一定距离的发达国家人均GDP水平。2019年中等发达国家的人均GDP水平约为2.5万美元。

议，明确提出'十四五'经济增长速度目标，明确提出到2035年实现经济总量或人均收入翻一番目标。文件起草组经过认真研究和测算，认为从经济发展能力和条件看，我国经济有希望、有潜力保持长期平稳发展，到'十四五'末达到现行的高收入国家标准、到2035年实现经济总量或人均收入翻一番，是完全有可能的"。[①]因此，从中长期的发展要求来看，2020年中国经济保持较快增长依然十分重要。

2. 城镇调查失业率上调0.5个百分点，既考虑了疫情的冲击，也体现了宏观政策积极应对的明确立场

2020年政府工作报告虽然没有明确设定GDP增速目标，但是明确提出了就业方面的具体目标，这其实意味着把就业目标摆在了更为重要的位置。事实上，在高质量发展理念的指导下，近年来政府对就业目标的重视程度在不断提升（表2）。2018年首次增设城镇调查失业率目标值。城镇调查失业率指标有效弥补了城镇登记失业率指标的不足，能够更加全面和真实地反映失业情况。[②]2019年强调要"实施就业优先政策"，并且首次将与就业相关的目标排在了CPI涨幅目标之前。[③]2020年则提出"就业优先政策要全面强化"，在没有设定GDP增速目标的情况下，将城镇调查失业率设定为6%左右、城镇登记失业率设定为5.5%左右，城镇新增就业设定为900万人以上。不仅如此，还将维持就业稳定设定为"六稳"和"六保"工作的首要目标。

① 习近平，《关于〈中共中央关于制定国民经济和社会发展第十四个五年规划和二〇三五年远景目标的建议〉的说明》，人民日报，2020年11月4日第2版。

② 城镇调查失业率这一指标可以有效弥补以往城镇登记失业率存在的不足，更真实地反映失业情况。一是调查失业率的涵盖范围更加宽泛，既包括具有本地非农业户口的人员，也包括没有本地非农业户口但在本地居住的常住人口。二是调查失业率的统计方式更加主动，是由统计部门每月专门组织调查员按照抽取的样本户进行入户调查获取，属于主动调查取得数据，不再依赖于失业者的主动申报登记。三是调查失业率对失业人口的定义更加准确。调查失业率中对于失业人口的认定是指16周岁及以上（年龄无上限），没有工作但近3个月在积极寻找工作，如果有合适的工作能够在2周内开始工作的人，这一标准与国际劳工组织标准相一致。而登记失业率中的失业人口只包括16岁至退休年龄内，主动到当地人力资源和社会保障部门进行登记的非农户籍人口。

③ 2019年政府工作报告首次将城镇新增就业规模与失业率等目标排在CPI涨幅目标之前，处于仅次于GDP增速目标的位置。在之前的几年中，与就业相关的目标基本排在GDP增速和CPI涨幅目标之后，处于第三的位置。

表 2　“十三五”时期各年政府工作报告对就业的相关表述

年份	就业相关政策表述	城镇新增就业目标	失业率目标
2016	着力扩大就业创业。实施更加积极的就业政策，鼓励以创业带动就业	城镇新增就业 1000 万人以上	城镇登记失业率 4.5%以内
2017	要坚持就业优先战略，实施更加积极的就业政策	城镇新增就业 1100 万人以上	城镇登记失业率 4.5%以内
2018	着力促进就业创业。加强全方位公共就业服务，大规模开展职业技能培训，运用“互联网+”发展新就业形态	城镇新增就业 1100 万人以上	城镇调查失业率 5.5%以内，城镇登记失业率 4.5%以内
2019	就业优先政策要全面发力。必须把就业摆在更加突出位置	城镇新增就业 1100 万人以上	城镇调查失业率 5.5%左右，城镇登记失业率 4.5%以内
2020	就业优先政策要全面强化。财政、货币和投资等政策要聚力支持稳就业	城镇新增就业 900 万人以上	城镇调查失业率 6%左右，城镇登记失业率 5.5%左右

从具体的指标设定来看，城镇调查失业率目标有所上调，而相应的城镇新增就业目标有所下调，这一变化主要是考虑了疫情的影响。2020 年一季度，面对疫情的巨大冲击，中国城镇新增就业人数为 229 万人，较 2016～2019 年同期的平均水平下降了 97.5 万人。与此同时，2020 年一季度各月城镇调查失业率分别为 5.3%、6.2%和 5.9%，均处于较高水平，其中 6.2%的城镇调查失业率更是该指标有记录以来的最高点。考虑到疫情本身的发展存在较大不确定性，疫情对经济的影响更加难以预测，因此，2020 年 5 月发布的政府工作报告适当上调城镇调查失业率目标以及下调城镇新增就业目标具有一定的合理性。

不过，城镇调查失业率目标的上调幅度并不大，这体现了宏观政策积极应对的明确立场。与 2019 年相比，2020 年城镇调查失业率目标仅提高了 0.5 个百分点，城镇登记失业率目标仅提高了 1 个百分点，体现了政府积极运用宏观政策与“六稳”“六保”政策缓解就业压力的决心。从实际运行情况来看，2020 年二季度以来中国城镇调查失业率持续位于 6%的目标值以下，12 月城镇调查失业率已降至 5.2%，与 2019 年同期持平。从国际对比来看，中国失业率变化幅度相对较小。2020 年二季度以来，美国调查失业率持续位于历史高位，其中 5 月更是高达 14.7%，较 2019 年同期大幅提高了 11.1 个百分点。

3. 由于包含食品价格的CPI波动较大，宏观政策应明确设定核心 CPI 的具体量化目标，对食品价格应给予关注但不应影响宏观政策目标的设定

2016～2019 年中国 CPI 涨幅目标持续设定在 3%左右，每年实际的 CPI 涨幅也均未超过目标值（表 3）。2020 年 CPI 涨幅目标有所上调，设定为 3.5%左右，主要是因为在食品类价格上涨的推动下，2020 年一季度 CPI 涨幅显著扩大。2020 年一季度各月 CPI 涨幅分别为 5.4%、5.2%和 4.3%，其中，食品烟酒类价格同比涨幅分别高达 15.2%、16%和 13.6%。①因此，站在 2020 年 5 月政府工作报告发布的时间点上，考虑到一季度 CPI 持续处于高位的情况，以及后续积极宏观政策可能带来的通胀压力，适度上调 CPI 涨幅目标具有一定的合理性。

表 3　CPI 涨幅目标与实际涨幅情况对比

年份	CPI 涨幅目标	CPI 实际涨幅
2016	3%左右	2%
2017	3%左右	1.6%
2018	3%左右	2.1%
2019	3%左右	2.9%
2020	3.5%左右	2.5%

就宏观政策的目标而言，应该更加关注剔除食品和能源价格的核心 CPI，明确设定核心 CPI 的具体目标值。CPI 由于包含了食品价格与能源价格等容易受到季节性与随机性因素干扰的组成部分，从而具有较强的波动性，这不仅容易扰乱公众的通胀预期，还可能会误导宏观政策的制定。例如，2011 年，欧元区类似于 CPI 的消费者价格调和指数快速回升，一度达到了 3%的高点，显著高于 2%的目标值。由此，欧洲央行进行了两次加息，累计提高基准利率 0.5 个百分点。但实际上，剔除了食品和能源价格之后的消费者价格调和指数回升幅度其实较为温和，没有超过 2%的目标值，因而央行不需要收紧货币政策。事实也证明，欧洲央行的加息决定是错误的，这不仅终止了 2010 年以来的经济复苏态势，而且加剧了债务危机的严重程度，导致经济重新陷入衰退

① 另外，2019年底猪肉价格上涨带动整体CPI涨幅上升，产生了一定的翘尾因素，也推升了2020年初的CPI同比增速。2020年一季度各月CPI翘尾因素分别高达4%、2.9%和3.3%，2020年全年的翘尾因素平均比2019年约高出1.5个百分点。

之中（Bernanke，2015）。

中国的实际情况也是如此，食品价格的大幅波动导致了CPI的大幅波动。2020年初，由于食品价格大幅上涨，整体CPI涨幅持续位于4%以上的较高水平。而从扣除食品和能源价格的核心CPI来看，核心CPI的涨幅一直处于2%以下的较低水平，并没有出现明显的通胀迹象。2020年下半年核心CPI涨幅更是进一步下行至0.5%左右的近年来低点，表明中国经济出现了一定的通缩迹象，这与年初从CPI涨幅得到的判断存在显著偏差。因此，中国未来应更多关注核心CPI的走势，并设定核心CPI的具体目标值。

对于食品价格的上涨，宏观政策应予以密切关注，但主要依靠产业政策与社会政策发挥作用。由于中国的中低收入人群规模较大，恩格尔系数相对偏高（2020年全国居民的恩格尔系数达到30.2%），食品消费支出在中国居民总体消费中的占比依然较大，食品价格上涨很容易对中低收入人群生活质量产生影响。但是，维护食品价格稳定属于国家治理层面的任务，不能过多依靠货币政策和财政政策进行调节，要更多地依靠产业政策与社会政策予以应对，增加食品供应并增强对中低收入群体的保障。因此，未来宏观政策在价格总水平方面的目标设定，应明确设定核心CPI的定量目标。对食品价格予以定性关注，但维持价格稳定不能依靠对CPI目标的调控来实现。

三、金融稳定目标设定的合理性评价

金融稳定的核心是要防控金融风险，保证金融体系的稳定运行，守住不发生系统性金融风险的底线。2008年全球金融危机之前，宏观政策调控的主要目标是实现经济稳定。然而实践证明，宏观政策仅关注经济稳定是不够的，经济稳定并不能保证金融稳定。例如，20世纪80年代中期美国进入了“大缓和时期”，有效的宏观政策调控使得经济平稳增长、通胀保持在低位。然而，良好的经济环境反而导致了金融体系过度的风险承担，从而加剧了金融体系的脆弱性，最终引发了全球性的金融危机。2008年全球金融危机之后，新的共识是金融稳定也应该是宏观政策需要关注的重要目标（Blanchard et al.，2010；黄益平等，2019）。

近年来，中国对于金融稳定的重视程度在不断提高（表4）。2016年中央经济工作会议首次明确提出“要把防控金融风险放在更重要的位置”，将金融稳定的重要性提高到前所未有的高度，并与经济稳定目标并列。2017年国务院金融稳定发展委员会成立，旨在进一步强化中国人民银行宏观审慎管理和系统性风险防范职责，确保金融安全与稳定发展①。2018 年中央经济工作会议首次提出了“六稳”目标，“稳金融”被排在了第二位，凸显出金融稳定的重要地位。2019 年政府工作报告进一步强调，要“防范化解金融风险”“加强金融风险监测预警和化解处置”。

表 4 “十三五”时期各年政府工作报告对金融稳定目标的相关表述

年份	金融稳定目标的相关表述
2016	坚决守住不发生系统性区域性风险的底线
2017	有序化解处置突出风险点，整顿规范金融秩序，筑牢金融风险“防火墙”
2018	当前我国经济金融风险总体可控，要标本兼治，有效消除风险隐患
2019	防范化解金融风险。加强金融风险监测预警和化解处置
2020	加强金融等领域重大风险防控，坚决守住不发生系统性风险底线

2020 年政府工作报告在金融稳定方面着重强调要“加强金融等领域重大风险防控，坚决守住不发生系统性风险底线”，进一步凸显了对金融稳定的高度重视。客观上，当前中国也存在不小的金融风险与隐患，需要高度重视，具体体现在以下几个方面。一是房地产泡沫化风险。近年来信贷驱动的房地产泡沫化倾向较为明显，房地产泡沫仍是威胁金融安全的“灰犀牛”。二是高债务风险。居民部门杠杆率上升速度较快，企业部门杠杆率在主要经济体中居于首位，地方政府的隐性债务问题与局部地区的债务风险较为严重。三是金融体系的信用风险和流动性风险。高债务压力下债券市场信用风险有所增加，商业银行的不良贷款风险隐患加大。同时，部分金融机构的流动性状况较为紧张。四是不当的金融创新风险。主要表现为影子银行的扩张与各类金融乱象的涌现。这一风险在过去几年金融监管强化的作用下有所改善，但仍需巩固。五是国际大环境不确定性下的外汇风险。面对贸易保护主义抬头叠加疫情冲击等多重因素影响，人民币汇率仍存在大幅波动的风险，资本外流压力依然存在。因此，2020 年在金融稳定方面突出强调“加强金融等领域重大风险防控”，具有必要性。但需要说明的是，宏观政策强调金融稳定并不是意味着，货币政策和财政政策在致力于维护经济稳定的同时还要维护金融稳定。2008 年全球金融危机的经验教训已表明，货币政策和财政政策难以兼顾金融稳

① 2017年全国金融工作会议指出，“设立国务院金融稳定发展委员会，强化人民银行宏观审慎管理和系统性风险防范职责”。

定，宏观审慎政策才是实现金融稳定的核心政策工具（陈彦斌等，2018）。

四、结　论

宏观政策目标设定是制定宏观政策的核心内容，本报告基于2020年政府工作报告的相关表述，对2020年宏观政策关键性指标前瞻性设定的合理性进行了系统的分析和评价。具体可以分为两个方面：一是经济稳定目标设定的合理性评价；二是金融稳定目标设定的合理性评价。

经济稳定目标设定方面，就GDP增速而言，考虑到疫情冲击下经济运行存在较大的不确定性，2020年没有明确设定GDP增速目标，但对经济增长依然高度重视。这是因为，短期的稳定就业和中长期基本实现社会主义现代化等目标都需要一定的经济增速作为支撑。就失业率而言，城镇新增就业目标有所下调，城镇调查失业率目标有所上调，这主要是充分考虑了疫情对就业市场的负向冲击。不过，调整幅度并不大，体现了宏观政策积极应对的明确立场。就CPI涨幅目标而言，2020年设定为3.5%左右，主要是考虑到食品价格上涨的影响。不过，由于CPI包含易受季节性与随机性因素干扰的食品与能源价格，具有较强的波动性，宏观政策更应该关注剔除食品和能源价格的核心CPI，未来应该明确设定核心CPI的目标值。维护食品价格稳定属于国家治理层面的任务，不应主要依靠宏观政策对CPI目标的调控来实现，而应依靠产业政策与社会政策加以应对。

金融稳定目标设定方面，2020年政府工作报告着重强调要“加强金融等领域重大风险防控，坚决守住不发生系统性风险底线”，凸显了对金融稳定的高度重视。当前，中国依然面临着房地产泡沫化风险、高债务风险、金融体系的信用和流动性风险、不当的金融创新风险以及国际大环境不确定性下的外汇风险等一系列金融风险，宏观政策调控在实现经济平稳运行的同时，也要兼顾金融稳定。

参考文献

陈彦斌. 2020-11-16 . 宏观政策“三策合一”才能有效应对当前经济复杂格局. https://economy.gmw.cn/2020-11/16/content_34371843.htm?s=gmwreco2[2020-12-16].
陈彦斌，陈小亮，刘凯，等. 2018. 宏观政策评价报告2018. 北京：科学出版社.
黄益平，曹裕静，陶坤玉，等. 2019. 货币政策与宏观审慎政策共同支持宏观经济稳定.

金融研究，（12）：70-91.

刘伟，陈彦斌. 2020. 2020—2035 年中国经济增长与基本实现社会主义现代化. 中国人民大学学报，（4）：54-68.

Bernanke B S. 2015. The Courage to Act：A Memoir of A Crisis and Its Aftermath. New York：W. W. Norton & Company.

Bianchi F，Ilut C. 2017. Monetary/fiscal policy mix and agents' beliefs. Review of Economic Dynamics，26：113-139.

Blanchard O，Dell' Ariccia G，Mauro P. 2010. Rethinking macroeconomic policy. Journal of Money，Credit and Banking，42（S1）：199-215.

Crockett A. 1996. The theory and practice of financial stability. De Economist，144（4）：531-568.

Mishkin F S. 1999. Global financial instability：framework，events. Journal of Economic Perspectives，13（4）：3-20.

Orphanides A. 2003. Historical monetary policy analysis and the Taylor rule. Journal of Monetary Economics，50（5）：983-1022.

Taylor J B. 2007. Housing and monetary policy.NBER Working Paper，No. 13682.

分报告二　政策整体效果评价

一、引　　言

评价宏观政策的整体效果如何，主要是分析宏观政策追求的核心目标是否实现。宏观经济理论表明，宏观政策的核心目标是要实现经济稳定和金融稳定。就经济稳定而言，主要包括增长稳定、就业稳定与物价稳定，不过各国在政策实践中的侧重点有所不同。[①]中国更加关注增长稳定，近年来“稳增长”一直是更重要的政策目标，同时对就业稳定的重视程度在不断提升。[②]就金融稳定而言，由于金融稳定涉及的范围与领域较为广泛与复杂，所以尚缺乏对金融稳定的准确定义。但是，金融稳定的核心任务较为明确，即防范系统性金融风险发生，确保金融体系平稳运行，从而支撑宏观经济的健康发展。

具体到中国，2019 年底召开的中央经济工作会议与 2020 年上半年的政府工作报告，在部署 2020 年宏观政策时同样遵循了要实现经济稳定与金融稳定的调控思路。在经济稳定方面，面对疫情下经济运行的较大不确定性，政府工作报告没有设定 2020 年 GDP 增速的具体目标，但是对经济增长依然高度重视，同时将稳定居民就业摆在了更加重要的位置。在金融稳定方面，政府工作报告在制定宏观政策目标时明确提出要实现“重大金融风险有效防控”并“坚决守住不发生系统性风险底线”，同样体现了对金融稳定的高度重视。基于此，本报告将从经济稳定和金融稳定两个方面对 2020 年中国宏观政策的整体效果进行系统的分析和评价。

---

① 比如，美国将增长稳定和物价稳定这两个目标放在相对平等的地位上，欧洲央行的《马斯特里赫特条约》中强调欧洲中央银行体系首要的目标是保持物价稳定。欧盟的总体经济政策只有在不与物价稳定冲突的前提下才能获得支持。

② 陈彦斌（2020）指出，增长稳定不仅包含短期内的产出缺口与通胀缺口是否为零，还要考虑长期潜在增速缺口是否为零，从而同时兼顾短期经济波动和长期经济增长。

二、经济稳定情况分析

要更为全面地评价经济稳定情况，需要系统分析以下几个维度：总生产与总需求，两者共同决定了经济短期内的运行情况；价格总水平是否平稳，不仅要看 CPI，还要结合工业生产者 PPI 和 GDP 平减指数等指标；居民和企业的微观主体效益如何，影响着经济运行态势的可持续性；经济长期潜在增速，决定着经济长期增长趋势。基于此，本部分将从总生产、总需求、价格总水平、微观主体效益和长期潜在增速等五个方面对 2020 年中国经济稳定情况进行评估。

1. 总生产方面的表现

2020 年新冠肺炎疫情的爆发给中国与全球经济都带来了前所未有的挑战。在疫情的巨大冲击下，2020 年一季度中国 GDP 同比增速下降至–6.8%，[①]这是改革开放以来中国 GDP 季度增速首次出现负增长。同时，工业和服务业生产增速也显著下滑，一季度分别为–8.4%和–11.7%，比 2019 年同期下滑了 14.9 个和 19.1 个百分点。面对严峻的经济形势，2020 年 3 月 27 日召开的中共中央政治局会议明确提出“要加大宏观政策调节和实施力度”“抓紧研究提出积极应对的一揽子宏观政策措施”。2020 年的政府工作报告也将“加大宏观政策实施力度”作为主要内容，强调“积极的财政政策要更加积极有为”“稳健的货币政策要更加灵活适度”。[②]

在宏观政策与“六稳”“六保”等相关政策的作用下，随着疫情得到有效防控，中国经济也实现了阶梯式快速回升。二季度 GDP 同比增速回升至 3.2%，三季度 GDP 同比增速进一步回升至 4.9%，四季度 GDP 同比增速达到 6.5%，高于 2019 年同期 0.4 个百分点（图 1）。除 GDP 增速阶梯性回升之外，2020 年中国经济的快速回升也突出地体现在企业生产的迅速恢复上。就工业生产而言，规模以上工业增加值同比增速从 2020 年 1～2 月的–13.5%大幅回升至 12 月的 7.3%，高于 2019 年同期 0.4 个百分点。工业企业的产能利用率则从一季度的 67.3%大幅回升至四季度的 78.0%，高于 2019 年同期 0.5 个百分点。就服务业生产而言，服务业生产指数同比增速从 2020 年 1～2 月的

① 如无特殊说明，本报告数据均来自国家统计局、中国人民银行和财政部等官方部门。

② 李克强，《政府工作报告——2020 年 5 月 22 日在第十三届全国人民代表大会第三次会议上》，人民日报，2020年5月30日第1版。

–13.0%回升至 12 月的 7.7%，高于 2019 年同期 0.9 个百分点。

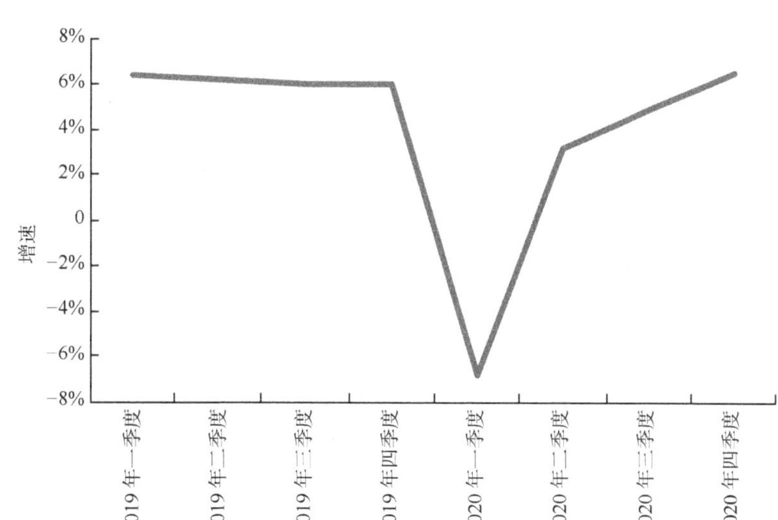

图 1　GDP 增速逐季快速回升

中国在经济稳定方面所取得的成绩，在全球范围内也是一枝独秀。2020 年中国 GDP 增速达到 2.3%，根据 IMF 在 2020 年 10 月发布的世界经济展望的预测数据，中国是所有主要的发达与发展中经济体中唯一实现正增长的经济体（图 2）。[①]相比之下，全球 GDP 的平均增速预计为–4.4%，发达经济体的平均增速为–5.8%，发展中经济体的平均增速为–3.3%。具体到各个经济体而言，发达经济体中美国 GDP 平均增速预计为–4.3%，日本为–5.3%，德国为–6.0%，英国为–9.8%；发展中经济体中印度 GDP 平均增速预计为–4.3%，南非为–8.0%，巴西为–5.8%，俄罗斯为–4.1%。由此可见，中国不仅是全球范围内唯一实现正增长的主要经济体，而且高于其他主要经济体的经济增速至少 5 个百分点。2020 年底召开的中央经济工作会议指出，“面对严峻复杂的国际形势、艰巨繁重的国内改革发展稳定任务特别是新冠肺炎疫情的严重冲击，我们保持战略定力，准确判断形势，精心谋划部署，果断采取行动，付出艰苦努力，交出了一份人民满意、世界瞩目、可以载入史册的答卷”。[②]

① World Economic Outlook, October 2020: A Long and Difficult Ascent，https://www.imf.org/en/Publications/WEO/Issues/2020/09/30/world-economic-outlook-october-2020，2020年12月20日。

②中央经济工作会议在北京举行，http://cpc.people.com.cn/n1/2020/1219/c64094-31971981.html，2020年12月21日。

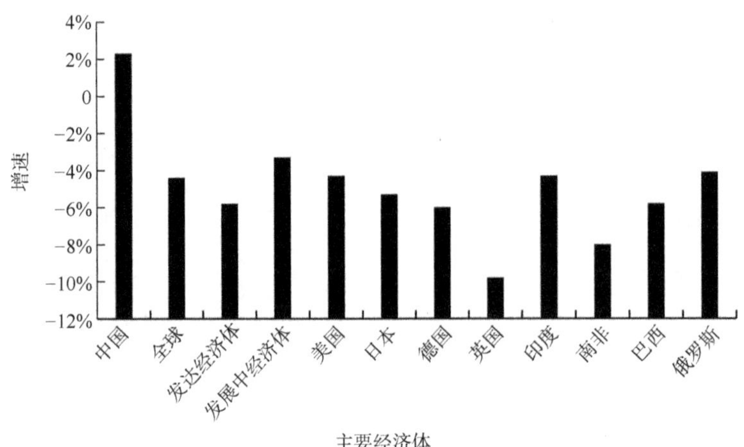

图 2　各主要经济体 2020 年 GDP 平均增速比较

资料来源：IMF，World Economic Outlook，Oct 2020

2. 总需求方面的表现

受疫情的冲击，2020 年初，消费、投资和出口三大需求快速下滑。2020 年一季度，社会消费品零售总额同比下降 19.0%，固定资产投资同比下降 16.1%，出口总值（以人民币计）同比下降 11.4%。在宏观政策等因素的积极作用下，三大需求自 2020 年二季度开始显著回升，呈现明显的反弹态势。2020 年全年，社会消费品零售总额同比降幅已收窄至 3.9%；固定资产投资已同比由负转正，增长 2.9%；出口总值同比增长 4.0%，仅低于 2019 年 1 个百分点。

要更准确地判断总需求情况，通常需要观测产出缺口的变化，即实际增速是否在潜在增速附近运行。2020 年，中国 GDP 同比实际增长 2.3%，根据刘哲希和陈彦斌（2020）的测算，2020 年中国经济的潜在增速在 5.8%左右，由此，产出缺口将在−3.5%左右。按照以往的评价标准，这就意味着宏观政策没有较好地实现经济稳定目标。但是，考虑到 2020 年经济运行在疫情的冲击下剧烈波动，按照以往做法比较全年的实际增速与潜在增速并不妥当。事实上，潜在增速描绘的是一个经济体的长期经济增长趋势，实际增速只需要在长期内围绕潜在增速运行，在短期内是可以偏离的。虽然现有理论没有对短期和长期的具体时间长短进行严格界定，但一般认为只有价格得到充分调整之后（一般是 1 年以上）才称为长期。从潜在增速的相关研究来看，通常也是以 3 年或 5 年作为一个时间段来判定实际增速与潜在增速之间是否发生了偏离。换言之，没有必要保证每一年的经济增速都处于潜在增速附近。

面对疫情如此大的冲击，中国经济增速只要能够在 1 年左右的时间恢复至潜在增速的水平，就能够认为宏观政策较好地实现了经济稳定目标。从实际情况来看（图 3），2020 年一季度 GDP 增速经历了疫情冲击而大幅下滑，实际增速与潜在增速的缺口迅速扩大，一季度的产出缺口达到了–12.8%。[①]在宏观政策与一系列“六稳”“六保”政策的推动下，从二季度开始产出缺口迅速收窄，四季度中国 GDP 增速已经回升至潜在增速附近，产出缺口达到 0.7%左右。换言之，在不到 1 年的时间内中国经济增速就已恢复至潜在增速的水平，这凸显了宏观政策在稳定总需求方面的良好效果。

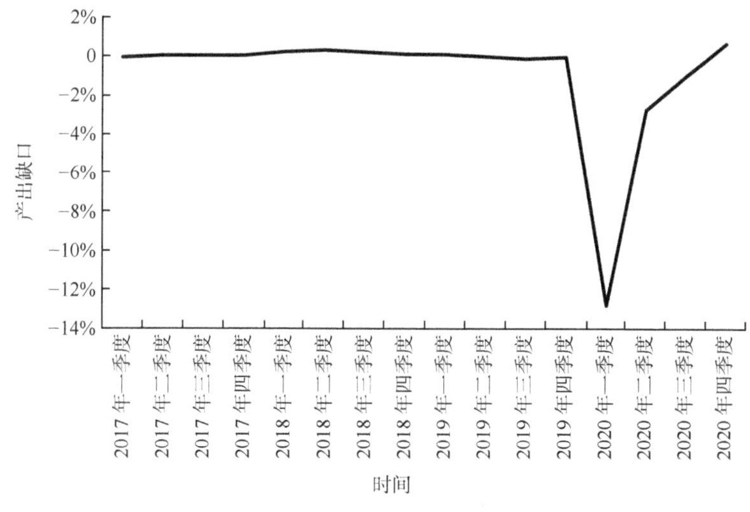

图 3　产出缺口变化情况

实际增速来源于国家统计局，潜在增速基于刘哲希和陈彦斌（2020）的方法测算得到

不过，总需求反弹的可持续性还需要加以注意，尤其是总需求的内在增长动力还有所不足，主要表现为以下几个方面。一是从消费来看，居民消费支出增速仍显著低于 GDP 增速，居民消费需求仍较为疲软。2020 年全国居民人均消费支出同比实际下降了 4.0%，与 2.3%的 GDP 增速形成鲜明对比，其中，城镇居民人均消费支出同比实际降幅更是达到了 6.0%。二是从投资来看，固定资产投资主要依托于房地产开发投资与国有控股投资的较快增长，2020 年两者增速分别达到 7.0%和 5.3%。相比之下，民间投资同比增速依然较低，仅为 1.0%，由此也凸显出投资需求的内在增长动力不足。三是从出口来看，出口增长的较好表现主要源于防疫物资、居家办公等物资出口的快速增长，以及中国生产供给快速恢复后对其他国家市场的暂时替代。根据测算，

① 各季度的潜在增速是基于年度潜在增速的测算结果，利用插值法计算得到。

如果剔除防疫物资、居家办公等物资出口的影响，[①]2020 年 1～11 月累计出口总额实际上同比下降了 2.5 个百分点。在全球经济较为低迷且不确定性增加的情况下，中国出口增速更多属于暂时性改善，外部需求整体上依然较为疲软。

3. 价格总水平方面的表现

在翘尾因素与食品价格等因素的影响下，2020 年的 CPI 波动较大，同比涨幅从 1 月的 5.4%持续下滑至 11 月的–0.5%，12 月略微回升至 0.2%。其中，食品价格同比涨幅更是从年初 20%左右下降至 11 月的–2.0%，12 月受低温天气影响又回升至 1.2%。相比之下，剔除食品和能源价格的核心 CPI 更为稳定，能更好地从价格总水平方面反映经济运行状况。2020 年核心 CPI 同比涨幅为 0.8%，低于 2019 年 0.8 个百分点，处于 2009 年以来的最低点。

要想更全面地分析价格总水平变化，还应进一步考虑 PPI（衡量生产领域价格水平）和 GDP 平减指数（反映国内生产的所有产品和服务的价格走势）的变化。2020 年 PPI 同比下跌 1.8%，降幅比 2019 年扩大 1.5 个百分点，处于 2017 年以来的最低水平。GDP 平减指数为 0.2%，低于 2019 年 1.5 个百分点，处于 2016 年以来的最低水平。以上指标均表明，当前经济呈现一定的通缩迹象，从而会对总需求反弹的可持续性产生影响，不利于经济的持续复苏。

4. 微观主体效益方面的表现

居民收入方面，受疫情的影响，2020 年居民可支配收入同比实际增长 2.1%，比 2019 年下降了 3.7 个百分点，与 GDP 增速基本同步。需要注意的是，中低收入群体收入增速下滑更为明显，主要体现在两点。其一，居民人均可支配收入平均数与中位数同比增速的差距拉大。由于平均数增速容易受到高收入群体收入增速的影响，产生“被平均化”效果，因此中位数增速通常更能反映中低收入群体的收入状况。2020 年居民人均可支配收入中位数的名义增速低于平均数增速 0.9 个百分点，可见在疫情的冲击下中低收入群体收入增速下滑更为明显。其二，城镇居民的人均工资性收入增速（名义增速，下同）为 4.3%，不仅低于人均可支配收入增速（4.7%），而且显著低于人均财产性收入增速（6.6%）。由于中低收入群体收入以工资性收入为主，高收入群体中财产性收入所占比重较大，因此工资性收入增速大幅低于财产性收入增

① 根据HS分类法，与防疫和居家办公相关的商品主要包括：第七类，塑料与橡胶制品（医用手套等）；第十一类，纺织原料及纺织制品（口罩、防护服等）；第十六类，机器、机械器具、电气设备及其零件（家用电脑等）；第二十类，杂项制品（家具等）。

速，也意味着中低收入群体收入增速下滑更为明显，需要引起重视。中低收入群体是消费的主力军，因此中低收入群体收入增速的放缓，会对消费需求形成一定制约，从而不利于消费需求的持续复苏，这方面需要宏观政策进一步加强关注。

企业效益方面，2020 年 1~11 月全国规模以上工业企业利润增长 2.4%，不仅在经历了疫情的巨大冲击之后能够实现正增长，而且还比 2019 年同期提高了 4.5 个百分点，实属难得。不过需要注意的是，在企业整体利润回升的情况下，内部结构的分化其实有所加剧，不少企业仍然面临较大的生产经营压力。从规模以上工业企业的亏损面（亏损企业/企业总数）来看，截至 2020 年 11 月，国有控股企业的亏损面变化不大，但私营企业的亏损面明显扩大，亏损面比 2019 年同期上升 2.1 个百分点，比 2018 年同期上升 3.5 个百分点。[①] 由此可见，以私营企业为主的中小企业生产经营压力仍然不小，这在一定程度上会加大经济的下行压力，不利于经济稳定目标的实现，宏观政策需要加大对中小企业的扶持力度。

5. 潜在增速方面的表现

潜在增速通常是指在不引起通货膨胀的情况下一个经济体所能取得的可持续的最大产出增长速度。理论上，长期合理的潜在增速应该是一条平缓的曲线。但是，近年来中国经济出现了潜在增速过快下滑的现象，对此需要警惕。根据刘哲希和陈彦斌（2020）的测算，1979～2010 年中国经济潜在增速均值高达 10%，不过 2011 年之后潜在增速开始下滑，2011～2020 年潜在增速均值下降至 7.2%，其中，“十三五”时期均值为 6.3%，2020 年中国经济潜在增速已进一步降至 5.8%。

针对潜在增速过快下滑的问题，陈彦斌（2020）提出了“潜在增速缺口”的概念，认为当前潜在增速已经偏离了长期合理的潜在增速。[②]根据测算，“十三五”时期中国的潜在增速缺口平均值为–0.4%，缺口比“十二五”时期扩大

① 项目管理协会的调查结果也显示，2020年11月，反映资金紧张的小型企业占比高达42.3%，这意味着接近一半的小企业面临着较为严峻的生产经营困境。《11月份制造业采购经理指数和非制造业商务活动指数双双上升——国家统计局服务业调查中心高级统计师赵庆河解读2020年11月中国采购经理指数》，http://www.stats.gov.cn/tjsj/sjjd/202011/t20201130_1806037.html，2020年11月30日。

② 逻辑上，长期潜在增速应该由该经济体的深层次经济结构因素所决定，而这些因素往往处于缓慢变化的过程。因此，由深层次结构因素所决定的潜在增速可被视为“长期合理的潜在增速”；而潜在增速的显著波动则可能反映潜在产出对其合理趋势的偏离程度，即潜在增速的非有效调整。

了 0.2 个百分点（图 4）。由此不能认为中国潜在增速的过快下滑是一种合理现象，这其实反映了中国经济内在增长动力有所不足的问题，在一定程度上不利于经济稳定目标的实现，因而需要予以一定重视与警惕。考虑到未来中国经济还将面临跨越中等收入陷阱与到 2035 年基本实现社会主义现代化等一系列重要任务，仍需要经济增速保持较快增长，至少完成到 2035 年人均实际 GDP 翻一番的任务（刘伟和陈彦斌，2020）。这就更需要宏观政策加大对经济潜在增速持续过快下滑与潜在增速缺口扩大现象的重视。

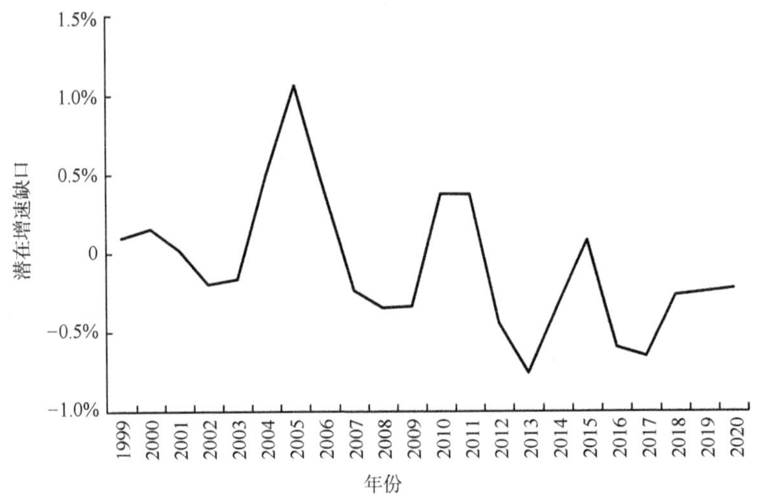

图 4　潜在增速缺口

资料来源：基于陈彦斌（2020）方法测算得到，其中 2020 年为预测值

总体而言，在疫情的巨大冲击下中国经济在经历了年初的短暂下滑后呈现快速回升势头，企业生产迅速恢复并持续加快，GDP 增速在全球范围内一枝独秀，产出缺口迅速收窄，这些都反映出 2020 年中国宏观政策在经济稳定方面取得了良好效果，实属难得。不过，2020 年底召开的中央经济工作会议也指出“在肯定成绩的同时，必须清醒看到，疫情变化和外部环境存在诸多不确定性，我国经济恢复基础尚不牢固”。从之前的分析来看，当前中国消费、投资和出口三大需求反弹的可持续性有待进一步观察，中低收入群体收入状况与中小企业的盈利状况仍需改善，经济还面临一定的通缩压力。因此，宏观政策在经济稳定方面的效果仍需要进一步提升。

三、金融稳定情况分析

实现金融稳定的核心目的是使金融体系拥有足够的稳健性，从而能够抵御经济和金融环境变化所带来的不可预期冲击。如果金融体系稳定性不够强，就会放大冲击所造成的风险，甚至引起系统性风险的爆发，严重危及经济的健康发展。基于金融危机相关理论的演变与历次典型危机案例，以及《宏观经济政策研究报告 2019》和《宏观经济政策研究报告 2020》的研究框架，可以将威胁金融稳定的风险点概括为五类：外汇风险、不当的金融创新风险、资产价格大幅波动风险、金融体系信用风险和流动性风险、高债务风险。中国目前也面临着这些风险的挑战，需要高度关注。有鉴于此，本报告将从这五个方面评估 2020 年中国金融稳定情况。

1. 部分金融风险得到有效控制

1）人民币汇率持续走强，外汇风险有所下降

2020 年以来，人民币汇率呈现先贬后升的走势。2020 年上半年受疫情等因素的影响，人民币波动贬值，美元兑人民币中间价从年初的 6.95 左右逐渐升至年中的 7.10 上方。自 2020 年下半年开始，人民币汇率转而走向升值，截至 12 月末，美元兑人民币汇率中间价为 6.52，较年内低点和年初的升值幅度分别达到 8.5%和 6.3%。2020 年下半年以来，人民币升值的原因主要在于以下几方面。一是中国经济快速回升，而美国等发达经济体受疫情的影响经济持续低迷，经济基本面的差异推动人民币汇率上涨。二是美联储实施零利率政策与大规模量化宽松政策，导致美元指数持续下降。三是经常账户顺差扩大，对人民币汇率形成支撑作用。此外，2020 年中国外汇储备规模稳中有升，截至 12 月末，外汇储备为 3.2 万亿美元，比 2019 年末增长 3.5%。

虽然 2020 年人民币汇率持续走强，外汇储备规模稳中有升，外汇风险有所下降，但仍需要注意一些潜在风险点。一是人民币升值过快的风险。以美元兑人民币汇率中间价为标准，2020 年下半年以来人民币升值幅度为 2005 年汇率制度改革以来的最大涨幅。国家统计局的数据显示，2020 年 10 月，出口企业中反映受人民币汇率波动影响的企业占比为 18.8%；有的企业表示，随着近期人民币持续升值，企业利润承压，出口订单有所减少。

二是国际收支恶化的风险。这一潜在风险主要源于三方面。其一，当前虽然中国货物贸易保持顺差，但背后原因在于进出口增速的双双下降，内需疲软导致进口增速下降更快，从而出现了“衰退式顺差”。顺差规模难以持

续，或将逐步收窄。其二，中国的服务贸易一直为逆差状态（表 1），虽然 2020 年逆差规模缩窄，但主要是受到出国旅游、留学需求减少等因素的影响。随着疫情逐步得到控制，未来逆差规模将重新扩大。其三，非储备性质金融账户出现了净流出态势，扭转了 2017 年以来的逐年净流入趋势，由此表明人民币升值情况下仍有较为明显的资本外流趋势。[①]净误差与遗漏项持续为负，也在一定程度上反映了资本流出的倾向。以上三方面因素会使得中国面临潜在的国际收支恶化风险，需要加以警惕。

表 1　国际外汇收支情况

年份	经常账户差额/亿美元		资本和金融账户差额/亿美元			净误差与遗漏/亿美元
	货物	服务	资本账户	金融账户（非储备性质金融账户）	储备资产	
2010	2380.86	−150.63	46.30	2822.34	−4717.39	−529.36
2011	2287.01	−467.97	54.46	2600.24	−3878.01	−137.66
2012	3115.70	−797.25	42.72	−360.38	−965.52	−870.74
2013	3589.81	−1236.02	30.52	3430.48	−4313.79	−629.25
2014	4350.42	−2137.42	−0.33	−513.61	−1177.80	−668.73
2015	5761.91	−2183.20	3.16	−4344.62	3429.39	−2129.58
2016	4888.83	−2331.46	−3.44	−4160.70	4436.65	−2294.53
2017	4759.41	−2589.32	−0.91	1095.37	−915.16	−2130.46
2018	3951.71	−2921.68	−5.69	1726.82	−188.87	−1787.26
2019	4252.71	−2611.49	−3.27	377.55	192.91	−1980.54
2020 年上半年	1843.93	−765.52	−1.07	−291.98	59.20	−530.87

资料来源：国家外汇管理局

三是外汇储备下滑风险。外汇储备是一国抵御外汇风险的重要基础。虽然 2020 年中国外汇储备规模稳中有升，但主要由中国经常账户呈现的“衰退式顺差”所致。由于“衰退式顺差”难以持续，再加上服务和资本账户的逆差情况，未来外汇储备可能难以保持目前水平。根据 IMF 提出的风险加权法，表 2 展示了各种情形下中国所需的最优外汇储备规模。考虑到中国实行的是

① 央行2020年三季度货币政策报告也指出“境内银行等主体自主增加境外资产，境内主体提高了境外资产占比”。

“有管理的浮动汇率制度+适度资本管制”，因此表 2 中“浮动汇率+资本管制”情形较为适应。可以看出，我国实际外汇储备与“浮动汇率+资本管制”情形下限的距离从 2013 年接近于 3 万亿美元的高点已经下降至不足 1.7 万亿美元。因此，外汇储备下滑的潜在风险也需要引起重视。

表 2　最优外汇储备规模与实际外汇储备规模的对比

年份	IMF 风险加权法测算的最优外汇储备规模								实际外汇储备	实际外汇储备与“浮动汇率+资本管制”情形下限距离
	固定汇率		浮动汇率		固定汇率+资本管制		浮动汇率+资本管制			
	下限	上限	下限	上限	下限	上限	下限	上限		
2004	0.43	0.65	0.24	0.36	0.28	0.42	0.17	0.25	0.61	0.44
2005	0.53	0.80	0.30	0.45	0.35	0.52	0.21	0.31	0.82	0.61
2006	0.64	0.96	0.36	0.54	0.42	0.63	0.25	0.38	1.07	0.82
2007	0.78	1.17	0.44	0.66	0.51	0.77	0.31	0.46	1.53	1.22
2008	0.96	1.44	0.53	0.79	0.62	0.92	0.36	0.54	1.95	1.59
2009	1.16	1.74	0.64	0.95	0.71	1.07	0.41	0.62	2.40	1.99
2010	1.42	2.13	0.78	1.18	0.88	1.32	0.52	0.77	2.85	2.33
2011	1.74	2.61	0.97	1.45	1.08	1.62	0.64	0.95	3.18	2.54
2012	2.00	3.00	1.11	1.66	1.23	1.85	0.72	1.08	3.31	2.59
2013	2.31	3.46	1.28	1.92	1.41	2.12	0.83	1.25	3.82	2.99
2014	2.79	4.19	1.63	2.45	1.79	2.69	1.13	1.70	3.84	2.71
2015	2.95	4.42	1.66	2.49	1.83	2.74	1.10	1.65	3.33	2.23
2016	3.03	4.55	1.70	2.55	1.86	2.80	1.12	1.68	3.01	1.89
2017	3.34	5.01	1.91	2.86	2.09	3.13	1.28	1.92	3.14	1.86
2018	3.67	5.50	2.09	3.14	2.29	3.43	1.40	2.10	3.07	1.67
2019	3.83	5.75	2.18	3.27	2.39	3.59	1.46	2.20	3.11	1.64
2020 年一季度	3.72	5.58	2.13	3.19	2.23	3.35	1.38	2.07	3.06	1.68
2020 年二季度	3.87	5.80	2.20	3.31	2.35	3.52	1.44	2.17	3.11	1.67

注：最优外汇储备规模根据 IMF 提出的风险加权法予以测算，具体指标计算方式与数据来源参见陈彦斌等（2019）

2）不当的金融创新风险得到有效控制

过去几年，中国不当的金融创新风险有所凸显，突出表现在影子银行规模迅速扩张、互联网融资平台迅猛增加以及非法融资乱象丛生。[①]针对不当的金融创新风险，相关部门着力强化宏观审慎管理与金融监管。2016 年底，将表外理财纳入宏观审慎评估考核体系，从总量上控制表外规模的无序扩张。2017 年，中国银行业监督管理委员会开展“三三四十”专项治理行动（“三三四十”是指“三违反”“三套利”“四不当”“十乱象”。“三违反”指违法、违规、违章；“三套利”指监管套利、空转套利、关联套利；“四不当”指不当创新、不当交易、不当激励、不当收费；“十乱象”指股权和对外投资、机构及高管、规章制度、业务、产品、人员行为、行业廉洁风险、监管履职、内外勾结违法、涉及非法金融活动 10 个方面市场乱象）。2018 年，央行等四部委发布《关于规范金融机构资产管理业务的指导意见》（以下简称《资管新规》），聚焦监管套利、多层嵌套、刚性兑付以及资金池业务等方面的问题。2019 年继续完善宏观审慎评估框架，发布《金融控股公司监督管理试行办法（征求意见稿）》，对金融控股公司的资本、行为及风险进行全面、持续、穿透监管。在上述举措的作用下，不当的金融创新风险开始得到有效控制。2019 年末，影子银行规模较历史峰值压降 16 万亿元，委托贷款、信托贷款和各类交叉金融投资产品持续收缩。互联网借贷平台从高峰时期的 5000 余家缩减至 360 余家。

2020 年，受疫情的影响，《资管新规》的实施期限有所延后，不过相关部门对金融体系的监管力度依然较大。央行与相关部门相继发布《金融控股公司监督管理试行办法》、《系统重要性银行评估办法》、《商业银行理财子公司净资本管理办法》、《保险资产管理产品管理暂行办法》和《中国银保监会关于金融资产投资公司开展资产管理业务有关事项的通知》等政策文件，进一步完善了宏观审慎管理体系和金融监管制度，避免了监管套利。此外，对于近年来迅速发展的联合贷款和助贷等新兴金融业务，相关部门也给予了高度关注并加强监管。2020 年 11 月 2 日，中国银行保险监督管理委员会（以下简称银保监会）与央行等部门起草的《网络小额贷款业务管理暂行办法（征求意见稿）》对机构资本金要求、出资比率、贷款金额上限以及风险管理措施等做了严格规范。

---

① 2012～2015年，中国金融体系的金融创新步伐显著加快，一方面是因为，伴随着政府对金融监管的放松，同业业务、表外业务以及互联网金融等业务迅猛增长。另一方面是因为，伴随着2011年货币政策的转向（由“适度宽松”转为“稳健”），传统信贷渠道开始收紧，大量资金借道影子银行持续向地方融资平台、产能过剩企业“输血”。由此，金融创新的过快步伐带来了金融风险积聚、金融体系无序扩张等一系列问题。

从效果来看，穆迪发布的《中国影子银行季度监测报告》显示，2020 年上半年，中国广义影子银行资产虽然有所增长，影子银行资产占 GDP 比重从 2019 年末的 59.5%上升至 60.4%，但仍处于 2014 年以来的较低水平。与此同时，金融乱象得到有效治理。经过持续整顿清理，全国 P2P 网贷机构到 2020 年 11 月已经全部退出 P2P 业务，部分转型为网络小贷公司、金融科技公司等。总体而言，2020 年影子银行风险继续得到控制，互联网金融风险大幅压降，部分金融乱象得到有效治理，不当的金融创新风险进一步得到有效控制。

2. 部分金融风险存在一定隐患

1）房地产泡沫仍是威胁金融安全的“灰犀牛”

房价泡沫化风险近年来一直是政府部门高度关注的风险点，是威胁金融安全的最大“灰犀牛”。2016 年中央经济工作会议针对房地产价格快速上涨的势头，明确提出要“着力防控资产泡沫”。在此之后，中央更是确立了“房住不炒”的定位，并着力构建房地产长效机制，既满足房地产行业平稳发展的正常需要，又要着力避免房地产泡沫化风险进一步扩大。2016 年以来，房价的增长态势总体趋缓，不过泡沫化风险依然较为明显。截至 2020 年 12 月末，全国住房平均价格水平较 2016 年底又增长了 40%之多。同时，2020 年 12 月，70 个大中城市中房价同比上涨的城市依然高达 60 个。

更值得关注的是，近年来的房价上涨主要依靠信贷驱动，体现出典型的信贷驱动型泡沫特征。银保监会主席郭树清在《〈中共中央关于制定国民经济和社会发展第十四个五年规划和二〇三五年远景目标的建议〉辅导读本》中发表的《完善现代金融监管体系》一文指出，“目前，我国房地产相关贷款占银行业贷款的 39%，还有大量债券、股本、信托等资金进入房地产行业”。虽然 2020 年房地产贷款余额增速持续回落，但需要注意的是，这主要源于房地产开发贷款增速的回落，个人住房贷款余额仍保持较快的增长势头。截至 2020 年三季度末，个人住房贷款余额同比增长 15.7%，显著高于金融机构人民币各项贷款余额的整体增速。从占比来看，个人住房贷款余额占总体贷款余额的比重仍在攀升，2020 年三季度末达到了 19.8%，比 2019 年同期提高了 0.4 个百分点（图 5）。

相比于乐观预期驱动型泡沫，信贷驱动型泡沫对经济与金融的危害程度更大（Mishkin，2008）。在泡沫膨胀时期，由于大量信贷资金涌入房地产泡沫之中，会加剧资源错配程度，导致其他领域企业面临融资难、融资贵问题，

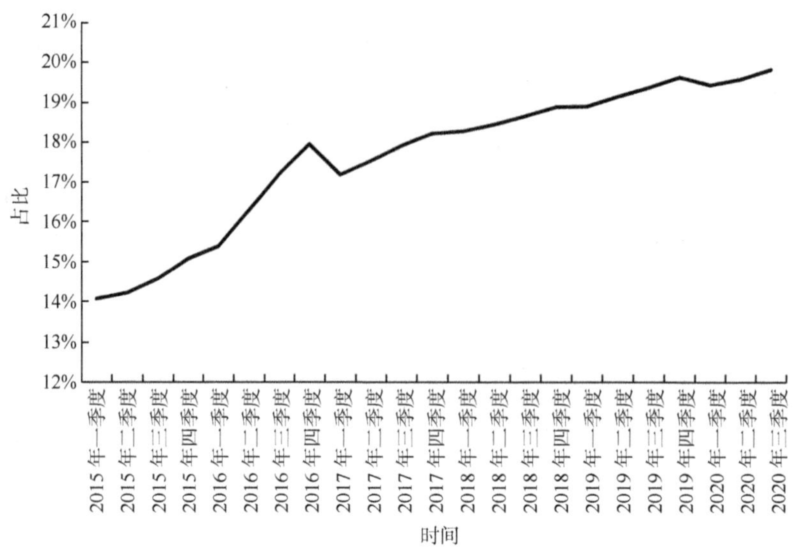

图 5　个人住房贷款余额占比继续攀升

抑制实体经济的投资需求，损害经济内在增长动力。同时，由于居民部门背负的债务负担越来越重，也会对消费需求形成显著的抑制作用。而一旦泡沫出现破裂迹象，很容易引发“资产价格下跌—债务违约增加—抛售资产—资产价格进一步下跌”的恶性循环。由此，房地产泡沫风险会传导至整个金融体系，导致大规模的债务违约与坏账问题，进而引发系统性金融危机。根据张明等（2017）的测算，如果房价出现较大幅度下跌（据测算为 20%左右），就可能会引起较为严重的金融恐慌，甚至触发系统性金融风险。因此，房地产泡沫仍是当前威胁金融安全的最主要因素。

2）金融体系的信用风险与流动性风险需要有所重视

就信用风险而言，近年来中国经济增速有所下行，一些企业的经营状况有所恶化，债务违约情况有所增加，从而导致金融体系的信用风险加剧。债券市场方面，2020 年，债券市场信用债累计违约金额比 2019 年增长 10.2%，为历史新高。另外，2020 年债券市场出现两点新情况值得注意。一是国企债券的违约金额占到 2020 年总违约金额的 40%左右，显著高于 2018 年和 2019 年 10%左右的水平，需要警惕。鉴于此前市场对国企债券存在着一定的“刚兑信仰”，如果国企债券违约情况继续蔓延，可能会导致市场预期发生剧烈变化，进而存在引发系统性金融风险的可能性。二是市场开始预期一些企业存在“逃废债”的行为，这导致部分地区整体债务融资受阻，从而推动金融体系的信用风险上升。比如，河南永城煤电控股集团有限公司债券违约后两周时间内，合计约 35.5 亿元的河南地方国企债券发行失败或主动取消发行。

在债券市场之外，商业银行的信用风险也有所增加。截至2020年三季度末，商业银行的不良贷款率为1.96%，比2019年同期上升了0.1个百分点。不良贷款规模同比增长19.8%，比2019年同期上升3.3个百分点。虽然从数据上看不良贷款率的上升幅度不大，但这在一定程度上是因为2020年在疫情下银保监会与央行等部门对中小微企业贷款出台了临时性延期还本付息政策，引导各银行业金融机构主动对接企业需求，通过展期、续贷等方式，对受疫情影响、暂时遇到困难的中小微企业（含小微企业主、个体工商户等）贷款给予临时性延期还本付息安排。延期还本付息既不计入逾期贷款的统计范围之内，也不计入不良贷款的统计范围之内。即使如此，2020年不良贷款率与不良贷款增速还是出现了“双升”走势，临时性延期还本付息政策到期后，可能会出现信贷违约大幅增加的现象，导致银行坏账规模快速增长，因而潜在的信用风险不容忽视。

就流动性风险而言，部分银行与非银金融机构面临流动性紧张加剧的局面，虽然尚未演化为流动性风险，但需要警惕。具体而言，流动性紧张加剧的局面突出表现在以下两点。[①]一是部分金融机构的同业负债占比显著上升。相比于存款等其他负债来源，同业负债具有期限短、波动性强等特征。[②]一旦受到较大冲击，同业负债市场很容易大幅收缩，引发流动性风险。因此，同业负债占比变化可以在一定程度上反映金融体系的流动性状况。2020年以来在相关政策要求下各银行加大信贷投放力度，但年中监管部门开始大力压降结构性存款余额，由此导致部分银行面临资金缺口，从而不得不大幅增加同业负债规模。上市银行中，南京银行、平安银行、郑州银行、重庆农村商业银行等银行的同业负债占比在2020年前三季度增幅在2%以上，与2016年以

① 流动性风险指金融机构虽然有清偿能力，但无法及时获得充足资金或无法以合理成本及时获得充足资金，以应对资产增长或支付到期债务的风险。金融市场存在流动性风险，是因为金融机构在利润最大化目标的驱动下具有“借短放长”的激励。一方面在负债端追求成本较低的短期负债，另一方面在资产端追求回报率较高的长期资产，由此导致负债端与资产端存在期限错配问题。过去几年，中国金融市场的期限错配问题较为严重，突出表现为金融机构的短期负债占比上升。2017年三季度的《货币政策执行报告》就较为罕见地强调“市场主体应不断增强流动性风险意识”，“‘滚隔夜’弥补中长期流动性缺口的过度错配行为和以短搏长过度加杠杆的激进交易策略并不可取”。2017年以来，央行与银保监会等多部门加大了金融监管力度，其中一个重要目的就在于解决金融机构资产和负债端的期限错配问题，降低金融市场潜在的流动性风险。比如，2018年5月，银保监会正式修订发布《商业银行流动性风险管理办法》，设立五大监管指标，并根据银行的不同规模设定了不同监管标准，建立了更全面、细致的流动性风险管理监管框架。

② 银行同业负债期限一般以3个月以内居多，绝大部分不超过1年。

来同业负债占比下降走势形成鲜明对比，反映出部分金融机构面临流动性紧张加剧的局面。二是同业存单发行利率上升，这会增加同业负债成本，加剧金融体系的流动性状况。截至 2020 年 11 月 30 日，3、6、12 个月 AAA 级同业存单到期收益率分别为 3.06%、3.13%、3.25%，均已高于 2019 年同期水平，从而也反映了金融体系流动性紧张加剧的态势。

3）宏观杠杆率较快攀升，高债务风险有所加剧

2008 年全球金融危机等多次危机的教训表明，高债务不仅会显著地抑制经济增长，而且还容易触发系统性金融危机，是必须要防控的金融风险。高债务也是中国迈向高质量发展与防范系统性金融风险过程中亟待解决的重要问题。在 2008 年全球金融危机之后的十余年中，中国的宏观杠杆率持续攀升。中国是这一时期宏观杠杆率上升最快的主要经济体。[①]2020 年，中国宏观杠杆率进一步上升，根据国家金融与发展实验室的测算数据，截至三季度末中国宏观杠杆率达到了 270.1%，比 2019 年末上升了 24.7 个百分点，年度的杠杆率增幅预计仅低于实施较强刺激政策的 2009 年。其中，非金融企业部门杠杆率为 164%，比 2019 年末上升了 12.7 个百分点；居民部门为 64.1%，上升了 6.3 个百分点；政府部门为 44.7%，上升了 6.4 个百分点。

客观上看，2020 年宏观杠杆率的上升具有一定的合理性与必要性。一是受疫情的巨大冲击，2020 年名义 GDP 增速下滑幅度较大，前三季度为 1.4%，比 2019 年同期下降了 6.5 个百分点。由于宏观杠杆率为债务总额与名义 GDP 之比，名义 GDP 增速的下滑就会从分母端推高宏观杠杆率。二是由于政府部门实施了积极的宏观政策应对疫情下的经济下行压力，因此在财政赤字率提高的情况下，政府部门的杠杆率会相应地有所攀升。在货币政策提供较为充裕的流动性情况下，居民和企业部门也会增加一定的信贷规模以平滑当期收入和利润的下降。但是，从金融风险的角度来看，伴随着宏观杠杆率的上升，中国的高债务风险进一步加剧，对此需要加以防范。特别是当前中国经济还出现了一定的通缩迹象，高债务与通缩叠加容易导致经济面临陷入“债务—通缩”恶性循环的风险。从历史经验来看，一旦经济体陷入“债务—通缩”，将会引发系统性金融风险并导致经济陷入长期低迷的困局。

分部门来看，当前居民、企业和政府三大部门均存在一定的高债务风险。

---

① 截至2019年末，根据国际清算银行的数据，中国宏观杠杆率（债务总额/GDP）已高达258.7%，过去十年间上升了83.6个百分点，该增幅甚至已大幅超过2008年全球金融危机之前十年间美国杠杆率的增幅。当前中国的宏观杠杆率显著高于新兴经济体的平均水平（194.1%），而且已经超过美国等部分发达经济体。

居民部门方面，杠杆率水平已显著高于新兴经济体的平均水平，实际的债务风险比杠杆率所反映的要更大。根据国际清算银行的统计，截至2020年上半年，新兴经济体居民部门杠杆率的平均水平为45.2%，显著低于中国居民部门61.4%的杠杆率水平，德国（56.4%）等一些发达经济体的居民部门杠杆率也低于中国。[①]不仅如此，中国居民部门背负的债务负担实际上比杠杆率所反映的更重，这主要源于以下两点。

一是目前测算居民部门杠杆率的主要方式是“居民债务总额/GDP”，由于中国存在居民收入占GDP比重偏低的典型特征，这一测算方式就会低估中国居民部门面临的实际债务压力。如果以“居民债务总额/居民可支配收入”的方式进行测算，中国居民部门的杠杆率水平已达到130%以上，而居民部门杠杆率较高的美国，以“居民债务总额/居民可支配收入”的方式测算，其杠杆率也仅在100%上下。由此可见，中国居民部门的债务负担已经较重。[②]

二是杠杆率只是统计了居民部门从金融机构获取的信贷总额，还不能全面反映中国居民部门的真实债务负担。中国家庭的借贷还是以向亲戚朋友借钱的民间借贷为主，因而存在较大规模的隐性债务。2019年，西南财经大学和蚂蚁金服研究院联合发布的《中国家庭金融调查报告》显示，中国家庭的信贷参与率只有28.7%，显著低于美国的78%的水平。向亲戚朋友尤其是向父母的借贷虽然不会表现为居民部门杠杆率的上升，但会显著降低整个家庭抵御风险或外部冲击的能力，从而加剧居民部门资产负债表的脆弱性。[③]因此，进一步考虑到居民部门可支配收入占GDP比重偏低与隐性债务的问题，当前居民部门的高债务风险已不容忽视。

企业部门方面，杠杆率仍居于高位，部分企业陷入“借新还旧”困境，企业部门高债务风险有所加剧。近年来，中国企业部门杠杆率一直在主要经济体中居于前列。截至2020年上半年，根据国际清算银行的数据，新兴经济体企业部门杠杆率的平均水平为108.8%，发达经济体企业部门的杠杆率为98.8%，均低于中国企业部门159.1%的杠杆率水平。截至2020年三季度末，在疫情等因素的影响下，中国企业部门杠杆率相对于2019年末进一步上升了12.7个百分点。与企业部门杠杆率快速攀升形成鲜明对比的是，企业投资需

① 由于发达经济体的金融体系更加完善，金融的可获得性更高，因此发达经济体的杠杆率普遍高于新兴经济体。

② 此外，中国居民部门债务的结构性问题也较为严重。《中国金融稳定报告（2019）》发布的数据显示，杠杆率水平最高的浙江和最低的山西之间相差50个百分点。由此可见，部分省区市（尤其是东南沿海地区）居民债务负担较重，需要高度警惕。

③ 2015年的《中国居民金融能力报告》的调查数据也显示，超过63.9%的家庭借钱首选是亲戚朋友，其次才是银行等其他融资渠道。

求没有得到较为明显的提升，尤其是民间固定资产投资增速持续较为低迷（图6）。究其原因，大量的新增债务并没有进入到实体经济，转化为实体经济投资，更多是用于偿还企业之前的债务，即进入到“以新债偿还旧债”的“借新还旧”循环之中。事实上，中国企业部门对“借新还旧”的依赖越来越重是过去几年中国企业部门的突出表现，这也在一定程度上导致了近年来中国经济增速与杠杆率的分化走势，加剧了金融体系的不稳定性（陈彦斌等，2019）。

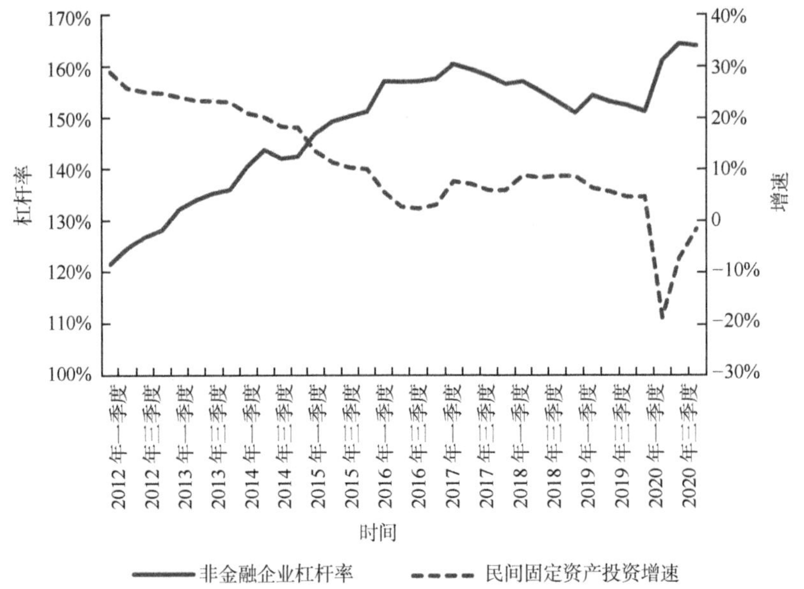

图 6　非金融企业部门杠杆率与民间固定资产投资增速

非金融企业部门杠杆率数据来源于国家金融与发展实验室

伴随着企业部门对“借新还旧”的依赖加大，企业部门的资产负债表脆弱性上升，高债务风险加大。具体到 2020 年，主要有两点新的表现。一是 2020 年规模以上工业私营企业的资产负债率超过国有控股企业（图 7）。私营企业杠杆率的上升更多属于“被动上升”，主要是因为在利润状况下滑导致自有资金减少的情况下，私营企业为了维持生产运营，不得不加大对外部融资的依赖，实际上凸显了其经营困境。与国有控股企业相比，私营企业抵御风险的能力较弱、利息支付成本较高、不确定性较强。因此，私营企业资产负债率的过快上升需要警惕，对其可能会面临的偿债困境要提前防范。二是国有企业债务违约规模扩大，2020 年国有企业债券违约金额占债券市场总体违约金额的40%左右，部分企业还出现了“逃废债”倾向。总体上，中国企业部门高债务风险依然较为严峻，且呈现一定的加剧迹象，需要加以防范。

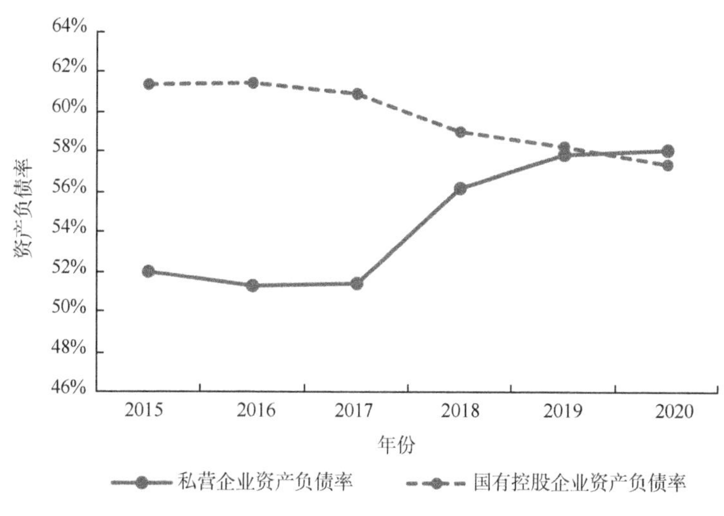

图 7　私营企业与国有控股企业资产负债率对比

政府部门方面，政府债务总体风险可控，但地方政府隐性债务风险与局部地区的债务风险较大。2008 年全球金融危机之后，财政政策始终处于积极定位，致力于“稳增长”，推动了政府部门杠杆率的不断上升。2020 年，为应对疫情冲击，政府部门进一步提高了预算财政赤字率。截至 2020 年三季度，根据国家金融与发展实验室的测算数据，中国的政府部门杠杆率为 44.7%，比 2019 年末上升了 6.4 个百分点。不过，国家金融与发展实验室的数据由于对地方政府的隐性债务覆盖较少，从而容易低估政府部门的杠杆率。按照国际清算银行的口径测算，截至 2020 年上半年，中国政府部门总债务率达到了 58.7%，高于新兴经济体平均水平 3.2 个百分点，但低于发达经济体平均水平 16.6 个百分点。

从总体上看，中国政府部门的杠杆率水平尚处于安全范围之内，而且中国还拥有两方面的优势可以使政府债务风险总体可控。一是中央政府的杠杆率较低，具有较大的政策应对空间。截至 2020 年三季度末，中央政府的杠杆率为 19.1%，按照国际清算银行的口径测算仅占政府部门债务的 33%。相比之下，发达经济体的政府债务主要是中央政府债务，绝大多数发达经济体的中央政府债务占比超过 90%。二是中国的政府债务中外债占比较低，截至 2019 年末，中国的政府债务中外债所占比重仅为 3.5%。由于外债需要用外币偿还，内债可以用本币偿还，因此当一个国家债务以内债为主时，可以拥有更多的政策手段予以应对。

不过，在总体风险可控的情况下，政府债务问题有两个潜在风险点不容忽视。一是地方政府隐性债务风险。地方政府隐性债务是相对于显性债务而言的，显性债务是指地方政府直接负有偿还、救助和担保责任的债务。隐性债务虽然没有统一的定义，但一般是指与地方政府虽然不直接相关，但是以地方政府信用为背书的债务。[①]由于地方政府的隐性债务天然地具有隐蔽性的特征，因此很难准确地估计隐性债务的具体规模。不过，从 IMF 等机构与刘哲希等（2020）、徐军伟等（2020）国内学者的测算来看，普遍认为地方政府的隐性债务规模在 30 万亿元以上。相比于显性债务较为透明的信息，隐性债务的底层资产信息不清晰，会加剧信息不对称等问题，从而更容易使债务风险传递至金融体系，推升系统性金融风险。本报告基于刘哲希等（2020）的方法测算了各省（自治区、直辖市）的隐性债务占总体债务的比重。从测算结果来看，截至 2018 年末，有 16 个省（自治区、直辖市）的隐性债务占比在 60%以上，20 个省（自治区、直辖市）占比在 50%以上，可见当前地方政府的隐性债务风险依然较为严峻。

二是局部地区的高债务风险。虽然当前中国政府部门的总体杠杆率水平尚处于可控范围，但地区之间的结构化特征明显，一些省（自治区、直辖市）政府部门的杠杆率已处于偏高的水平。在考虑隐性债务的情况下，截至 2018 年末，贵州、北京、天津、甘肃、青海、云南、重庆等 7 个省市的政府部门杠杆率（各省市政府债务总额/各省市地区生产总值）超过 90%，其中，贵州、北京、天津更是超过 100%。相比之下，黑龙江、河南、山西、上海、河北、山东、西藏、广东等省（自治区、直辖市）政府部门杠杆率不到 40%。值得注意的是，政府杠杆率偏高的省（自治区、直辖市）中，甘肃、青海、云南的经济发展水平相对较低，天津则近年来面临增速较快下滑的情况。这种经济发展与地方政府债务规模之间的不匹配将会带来更大的地方债务风险与隐患。

① 中国之所以存在大量的地方政府隐性债务，是因为1995年施行的《中华人民共和国预算法》规定："除法律和国务院另有规定外，地方政府不得发行地方政府债券"，这导致了地方政府在财权与事权上不匹配。在地方政府存在强烈的投资冲动下，只能借助融资平台变相大量举债。2004年7月，国务院下发《关于投资体制改革的决定》，对于企业不使用政府建设资金的项目不再审批，而改为实行核准制和备案制，从而为地方政府借助地方融资平台打开了操作空间。2009年发布的《关于进一步加强信贷结构调整促进国民经济平稳较快发展的指导意见》，明确支持投融资平台发行各类债券。由此，地方融资平台大量组建，地方政府债务规模迅速扩张，这也是2008年全球金融危机爆发之后地方政府"稳增长"资金的主要来源。2012年12月，为了防范地方政府债务风险，财政部等多部门共同印发《关于制止地方政府违法违规融资行为的通知》。2015年起实施的新《中华人民共和国预算法》明确规定，发行地方政府债券是地方政府举借债务的唯一合法形式。尽管如此，仍有地方政府仍通过融资平台等渠道违规举债融资，从而使得隐性债务规模仍在不断膨胀。

四、结 语

评价宏观政策的整体效果如何，主要是分析宏观政策追求的核心目标是否实现，即经济稳定与金融稳定。其中，经济稳定要从总生产、总需求、微观主体效益、长期潜在增速与价格总水平五个维度进行考察。金融稳定涉及的范围与领域较为广泛与复杂，但核心在于防控金融风险，守住不发生系统性金融风险的底线。2020 年，中国宏观政策对于经济稳定和金融稳定高度重视，经济稳定方面，虽然 2020 年没有设定 GDP 的具体增长目标，但对经济增长依然高度重视，同时将稳定居民就业摆在了更加重要的位置；金融稳定方面，政府工作报告在制定宏观政策目标时明确提出要实现“重大金融风险有效防控”并“坚决守住不发生系统性风险底线”。由此，本报告对 2020 年中国的经济稳定与金融稳定情况展开系统分析。

就经济稳定而言，面对疫情的巨大冲击，中国经济在短暂下滑后呈现阶梯式快速回升势头，GDP 增速在全球范围内一枝独秀，企业生产迅速恢复并持续加快，产出缺口迅速收窄，这些都可以反映 2020 年中国宏观政策在经济稳定方面取得了良好效果，实属难得。不过，正如 2020 年中央经济工作会议所指出的“我国经济恢复基础尚不牢固”。一是消费与投资需求的增长动力依然不足，表现为居民人均消费支出增速与民间投资增速较为低迷。二是核心 CPI、PPI 与 GDP 平减指数均处于低位，对经济复苏的可持续性产生了一定影响。三是部分中低收入群体收入增速下降，部分中小企业生产经营压力依然存在。四是潜在增速较快下滑，潜在增速缺口呈扩大态势。

就金融稳定而言，2020 年部分金融风险有所改善，高房价与高债务依然是威胁金融稳定的主要因素。2020 年，外汇风险与不当的金融创新风险得到有效控制。就外汇风险而言，人民币汇率自 2020 年下半年开始持续升值，外汇储备规模相对保持稳定，外汇风险显著下降。就不当的金融创新风险而言，影子银行风险继续得到控制，互联网金融风险大幅压降，部分金融乱象得到有效治理。不过，一些金融风险仍存在隐患。就高房价风险而言，虽然房地产贷款增速有所下降，但个人住房贷款增速仍有所加快，由信贷驱动的房价泡沫化倾向依然较为明显。就金融体系的信用风险与流动性风险而言，债券市场与银行部门的信用风险均有所攀升，部分中小金融机构面临流动性紧张加剧的局面。就高债务风险而言，居民、企业和政府部门都面临较大的债务压力。居民部门杠杆率水平已显著高于新兴经济体的平均水平，实际的债务风险比杠杆率所反映的要更大。企业部门杠杆率仍居于高位，部分企业陷入“借新还旧”困境，高债务下的违约风险有所加剧。政府债务总体风险虽然可控，但地方政府隐性债务风险与局部地区的债务风险较大。

参考文献

陈彦斌. 2020-11-16. 宏观政策“三策合一”才能有效应对当前经济复杂格局. https：//economy.gmw.cn/2020-11/16/content_34371843.htm?s=gmwreco2[2020-12-16].

陈彦斌，陈小亮，刘凯，等. 2019. 宏观经济政策研究报告 2019. 北京：科学出版社.

刘伟，陈彦斌. 2020. 2020—2035 年中国经济增长与基本实现社会主义现代化.中国人民大学学报，（4）：54-68.

刘哲希，陈彦斌. 2020. “十四五”时期中国经济潜在增速测算——兼论跨越“中等收入陷阱”.改革，（10）：33-49.

刘哲希，任嘉杰，陈小亮. 2020. 地方政府债务对经济增长的影响——基于债务规模与债务结构的双重视角.改革，（4）：100-115.

徐军伟，毛捷，管星华. 2020. 地方政府隐性债务再认识——基于融资平台公司的精准界定和金融势能的视角. 管理世界，（9）：37-59.

张明，陈玉玲，陈骁，等. 2017. 房价下行是否会引爆银行业危机?——涉房贷款估算与银行压力测试.武汉金融，（12）：24-30.

Mishkin F S. 2008. How should we respond to asset price bubbles?. Financial Stability Review，93（12）：65-74.

分报告三　政策力度评价

一、引　　言

2020年，面对新冠肺炎疫情给全世界带来的巨大冲击和国内外复杂严峻的环境，全国各地区、各部门科学统筹疫情防控和经济社会发展，有效地推动了生产生活恢复，整体经济呈现出了持续稳定恢复的态势。2020年中国GDP增长2.3%，放眼全世界，中国是唯一实现经济正增长的主要经济体，实属不易。不过，国家统计局新闻发言人就2020年前三季度国民经济运行答记者问时指出，“当前境外的疫情形势仍然比较严峻，国际环境不稳定、不确定性仍然客观存在，国内有效需求仍然不足，地区、行业、企业的恢复还不均衡”。[①]2020年12月16～18日举行的中央经济工作会议进一步强调，“在肯定成绩的同时，必须清醒看到，疫情变化和外部环境存在诸多不确定性，我国经济恢复基础尚不牢固”。[②]可见，宏观调控在2020年取得了较为显著的成效，同时也还存在改进空间。

政策力度的大小是决定调控效果的关键性因素，如果政策力度不足，将难以实现调控目标。经济学界对1929～1933年“大萧条”进行长期研究之后得到的重要启示之一就是，当时货币政策力度不足，导致实际利率水平偏高，难以起到促进企业投资和居民消费的作用效果（陈彦斌等，2019）。受此启发，在应对2008年全球金融危机时，美联储、欧洲央行和日本央行等在名义利率降至零下限之后，还采用了量化宽松和前瞻性指引等非常规操作，以进一步加大货币政策的宽松力度，从而更好地应对经济下行压力。在应对2020年新冠肺炎疫情冲击的过程中，全世界许多经济体采取了大幅降息等宏观政策操作，

① 国家统计局新闻发言人就2020年前三季度国民经济运行情况答记者问，http://www.stats.gov.cn/tjsj/sjjd/202010/t20201019_1794729.html，2020年10月20日。

② 《中央经济工作会议在北京举行》，人民日报，2020年12月19日第1版。

同样体现出政策力度的重要性。以美国为例，美联储在 2020 年 3 月 3 日和 3 月 16 日分别降息 50 个和 100 个基点，一个月内将联邦基金利率从 1.50%～1.75% 骤降至 0～0.25%，其中降息 100 个基点也是美联储历史上单次降息的最大幅度，超过了应对 2008 年金融危机时单次降息的最大幅度（75 个基点）。

那么，2020 年中国在应对新冠肺炎疫情等国内外不利因素冲击的过程中，货币政策和财政政策的力度究竟如何？对中国宏观经济运行产生了什么样的调控效果？为了回答上述问题，本报告将对 2020 年货币政策与财政政策的主要操作进行全面梳理，在此基础上全面评估两类政策的力度大小及其影响。

二、货币政策力度评价

1. 2020 年货币政策的主要操作

为了应对新冠肺炎疫情和国内外复杂形势带来的经济下行压力，央行采取了一系列政策操作。一是采取了三轮降准操作。其中，包括一轮全面降准和两轮定向降准（表 1）。二是采取了多轮降息操作。将 OMO 的 7 天逆回购利率下调了 30 个基点，将 1 年期 MLF 利率下调了 30 个基点，此外还下调了常备借贷便利（standing lending facility，SLF）和定向中期借贷便利（targeted medium-term lending facility，TMLF）利率，并将支农、支小再贷款利率下调了 50 个基点（表 2）。三是进一步强化了对结构性货币政策工具的运用。除了上述定向降准以及调低支农、支小再贷款利率等举措，央行还在 2020 年 6 月 1 日新创设了“普惠小微企业贷款延期支持工具”和“普惠小微企业信用贷款支持计划”两项直达实体经济的货币政策工具，进一步完善了结构性货币政策工具体系，旨在进一步增强对稳企业、保就业的金融支持力度。

表 1　2020 年央行的降准操作概览

宣布时间	降准范围和降准幅度
2020-01-01	1 月 6 日，下调金融机构存款准备金率 0.5 个百分点（不含财务公司、金融租赁公司和汽车金融公司）
2020-03-13	3 月 16 日，对普惠金融领域贷款占比考核达标银行给予 0.5 或 1.5 个百分点的存款准备金率优惠，并对此次考核中得到 0.5 个百分点存款准备金率优惠的股份制商业银行额外降准 1 个百分点
2020-04-03	下调农村信用社、农村商业银行、农村合作银行、村镇银行和仅在本省级行政区域内经营的城市商业银行存款准备金率 1 个百分点，分 4 月 15 日和 5 月 15 日两次实施

表 2　2020 年央行的降息操作概览

宣布时间	降息方式和降准幅度
2020-02-03	OMO7 天逆回购利率降低 10 个基点（降至 2.40%）
2020-02-17	1 年期 MLF 利率降低 10 个基点（降至 3.15%）
2020-02-26	下调支农、支小再贷款利率 25 个基点（降至 2.50%）
2020-03-30	OMO 利率（7 天逆回购利率）降低 20 个基点（降至 2.20%）
2020-04-10	下调 SLF 利率，其中隔夜利率降低 30 个基点（降至 3.05%）、7 天利率降低 30 个基点（降至 3.20%）、1 个月利率降低 30 个基点（降至 3.55%）
2020-04-15	1 年期 MLF 利率降低 20 个基点（降至 2.95%）
2020-04-24	1 年期 TMLF 利率降低 20 个基点（降至 2.95%）
2020-06-29	从 2020 年 7 月 1 日，下调支农再贷款、支小再贷款利率 0.25 个百分点（3 个月、6 个月和 1 年期支农再贷款、支小再贷款利率分别降至 1.95%、2.15%和 2.25%），下调再贴现利率 0.25 个百分点（降至 2%），下调金融稳定再贷款利率 0.5 个百分点（金融稳定再贷款利率降至 1.75%，金融稳定再贷款（延期期间）利率降至 3.77%

通过上文对 2020 年央行所实施货币政策操作的梳理可知，既有降准等数量型货币政策，又有降息等价格型货币政策，此外还有不少结构型货币政策。不过，结构型货币政策最终仍将体现为相关领域信贷资金和贷款利率的变化，因此本报告重点使用数量型指标和价格型指标判断货币政策的力度大小。

2. 数量型货币政策的力度

关于数量型货币政策，近年来央行的相关操作主要体现为 M2 增速和社会融资规模余额增速的变化，因此本报告主要使用这两个指标测度货币政策的力度。

进一步地，本报告主要参照两方面依据对数量型货币政策的力度大小进行评价。一是将 M2 和社会融资规模增速的实际值与政府工作报告制定的目标值进行对比，初步判断是否实现了政府制定的目标。每一年的政府工作报告都会对当年 M2 和社会融资规模的目标增速加以说明。如表 3 所示，2016 年和 2017 年给出了明确的量化目标，2018 年以来则改为了定性表述。究其原因，伴随着近年来利率市场化改革的持续推进与金融创新的不断深化，M2 等数量型指标的可测性、可控性以及与实体经济的相关性出现了较为明显的下降（陈小亮等，2016）。因此，近年来不再设定 M2 与社会融资规模增速的量化目标具有一定的合理性（陈彦斌等，2019）。具体到 2020 年，政府工作报告的表述为“综合运用降准降息、再贷款等手段，引导广义货币供应量和社会融资规模增速明显高于去年”，为此，本报告将“增速明显高于去年”这一目标作为第一个评价依据。二是将 M2 增速等指标与名义 GDP 增速的差额与其平均值进行对比，从而进一步判断数量型货币政策逆周期调节的力度大小。货币政策调控的本质在于对经济运行进行逆周期调节，当经济面临的下行压力加大时，M2 增速与名义 GDP 增速的差额应该高于其平均值，才能实现逆周期调节的目的。因此，通过比较 M2 等数量型指标的增速与名义 GDP 增速的相对高低可以较好地判断相关指标逆周期调节的力度。

表 3　“十三五”期间政府工作报告针对 M2 和社会融资规模目标增速的表述

时间	政府工作报告的相关表述
2016 年	“广义货币 M2 预期增长 13%左右，社会融资规模余额增长 13%左右”
2017 年	“广义货币 M2 和社会融资规模余额预期增长均为 12%左右”
2018 年	“保持广义货币 M2、信贷和社会融资规模合理增长”
2019 年	“广义货币 M2 和社会融资规模增速要与国内生产总值名义增速相匹配，以更好满足经济运行保持在合理区间的需要”
2020 年	“综合运用降准降息、再贷款等手段，引导广义货币供应量和社会融资规模增速明显高于去年”

第一，2020 年 M2 和社会融资规模增速显著提高，较好地实现了政府工作报告制定的“明显高于去年”的目标，因此数量型货币政策的力度是较为充裕的。

就 M2 同比增速而言，2020 年 M2 同比增速明显高于 2019 年。如图 1 所示，2019 年 1～12 月，M2 同比增速始终在 8%～8.7%的历史低位徘徊，而 2020 年 M2 的同比增速则明显升高。其中，2020 年 4～6 月 M2 同比增速高达 11.1%，比 2019 年同期高出 2.6 个百分点；7 月以来，M2 同比增速有所下降，不过 7～12 月仍然处于 10.1%～10.9%的区间内，而 2019 年同期则处于 8.1%～8.7%的区间内。可见，整体而言 2020 年 M2 同比增速明显高于 2019 年，较好地实现了“明显高于去年”的目标。

就社会融资规模余额增速而言，2020 年以来同样明显高于 2019 年。2019 年社会融资规模余额增速为 10.7%，进入 2020 年以来持续升高，到 9～12 月已经升至 13.5%左右，比 2019 年同期高出 3 个百分点（图 1），同样较好地实现了“明显高于去年”的目标。

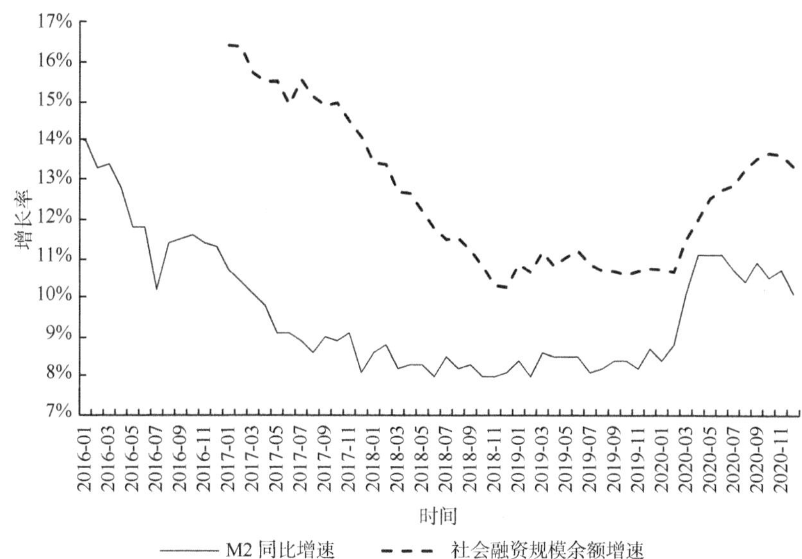

图 1　“十三五”期间 M2 同比增速和社会融资规模余额增速走势

之所以没有列出 2017 年之前的数据，是因为 2017 年以来央行多次调整社会融资规模的统计口径，2017 年之前的数据与 2017 年之后的数据口径不同，不具有可比性

第二，将 M2 等数量型指标的增速与名义 GDP 增速的差额与 2016～2019 年的平均值进行对比可以进一步发现，2020 年数量型货币政策的逆周期调节力度的确较为充裕。

如前所述，货币政策调控的本质在于对经济运行进行逆周期调节，因此可以将 M2 等数量型指标的增速与名义 GDP 增速的差额与其平均值进行对比，以判断货币政策逆周期调节的力度大小。当经济面临的下行压力加大时，M2 等数量型货币政策指标的增速与名义 GDP 增速的差额应该高于其平均值，这样才能实现逆周期调节的目的。图 2 显示了新常态以来 M2 同比增速、社会融资规模余额增速、人民币贷款余额增速以及“表内+表外”贷款余额增速四个指标与名义 GDP 增速的差额及其动态走势，从中可以清晰地看出，2020 年数量型货币政策逆周期调节的力度明显加大。具体而言，以 M2 同比增速为例，2012～2019 年 M2 同比增速与名义 GDP 增速差额的平均值是 1.88 个百分点，2016～2019 年 M2 同比增速与名义 GDP 增速差额的平均值更是 –0.46 个百分点，而 2020 年 M2 同比增速与名义 GDP 增速差额则达到了 7.56 个百分点，显著高于过去几年的平均值。其他三个数量型货币政策指标呈现类似走势，从而表明 2020 年数量型货币政策的逆周期调节力度的确较为充裕。

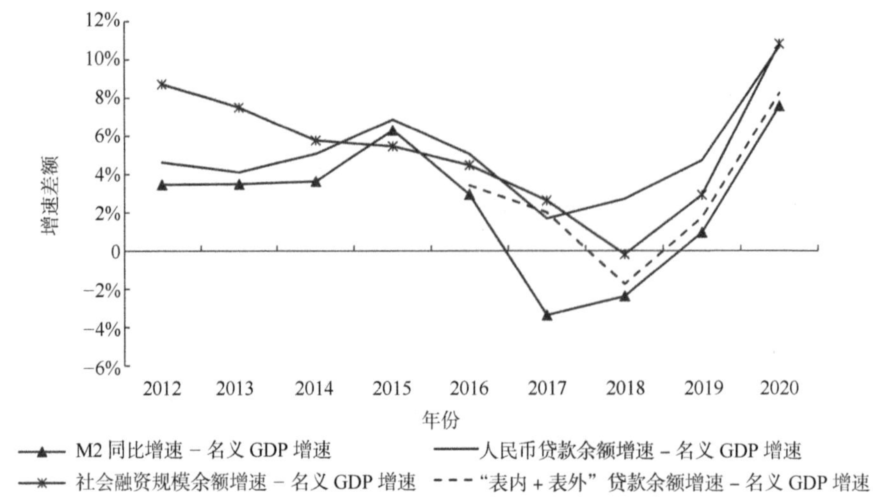

图 2　M2 增速等指标相对于名义 GDP 增速的高低

2020 年的数据根据 Wind 等数据库的预测数据计算得到。表内贷款指的就是金融机构人民币贷款，表外贷款指的则是委托贷款、信托贷款和未贴现的银行承兑汇票

综合来看，2020 年数量型货币政策的力度是较为充裕的，较好地应对了新冠肺炎疫情等国内外复杂环境所带来的经济下行压力，这也是中国经济增速较快地实现阶梯性反弹并且在全世界范围内表现优异的重要原因。

3. 价格型货币政策的力度

关于价格型货币政策，经济理论和国际经验都表明，利率是最重要的价格型指标。在货币政策调控框架体系中，主要包括货币市场利率和信贷市场利率两类指标，货币政策直接调节的是货币市场利率，而直接影响实体经济的则是信贷市场利率。因此，在评价价格型货币政策的力度时，需要兼顾货币市场利率和信贷市场利率两类指标。就货币市场利率而言，由于银行间存款类金融机构以利率债为质押的 7 天回购利率（DR007）能够较好地反映银行体系流动性松紧状况，对于培育市场基准利率具有积极作用，因此央行将 DR007 视为货币市场利率的主要测度指标。[①]本报告也将 DR007 作为货币市场利率的主要测度指标。就信贷市场利率而言，可以使用金融机构一般贷款加权平均利率加以测度，该指标较为全面地反映了企业和家庭从金融机构融资的成本。

① 一个证据是，2018年三季度以来的绝大多数货币政策执行报告都绘制了“货币市场利率走势图”，其中无一例外地使用DR007作为测度指标，可见央行事实上已经将DR007作为货币市场利率的主要测度指标。

进一步地，本报告主要通过分析价格型货币政策是否实现了逆周期调节，进而判断价格型货币政策的力度大小。当经济面临下行压力时，要想进行逆周期调节，不管是货币市场利率，还是信贷市场利率，都应该呈现出下降态势。2020 年政府工作报告也明确要求，“务必推动企业便利获得贷款，推动利率持续下行”。需要强调的是，影响企业投资和家庭消费决策的是实际利率而非名义利率（Mishkin，2016）。尤其是，经济下行时期价格水平通常较低甚至出现通缩，即使名义利率很低，实际利率也可能处于较高水平。如果用名义利率来判断货币政策的松紧程度，很有可能出现误判。以“大萧条”为例，早期的凯恩斯主义者认为，当时名义利率已经降到 1%以下，达到极低的水平，说明货币政策已经非常宽松。以弗里德曼为代表的货币主义者则指出，虽然名义利率已经降至较低水平，但是“大萧条”时期处于严重通缩状态，导致实际利率持续居于 8%左右的高位。据此，货币主义者强调，“大萧条”时期货币政策不仅不是宽松的，相反其紧缩程度超过了美国历史上以往任何时期。如果当时美联储以实际利率为判断标准，采取更加宽松的货币政策，将会显著减弱大萧条的危害。正因如此，在分析信贷市场利率时，应该重点关注实际利率走势。

第一，货币市场利率在 2020 年初明显下降，但是 5 月之后有所反弹。

在多轮降准以及降息操作的引导之下，金融体系流动性较为充裕，从而引导货币市场利率显著下降。如图 3 所示，DR007 从 2020 年 1 月的 2.40%迅速下降到 4 月的 1.46%，下降了接近 1 个百分点，这也是“十三五”期间的最低水平。不过，从 2020 年 5 月开始，DR007 出现反弹趋势，到 12 月已经升高到 2.46%左右，与年初基本持平。

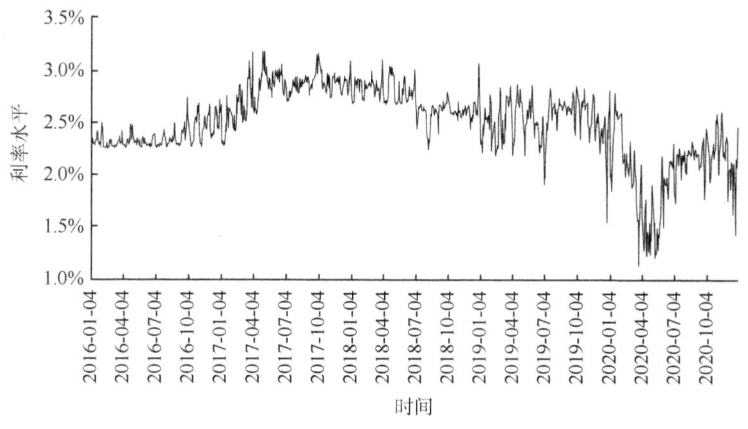

图 3　“十三五”期间 DR007 利率走势

作为辅助证据，本报告还进一步分析了上海银行间同业拆放利率（Shanghai interbank offered rate，SHIBOR）的走势（图 4），发现 3 个月（3M）、6 个月（6M）和 1 年期（1Y）的 SHIBOR 在 2020 年同样呈现出先降后升趋势。由此同样表明，2020 年 5 月以来货币市场利率的确呈现出上涨态势。

图 4 “十三五”期间 SHIBOR 走势

第二，信贷市场的实际贷款利率在 2020 年上半年略微下降，但是下半年有所升高。

央行数据显示，2020 年上半年，金融机构一般贷款加权平均名义利率延续了 2018 年下半年以来的下行态势，二季度末下降到了 5.26%，比 2019 年末下降了 0.48 个百分点，与“十三五”期间的峰值（2018 年三季度末的 6.19%）相比降幅更是接近 1 个百分点。事实上，这也是该指标自 2007 年四季度有统计数据以来的最低值，此前的最低值是 2016 年四季度的 5.44%。然而，在货币市场利率走势出现反弹的情况下，信贷市场利率同样出现了反弹迹象，金融机构一般贷款加权平均名义利率在 2020 年三季度升至 5.31%，与二季度相比略微升高了 0.05 个百分点。

进一步分析可以发现，金融机构一般贷款加权平均实际贷款利率在 2020 年并未出现明显下降，甚至有所升高。图 5 的计算结果显示，使用核心 CPI 计算得到的金融机构一般贷款加权平均实际利率在 2020 年一季度和二季度分别为 4.25%和 4.23%，与 2019 年四季度的 4.31%相比降幅非常有限，三季度则升至 4.81%，达到了“十三五”期间的最高水平；使用 PPI 计算得到的金融机构一般贷款加权平均实际利率在 2020 年一季度有所下降，但是二季度和三季度却都超过了一季度的水平，并且升至2017年以来的相对高位。

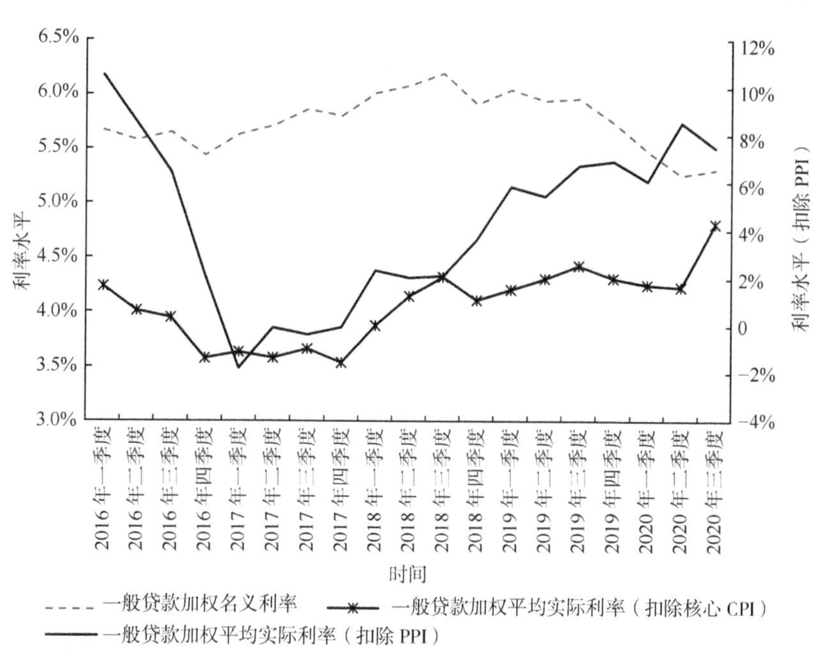

图5　金融机构一般贷款加权平均利率走势

文献中一般使用名义利率减去通胀率计算实际利率。关于通胀率的衡量指标，部分文献使用CPI（王少平和陈文静，2008；刘金全和张小宇，2012），还有部分文献使用PPI（方昕，2016；纪洋等，2016）。考虑到CPI容易受到食品和能源价格波动的影响，本报告使用核心CPI替代CPI加以测度

综上所述，2020年初的一系列降准和降息等货币政策操作使得货币市场利率明显下行，并且引导信贷市场实际贷款利率出现小幅下降，从而在一定程度上降低了实体经济的融资成本。但是，2020年下半年货币政策恢复正常化的步伐偏快，货币市场利率明显反弹，并且引导信贷市场实际贷款利率止跌回升。[①]整体而言，本报告认为2020年下半年价格型货币政策的力度有所不足。

4. 2020年下半年货币政策恢复正常化的原因

本报告认为，两方面原因促使货币政策在2020年下半年较早地恢复了正

---

① 此外，国债、地方政府债券和企业债券的发行利率在2020年上半年明显下降，但是下半年也都出现了明显反弹，不利于政府部门和企业部门融资。其中，国债发行利率（固定利率，3年期）在2020年初为2.75%，2020年3～6月降至2.24%，但是11月又升至2.88%，超过了年初的水平。地方政府债券（3年期）发行利率在2020年初为2.65%左右，5月降至1.85%左右的低位，但是11月末已经升至3.3%以上，大幅超过年初水平。公司债（固定利率，3年期）发行利率在2020年初为3.7%左右，4月底曾降至2.5%左右的低位，但是11月又升至4%左右。

常化。

第一，宏观杠杆率攀升，防风险压力加大，货币政策为了保持杠杆率稳定而恢复正常化。

2018 年以来，中央全面推进结构性去杠杆，为了配合结构性去杠杆的进程，金融监管的力度明显加大，委托贷款和信托贷款等表外贷款明显收缩。同时，央行多次在重要场合或文件中强调结构性去杠杆。例如，2019 年 3 月全国两会期间，银保监会主席郭树清表示“结构性去杠杆要明显降低企业杠杆率，稳住家庭杠杆率”。再如，2019 年一季度货币政策执行报告的专栏明确指出，“稳健的货币政策有助于为结构性去杠杆提供适宜的宏观经济和货币金融环境”。结构性去杠杆的持续推进取得了较为显著的成效，根据国家资产负债表研究中心的测算，2018～2019 年中国的政府、企业、居民部门的杠杆率之和（以下简称宏观杠杆率）仅升高了 4.2 个百分点，其中企业部门杠杆率不仅没有升高反而下降了 5.3 个百分点。

然而，2020 年以来，在疫情冲击之下中国的宏观杠杆率再次出现大幅上涨的趋势。国家资产负债表研究中心数据显示（图 6），中国的宏观经济杠杆率已经从 2019 年末的 245.4%升至 2020 年三季度末的 270.1%，涨幅达到了 24.7 个百分点之多，其中仅一季度涨幅就达到了 13.9 个百分点，这是过去 20 年间单季度的第二大涨幅，仅次于 2009 年一季度的涨幅（14.2 个百分点）。

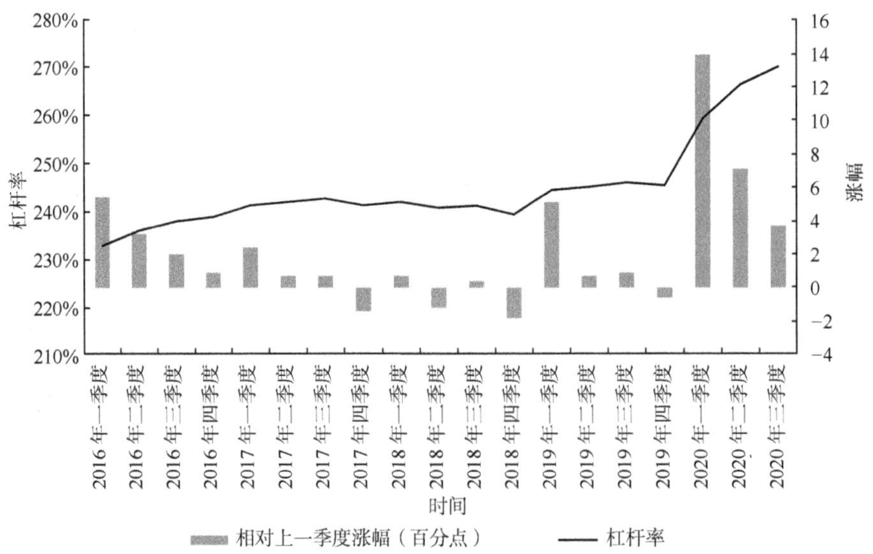

图 6　国家资产负债表研究中心测算的中国宏观杠杆率走势

图中的宏观杠杆率指的是政府部门、企业部门和居民部门的杠杆率之和

国际清算银行所测算的中国宏观杠杆率的涨幅更大，已经从2019年四季度的257.6%一跃上升至2020年二季度的280.3%，涨幅达22.7个百分点，进一步证实了2020年以来中国宏观杠杆率的显著上涨态势。

宏观杠杆率的攀升成为货币政策恢复正常化的重要考虑之一。央行行长易纲2020年10月21日在金融街论坛上强调，“货币政策要把握好稳增长和防风险的平衡，既不让市场缺钱，也不让市场的钱溢出来，保持货币供应与反映潜在产出的名义国内生产总值增速基本匹配”，“货币政策需把好货币供应总闸门，适当平滑宏观杠杆率波动，使之在长期维持在一个合理的轨道上”。[①]2020年三季度货币政策执行报告再次指出，要“尽可能长时间实施正常货币政策，保持宏观杠杆率基本稳定”。

第二，房价泡沫化风险进一步促使货币政策恢复正常化。

虽然疫情冲击使得2020年的经济增速明显下降，但是部分城市的房价却呈现上涨迹象。国家统计局数据显示，四大一线城市的二手房价格在2020年均呈现出显著上涨态势，四个城市房价平均上涨了8.56%，其中深圳房价涨幅更是达到了14.14%，与2018年和2019年相比房价涨幅明显增加（表4）。而且，2020年房价上涨并不局限于四大一线城市，在国家统计局重点关注的70个大中城市中，二手房价涨幅超过5%的达到了17个，新房房价涨幅超过5%的则达到了23个（而且大多数是三四线城市）。经济下行压力态势下的房价上涨意味着房价泡沫化风险加剧，从而进一步促使货币政策恢复正常化。2020年第一季度货币政策执行报告指出，要“坚持房子是用来住的、不是用来炒的定位和‘不将房地产作为短期刺激经济的手段’要求，保持房地产金融政策的连续性、一致性、稳定性”，[②]第二季度和第三季度货币政策执行报告在此基础上进一步增加了“坚持稳地价、稳房价、稳预期，保持房地产金融政策的连续性、一致性、稳定性，实施好房地产金融审慎管理制度”的表述。[③]2020年底召开的中央经济工作会议同样强调，“要坚持房子是用来住的、不是用来炒的定位，因地制宜、多策并举，促进房地产市场平稳健康发

① 易纲：既不让市场缺钱，也不让市场的钱溢出来，http://www.ce.cn/xwzx/gnsz/gdxw/202010/21/t20201021_35919156.shtml，2021年10月21日。

② 《2020年第一季度中国货币政策执行报告》，http://www.pbc.gov.cn/zhengcehuobisi/125207/125227/125957/4021036/4021012/index.html，2021年1月10日。

③ 《2020年第二季度中国货币政策执行报告》，http://www.pbc.gov.cn/zhengcehuobisi/125207/125227/125957/4021036/4068117/index.html，2021年1月10日；《2020年第三季度中国货币政策执行报告》，http://www.pbc.gov.cn/zhengcehuobisi/125207/125227/125957/4021036/4133903/index.html，2021年1月10日。

展”。由此不难推知，房价泡沫化风险也是货币政策恢复正常化的原因之一。

表 4　四大一线城市的二手房价格涨幅

时间	北京	上海	广州	深圳
2018 年涨幅	−1.89%	−2.76%	2.32%	4.79%
2019 年涨幅	−0.48%	1.31%	−1.93%	7.82%
2020 年涨幅	6.29%	6.32%	7.48%	14.14%

本报告认为，货币政策无须因为去杠杆和防范资产价格泡沫化风险而过早恢复正常化。

（1）货币政策不宜过于关注去杠杆等结构性目标，而应该为去杠杆提供稳定的宏观经济环境，谨防因为货币政策收紧导致经济下行以及由此引发的被动加杠杆局面。2020 年中国宏观杠杆率之所以大幅升高，主要是因为经济增速下滑，导致杠杆率的“分母”变小，从而推高了杠杆率。在疫情影响尚未全面消除的情况下，如果货币政策力度过早收紧，导致实际利率升高，不仅会加剧债务者的偿债负担，从“分子端”推高杠杆率，而且会抑制消费需求和投资需求，不利于经济增长，从“分母端”推高杠杆率（陈彦斌等，2019）。[①] 相反，将货币政策的力度保持在适宜的水平，则可以降低融资成本和偿债负担，有助于同时实现“稳增长”和“去杠杆”的目标。

（2）收紧货币政策虽然会在一定程度上减少流向房地产市场的资金，有助于实现金融稳定的目标，但会抬升融资成本，不利于实现经济稳定的目标。在经济下行压力之下，居民部门消费明显萎缩，但是房地产市场却逆势而上，这根源于实体经济增长乏力。只靠收紧货币政策虽然会在一定程度上减少流向房地产市场的资金，从而有助于实现金融稳定的目标，但是不利于实现“稳增长”的目标。本报告认为，在加快构建房价调控长效机制的同时，提高技术进步和生产率以增强实体经济内生增长动力，才能在防范房价泡沫化风险的同时促进实体经济增长，从而同时实现经济稳定和金融稳定的双重目标。

（3）货币政策的核心目标是实现经济稳定，金融稳定目标则应主要依靠宏观审慎政策加以实现。2008 年国际金融危机之前，经济学界的主流观点是“保证经济稳定就能保证金融稳定”，但是 2008 年国际金融危机的发生使得

---

① 所谓“分子端”和“分母端”，指的是杠杆率的分子和分母。具体而言，杠杆率的定义式是“债务/GDP”，偿债负担加重会使得杠杆率的“分子”变大，从而推高杠杆率，投资需求和消费需求收缩会降低经济增速，导致杠杆率的“分母”变小，从而推高杠杆率。

各界充分认识到，宏观政策既要实现经济稳定目标，又要实现金融稳定目标，二者缺一不可。根据丁伯根法则，仅依靠货币政策无法同时实现双稳定目标。理论和国际经验表明，货币政策应该关注的核心目标是经济稳定，至于金融稳定则主要依靠宏观审慎政策加以实现。宏观审慎政策通过对银行流动性、资本金和杠杆率等方面进行约束，能够限制银行体系对高风险领域和高杠杆领域的信贷投放，从而缓解房价泡沫化风险和高杠杆风险。这既有助于实现金融稳定目标，又能够消除货币政策的后顾之忧，从而使得货币政策可以更好地聚焦于“稳增长”。

三、财政政策力度评价

1. 2020年财政政策的主要操作

2020年政府工作报告明确要求，为了应对疫情冲击，“积极的财政政策要更加积极有为”，《关于2019年中央和地方预算执行情况与2020年中央和地方预算草案的报告》（以下简称《预算报告》）则详细列出了2020年财政政策的主要内容：一是加大减税降费力度。强化阶段性政策，与制度性安排相结合，重点减轻中小微企业、个体工商户和困难行业企业税费负担。预计全年为市场主体新增减负超过2.5万亿元。二是将赤字率从2.8%提高至3.6%以上。财政赤字规模比2019年增加1万亿元。同时发行抗疫特别国债1万亿元，加大各类结转结存资金盘活使用力度，努力增加可用财力。三是调整优化支出结构。基本民生支出要只增不减，重点领域支出要切实保障，一般性支出要坚决压减。四是缓解地方财政困难。新增加的财政赤字和抗疫特别国债全部安排给地方，并用在落实“六保”任务和减税降费等方面。五是扩大政府投资规模。抗疫特别国债主要用于地方公共卫生等基础设施建设和抗疫相关支出。同时，安排地方政府新增专项债券3.75万亿元，比2019年增加1.6万亿元，有效支持补短板、惠民生、促消费、扩内需。

理论上，积极财政政策主要包括增加财政支出、减少财政收入，两方面举措最终会体现为赤字率的升高。相应地，从上述2020年政策操作重点也可以看出，财政政策的确集中在提高赤字率、增加财政支出、减税降费三方面。本报告综合这三方面的数据指标分析发现，2020年中国财政赤字率相对较高，因此财政政策的整体力度相对较大，不过在支出端的力度有所不足，可适度加大财政支出力度，从而进一步强化财政政策的逆周期调控效果。

2. 财政赤字率大小及财政政策力度的整体判断

财政赤字率同时涵盖了财政支出端和收入端的信息，因此可以结合赤字率的大小及走势，较为全面地判断财政政策的整体力度。根据政府工作报告和《预算报告》制定的目标，2020 年财政赤字为 3.76 万亿元，比 2019 年增加 1 万亿元，并据此明确“赤字率拟按 3.6%以上安排”。这是改革开放以来 40 多年间中国预算赤字率目标值首次突破 3%，此前只有 2016 年和 2017 年达到了 3%，但是从未突破 3%。由此足以看出中央使用积极财政政策应对疫情冲击和经济下行压力的决心。

不过，政府工作报告制定的目标赤字率并不能反映财政政策的真实力度，因为该指标既没有将“调入资金”以及“结转结余资金”支出所导致的赤字纳入其中，也没有将政府性基金赤字纳入其中。将相关因素纳入之后可以发现，2020 年的财政赤字率明显高于政府工作报告所制定的 3.6%的目标值。第一，根据《预算报告》的要求，2020 年将“调入资金及使用结转结余 29 980 亿元”，用于一般公共预算支出，因此在计算一般公共预算赤字时应该纳入其中。将“调入资金及使用结转结余 29 980 亿元”考虑在内后，2020 年的一般公共预算赤字将达到 6.76 万亿元，赤字率达到 6.56%（口径 1）。第二，在财政“四本账”的大框架下，还需要将政府性基金支出增加所导致的赤字纳入其中。①2020 年政府性基金支出显著加大力度，尤其是为了应对疫情冲击，发行了 1 万亿元抗疫特别国债以及 3.75 万亿元地方政府专项债券，所筹集资金大都用于政府性基金支出。将政府性基金赤字纳入之后，2020 年的目标赤字将会达到 11.23 万亿元，赤字率达到 10.90%（口径 2）。上述两个口径下的目标赤字和目标赤字率均达到了“十三五”期间的最高水平。

表 5 列示了经过调整之后的两个口径的实际赤字率。从中可以看出，2020 年前三季度的一般公共预算赤字率（口径 1）分别为 4.50%、4.43%和 4.73%，达到“十三五”以来各年同期的最高值。进一步地，一般公共预算与政府性基金预算加总之后的赤字率（口径 2）在 2020 年前三季度更是分别达到了 7.98%、7.44%和 7.91%，远超“十三五”期间的平均水平。综合来看，2020

---

① 需要说明的是，根据2014年以及2018年修订之后的《中华人民共和国预算法》，完整的预算体系包括一般公共预算、政府性基金预算、国有资本经营预算、社会保险基金预算“四本账”。不过，社会保险基金“专项用于社会保险”，与财政政策逆周期调节的直接关系不大，国有资本经营预算虽然有时会“安排资金调入一般公共预算”，但是规模非常小，因此本报告重点分析一般公共预算和政府性基金预算的政策力度。

年较好地实现了政府工作报告所要求的“积极的财政政策要更加积极有为”的目标。不过也要看到的是，与本报告重新计算的目标赤字率相比，前三季度实际赤字率仍然相对偏低，这主要是由一般公共预算支出和政府性基金支出力度有所不足所致，具体参见下文分析。

表 5　2016—2020 年实际赤字率走势

时间	赤字规模/亿元		赤字率	
	口径 1：一般公共预算	口径 2：一般公共预算+政府性基金预算	口径 1：一般公共预算	口径 2：一般公共预算+政府性基金预算
2016 年	28 289	28 522	3.82%	3.85%
2017 年	30 763	30 001	3.75%	3.66%
2018 年	37 554	42 711	4.17%	4.74%
2019 年 1~6 月	15 692	21 061	3.48%	4.67%
2019 年 1~9 月	27 934	36 539	4.00%	5.24%
2019 年 1~12 月	48 492	55 341	4.89%	5.59%
2020 年 1~3 月	9 300	16 472	4.50%	7.98%
2020 年 1~6 月	20 235	33 968	4.43%	7.44%
2020 年 1~9 月	34 183	57 194	4.73%	7.91%

3. 财政支出的力度

关于财政支出的力度，本报告同样选择了两个评价依据。一是将财政支出的实际增速与政府工作报告制定的目标增速进行比较，从而判断财政支出的力度大小是否恰当。根据《预算报告》的要求，2020 年全国一般公共预算支出的目标增速是 3.8%，政府性基金支出的目标增速是 38%。需要特别指出的是，2020 年政府性基金支出的规模和目标增速都达到了“十三五”期间的最高水平，2016～2019 年政府性基金支出的平均规模为 6.87 万亿元，平均目标增速为 18.1%，而 2020 年的政府性基金支出规模则达到了 12.61 万亿元，目标增速更是达到了 38%。[①]究其原因，为了应对新冠肺炎疫情冲击，中央专门发行 1 万亿元抗疫特别国债，并且安排地方政府新增专项债券 3.75 万亿元（比 2019 年大幅增加 1.6 万亿元），从而得以为政府性基金支出筹集较为充

① 根据历年《预算报告》可知：2016年计划安排全国政府性基金相关支出41 421.91亿元，下降1.2%；2017年计划安排全国政府性基金相关支出55 473.16亿元，增长33.9%；2018年计划安排全国政府性基金相关支出78 048.98亿元，增长40.7%；2019年，计划安排全国政府性基金相关支出99 801.72亿元，增长22.9%。

裕的资金。为此，《预算报告》专门指出，“加上上年结转收入 180.04 亿元、抗疫特别国债收入 10 000 亿元和地方政府专项债务收入 37 500 亿元，全国政府性基金收入总量为 129 126.09 亿元。全国政府性基金预算支出 126 123.59 亿元，增长 38%”。[①]二是将财政支出增速与名义 GDP 增速的差额与其平均值进行对比，从而进一步判断财政政策逆周期调节的力度大小。在经济下行压力加大的情况下，财政支出增速与名义 GDP 增速的差额应该高于其平均值，才能实现逆周期调节的目的。

第一，2020 年的一般公共预算支出实际增速和政府性基金预算支出增速均低于目标。

从财政支出实际进展来看，由于疫情，大量企业在 2020 年初停工停产，此外 2020 年夏天南方部分地区的洪水也影响到了部分项目的开工，多类因素使得2020年的财政支出进度相对偏慢，[②]进而导致财政支出增速低于目标增速。

就一般公共预算支出而言，2020 年 1～6 月累计同比增速为–5.8%；下半年有所改进，不过 1～10 月仍然为负增长（–0.6%）；直到 11 月累计同比增速才由负转正，全年累计同比增速只有 2.8%（图 7），与 3.8%的目标增速存在一定差距。

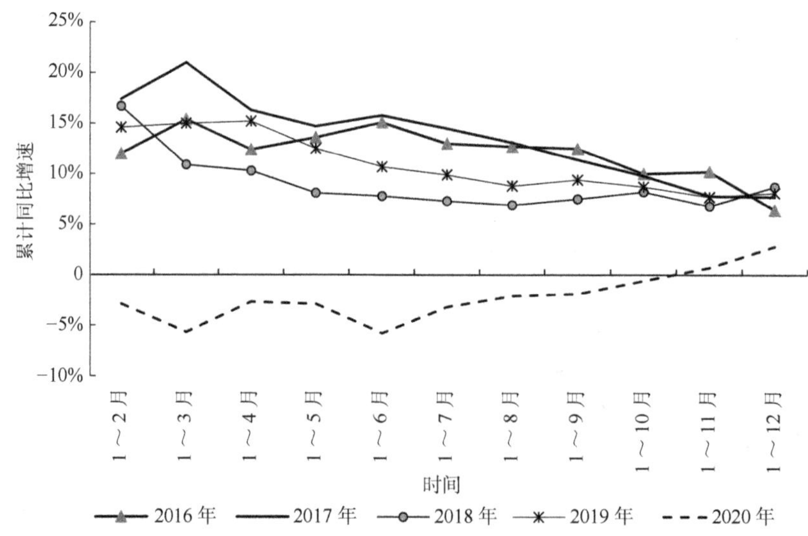

图 7　2016 年以来各年度一般公共预算支出累计同比增速走势对比

① 《关于2019年中央和地方预算执行情况与2020年中央和地方预算草案的报告》，http://www.gov.cn/xinwen/2020-05/30/content_5516231.htm，2021年1月10日。

② 2020年1～10月，一般公共预算支出进度为76.4%，而2016～2019年同期进度全部超过80%，2017～2018年的同期进度达到了83.6%。

就政府性基金支出而言，2020 年 1～11 月累计同比增速为 25.8%（图 8），同样明显低于 38%的目标增速。此外，陈彦斌等（2019）指出，地方政府性基金支出很大一部分用于征地拆迁补偿、土地出让前期开发、补助被征地农民等成本性支出，将其扣除之后剩余的部分能够更好地反映财政政策逆周期调节的本质。图 8 进一步显示，扣除成本性支出后，2020 年 1～11 月政府性基金支出的累计同比增速同样低于 2019 年同期。财政部数据显示，截至 2020 年 7 月 30 日，1 万亿元抗疫特别国债就已经全部顺利发行；截至 2020 年 10 月 31 日，地方政府专项债券已经发行 3.98 万亿元。①可见，相关资金筹集已经到位，但是由于支出端进度偏慢，财政支出的实际增速低于目标增速。

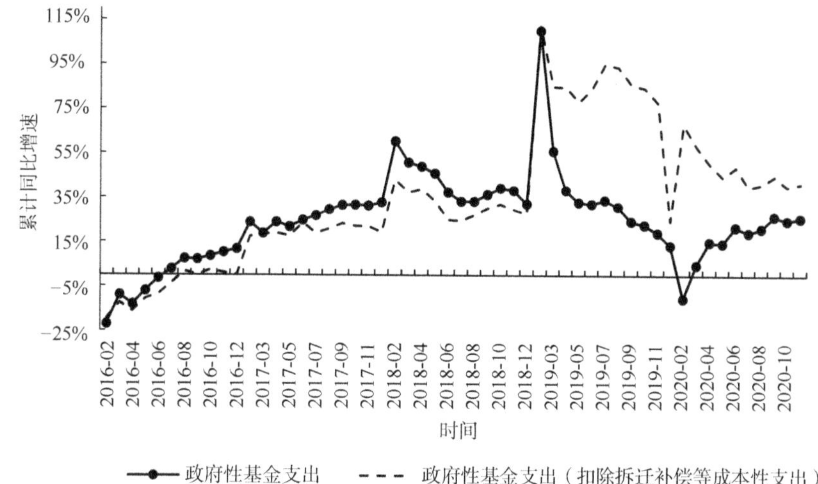

图 8　2016 年以来各年度政府性基金支出累计同比增速走势对比

在计算扣除成本性支出的政府性基金支出增速时，参照的是陈彦斌等（2019）的计算思路；每年的 1 月是没有统计数据的

第二，将财政支出增速与名义 GDP 增速的差额与 2016～2019 年的平均值进行对比可以进一步发现，2020 年财政支出力度的确有待提高。

与货币政策类似，当经济面临的下行压力加大时，财政政策要想实现逆周期调节的目标，需要财政支出增速与名义 GDP 增速的差额超过其平均值。图 9 展示了“十三五”期间财政支出增速与名义 GDP 增速的差额及其走势，可以发现，2020 年以来不管是一般公共预算支出增速与名义 GDP 增速的差额，还是“一般公共预算支出+政府性基金支出（扣除成本）”增速与名义 GDP 增

① 前十个月财政收支情况持续向好，www.mof.gov.cn/zhengwuxinxi/caijingshidian/ cjzylm/ 202011/ t20201119_3625858.htm，2020年12月20日。

速的差额，均低于前几年的平均值。就一般公共预算支出增速与名义 GDP 增速的差额而言，2016～2019 年的平均值是 1.91%，而 2020 年前三季度是–0.29%。就“一般公共预算支出+政府性基金支出（扣除成本）”增速与名义 GDP 增速的差额而言，2016～2019 年的平均值是 3.27%，而 2020 年前三季度是 3.12%。本报告据此认为，2020 年财政支出政策的逆周期调节力度相对不足。

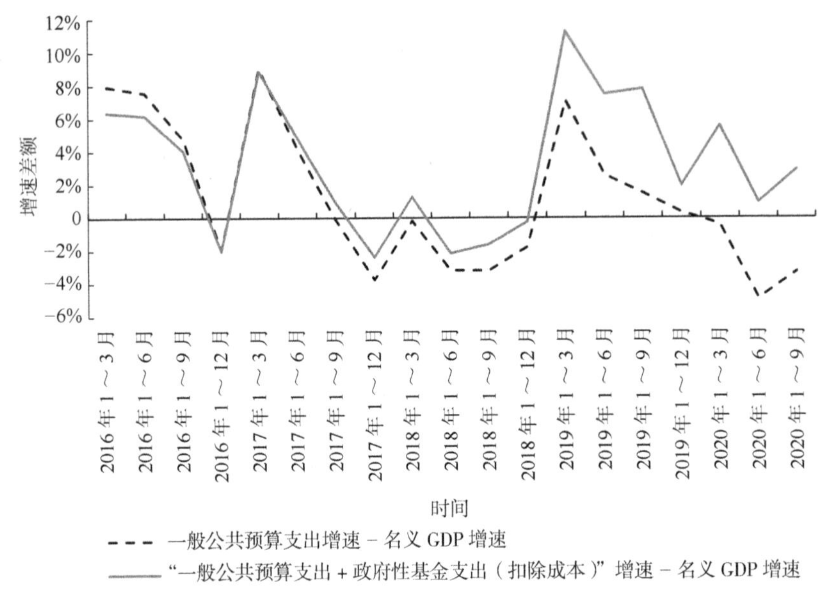

图 9　财政支出增速与名义 GDP 增速的相对高低

基于上述两方面分析，本报告认为 2020 年财政支出增速没有达到政府工作报告制定的目标值，而且财政支出增速相对于名义 GDP 增速并未显著提高，本报告据此认为 2020 年财政支出政策的逆周期调节力度相对不足。

4. 减税降费的力度

要想准确判断财政政策的力度，不仅要从支出端加以分析，而且要从收入端加以分析。在经济存在下行压力的时期，财政政策应该通过减税降费来减轻企业和居民负担，从而刺激企业投资和居民消费，进而对经济进行逆周期调节。从 2008 年中央首次提出“结构性减税”到现在已经过去了十多年时间，其间中国出台了大量减税政策，不仅如此，“十三五”期间中央还大力倡导并推行普遍性减税降费政策（陈小亮，2018）。具体到 2020 年，中央继续强调要加大减税降费力度，强化阶段性政策，与制度性安排相结合，重点减轻中小微企业、个体工商户和困难行业企业税费负担。2020 年全年为市场主体新增减负超过 2.6 万亿元。[①]

理论上，由于经济体量在不断变化，只通过减税降费的绝对规模并不能准确判断市场主体的税费负担，需要综合考虑政府总收入占 GDP 的比重（即宏观税负）及其变化，才能更准确地判断财政政策减税降费的力度。根据陈彦斌等（2019），政府总收入由两部分组成，一部分是财政部公布的“广义政府收入”，另一部分是土地出让金。之所以将土地出让金纳入其中，是因为土地出让金不仅是企业获得土地使用权需要缴纳的费用，而且是房价高企的重要原因之一，可见土地出让金增加了企业和居民的负担。综上，较为完整的宏观税负测度口径是“（广义政府收入+土地出让金）/GDP”。据此测算的结果如表 6 所示，2013～2016 年中国的宏观税负曾有所下降，不过 2017～2018 年出现反弹，2019 年再度呈现出下降趋势。

表 6　2013～2019 年宏观税负走势

指标	2013 年	2014 年	2015 年	2016 年	2017 年	2018 年	2019 年
政府总收入/万亿元	21.12	22.78	23.27	24.76	28.26	32.29	34.27
广义政府收入/万亿元	17.00	18.52	20.02	21.01	23.05	25.78	27.02
土地出让金/万亿元	4.12	4.26	3.25	3.75	5.21	6.51	7.25
GDP/万亿元	59.30	64.36	68.89	74.64	83.20	91.93	99.09
宏观税负 =政府总收入/GDP	35.62%	35.39%	33.78%	33.17%	33.97%	35.12%	34.58%

当年的广义政府收入要到下一年 5 月左右才公布，因此目前尚无法使用“（广义政府收入+土地出让金）/GDP”判断 2020 年宏观税负的走势。相比之下，一般公共预算收入和政府性基金收入的数据可得性更好，每一季度结束之后财政部都会尽快公布相关数据。而且，从历史数据来看，一般公共预算收入和政府性基金收入之和超过“广义政府收入+土地出让金”的 80%，[②]因此能够较好地代表宏观税负的整体状况。有鉴于此，本报告进一步使用“（一般公共预算收入+政府性基金收入）/GDP”衡量宏观税负，从而对 2020 年的宏观税负走势加以判断。

根据财政部公布的数据计算可知，2020 年以来“（一般公共预算收入+

① 政府工作报告——2021年3月5日在第十三届全国人民代表大会第四次会议上，http://www.gov.cn/guowuyuan/zfgzbg.htm，2021年3月10日。

② 2013～2019年，一般公共预算收入和政府性基金收入之和占“广义政府收入+土地出让金”的比重分别为85.9%、85.4%、83.6%、83.3%、82.8%、80.1%、80.2%，平均为83.0%。

政府性基金收入）/GDP”明显下降，而且已经降至“十三五”期间的最低位，本报告据此判断 2020 年中国宏观税负呈现出明显下降的趋势。图 10 数据显示，2020 年末宏观税负已经降至 27.20%，比 2019 年末下降了 0.54 个百分点，比“十三五”期间的平均水平下降了多达 2.02 个百分点。进一步分析可知，2020 年宏观税负的下降主要是由税收收入下降所致，相比之下，非税收收入占 GDP 的比重降幅有限。与之不同，政府性基金预算收入[①]占 GDP 的比重在 2020 年则呈现出一定的涨势，达到了 9.20%，与 2019 年相比，不仅没有下降，反而提高了 0.67 个百分点，同时比“十三五”期间的平均水平高出了 1.29 个百分点。

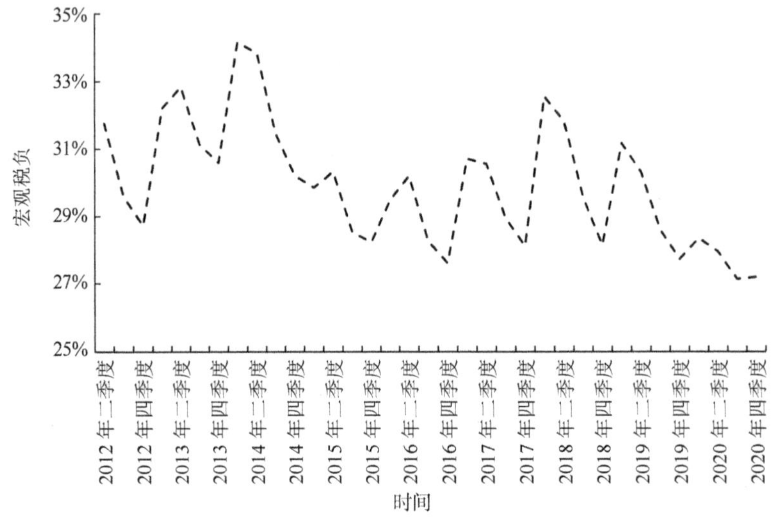

图 10 2012 年以来的宏观税负走势

四、结 语

本报告分析结果表明，2020 年货币政策和财政政策明显加大了力度，为宏观政策应对新冠肺炎疫情和国内外复杂与严峻的形势所带来的经济下行压力提供了重要保障。就货币政策而言，M2 和社会融资规模余额增速较好地实现了“明显高于去年”的目标，而且将 M2 同比增速和人民币贷款余额增速等指标与名义 GDP 增速的差额与 2016～2019 年的平均值进行对比可以进一步发现，2020 年数量型货币政策的逆周期调节力度的确较为充裕。就财政政策而言，2020 年的宏观税负明显下降，并且已经降至“十三五”期间的最低

① 需要说明的是，抗疫特别国债收入和地方政府专项债券收入是政府性基金收入总量的一部分，但是并不属于政府性基金预算收入。政府性基金收入总量=政府性基金预算收入+上年结转收入+抗疫特别国债收入+地方政府专项债务收入。

水平，同时赤字率也提升至“十三五”期间的最高水平，较好地实现了政府工作报告制定的“积极的财政政策要更加积极有为”的目标。

不过，货币政策和财政政策在政策力度方面都存在一定的改进空间。就货币政策而言，信贷市场实际贷款利率在2020年上半年略微下降，但是下半年有所升高，因此价格型货币政策的力度有待加大。就财政政策而言，不管是一般公共预算支出还是政府性基金支出，均明显低于目标增速，而且财政支出增速与名义GDP增速的差额与2016～2019年的平均值相比并未提高，从而在一定程度上限制了财政政策逆周期调节能力的发挥。

展望2021年，世界经济形势仍然复杂、严峻，复苏不稳定、不平衡，疫情冲击导致的各类衍生风险不容忽视，但是“两个一百年”等重要目标的实现要求货币政策与财政政策更加有效地进行逆周期调节。2020年底的中央经济工作会议已经明确，在2021年“要继续实施积极的财政政策和稳健的货币政策，保持对经济恢复的必要支持力度，政策操作上要更加精准有效，不急转弯，把握好政策时度效”，从而为宏观政策操作奠定了基调。结合上文分析，本报告进一步给出了 2021 年货币政策与财政政策的操作建议。就货币政策而言，需要在继续完善房地产调控长效机制和宏观审慎监管的前提下，适当加大政策力度，以避免利率水平过快上行，从而将融资成本控制在相对较低水平，为企业投资和居民消费营造宽松环境。就财政政策而言，需要适当加快财政支出的执行进度，避免年底突击花钱的局面，同时进一步降低非税负担和政府性基金相关负担，从而让积极的财政政策更好地发挥其逆周期调节能力。

参 考 文 献

陈小亮． 2018. 中国减税降费政策的效果评估与定位研判. 财经问题研究，(9)：90-98.
陈小亮，陈惟，陈彦斌. 2016. 社会融资规模能否成为货币政策中介目标——基于金融创新视角的实证研究. 经济学动态，（9）：69-79.
陈彦斌，陈小亮，刘凯，等. 2019.宏观经济政策研究报告 2019.北京：科学出版社.
方昕. 2016. 警惕通缩风险，完善宏观调控.金融研究，（2）：121-127.
纪洋，谭语嫣，黄益平. 2016. 金融双轨制与利率市场化. 经济研究，（6）：45-57.
刘金全，张小宇. 2012. 时变参数“泰勒规则”在我国货币政策操作中的实证研究. 管理世界，（7）：20-28.
王少平，陈文静. 2008. 我国费雪效应的非参数检验.统计研究，（3）：79-85.
Mishkin F S. 2016. The Economics of Money，Bank and Financial Markets. 12th ed. New York：Pearson Education.

分报告四　政策传导效率评价

一、引　言

宏观政策的调控效果除了取决于政策力度大小，还取决于政策传导效率的高低。如果政策传导效率较高，则在政策力度较小的情况下即可实现调控目标，从而达到事半功倍的效果。反之，如果政策传导效率不高，即使加大政策力度可能也难以实现调控目标。日本在应对 20 世纪 90 年代经济衰退困境时，虽然出台了大量的货币政策与财政政策，但是效果并不理想，一个很重要的原因就是政策的传导效率不够高。例如，虽然货币政策较为宽松甚至采取了负利率和量化宽松政策，但是由于大量企业债务负担沉重，不愿意增加贷款需求，由此导致货币政策的传导效率不足，最终调控效果自然欠佳（陈彦斌等，2019）。

近年来，中国正在不断加强对政策传导效率的重视程度。就货币政策而言，自 2013 年四季度到 2020 年三季度的 28 个季度的货币政策执行报告中，全都提及要疏通货币政策的传导机制或提高货币政策传导效率，政府工作报告和中央经济工作会议中也频频出现类似表述。就财政政策而言，2016～2020 年的政府工作报告分别要求积极的财政政策“加力增效”“更加积极有效”“聚力增效”“加力提效”“大力提质增效”，可见“十三五”期间中央同样高度重视财政政策的传导效率。中央之所以明显加大了对宏观政策传导效率的重视程度，很大程度上是因为近年来中国货币政策和财政政策空间双双收窄（陈小亮等，2020），因此需要通过提高传导效率来改善当前政策的调控效果，并提高未来政策的可持续性。本报告将全面评价货币政策和财政政策的传导效率，从而探寻 2020 年中国经济在实现阶段性复苏的同时仍然面临一定下行压力的原因。

二、货币政策传导效率评价

1. 货币政策的传导机制与传导效率评价依据

结合经济理论和中国经济运行的实际情况可知，货币政策的传导机制可以分为三个主要环节（Boivin et al.，2010；Mishkin，2016）。如图 1 所示，第一个环节的核心在于，央行所执行的降准和降息等货币政策操作是否能够顺利地调节银行部门和其他金融机构的流动性状态。第二个环节的核心在于，银行部门和其他金融机构是否能够顺利地将资金释放给企业部门和居民部门。第三个环节的核心在于，企业部门是否真正将所筹集的资金用于生产性投资，以及居民部门是否真正将所筹集资金用于消费。

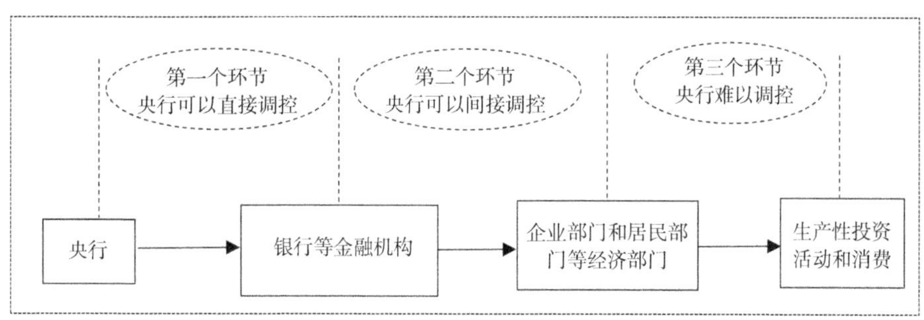

图 1 货币政策传导机制示意图

还应该特别强调的是，虽然货币政策的传导机制包括三个主要环节，但是这三个环节并不是央行或者货币政策本身完全可控的。央行可以直接调控的主要是第一个环节，央行可以通过降准等操作释放流动性进而调控金融系统的流动性，从而通过信贷机制调控经济运行，此外央行还可以通过降息来降低金融机构获得资金的成本，从而通过利率机制调控经济运行。对于第二个环节，央行也可以进行间接调控，当央行采取降准或降息操作之后，金融机构将会有更强的动机向企业部门和居民部门释放信贷。但是，对于第三个环节，央行则很难进行有效调控。当企业部门和居民部门获得信贷之后，究竟是用于实体经济投资和普通消费品消费，还是用于房地产等虚拟经济领域的交易，还是以存款或现金的形式留在手中以备未来之需，除了受资金可获得性和融资成本的影响，还会受到投资回报率、政策不确定性、国际经济环境、老龄化程度、市场准入门槛、产品质量等诸多因素的影响，而央行和货币政策很难对这些因素产生影响。有鉴于此，在分析货币政策传导效率时，不仅要分析整体传导效率的高低，还应该深入剖析每一个环节的传导效率，这样才能做到有的放矢，从而更好地提高货币政策的传导效率。

2. 2020 年货币政策在三个环节的传导效率评价

第一，央行通过降准和降息等操作较好地提高了银行等金融机构的资金可获得性并且降低了金融机构获取资金的成本，因此货币政策在第一个环节的传导效率相对较高。

如分报告三所述，为了应对新冠肺炎疫情和国内外复杂形势带来的经济下行压力，央行采取了三轮降准操作（一轮全面降准、两轮定向降准），同时采取了多轮降息操作，将 OMO 7 天逆回购利率下调了 30 个基点，将 1 年期 MLF 利率下调了 30 个基点，此外还下调了 SLF 和 TMLF 等利率。这些操作较好地提高了银行等金融机构的资金可获得性并且降低了金融机构获取资金的成本，集中体现为货币市场利率 DR007 的大幅下降。2020 年 1～4 月 DR007 分别为 2.40%、2.17%、1.84%和 1.46%，4 月的 DR007 与 1 月相比下降幅度超过 90 个基点（图 2），超过了 OMO 7 天逆回购利率和 MLF 利率的下降幅度，这意味着货币政策在第一个环节的传导效率是相对较高的。2020 年 5 月以来，货币政策逐步恢复正常化，DR007 随之出现反弹迹象（图 2），这再次说明货币政策在第一个环节的传导效率是相对较高的。

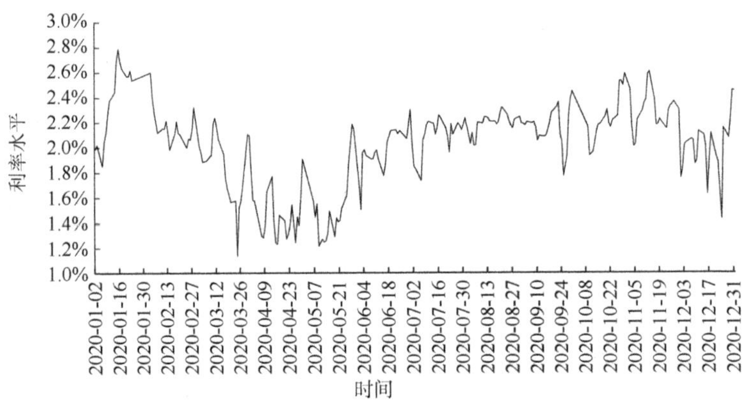

图 2　2020 年货币市场利率 DR007 走势

第二，全社会新增信贷大幅增加，同时流向房地产领域的新增信贷占比不断下降，可见货币政策在第二个环节的传导效率不断提高。

在央行采取多轮降准和降息操作之后，银行等金融机构新增信贷显著增加。如图 3（a）所示，2020 年前三季度新增人民币贷款累计同比增速达到了 19.3%，这是“十三五”期间各年同期的最高水平，并且比“十三五”期间的平均增速高出了 7.1 个百分点之多。而且，2020 年前三季度新增人民币贷款 16.26 万亿元，比 2019 年同期多出了 2.63 万亿元（图 3（b））。

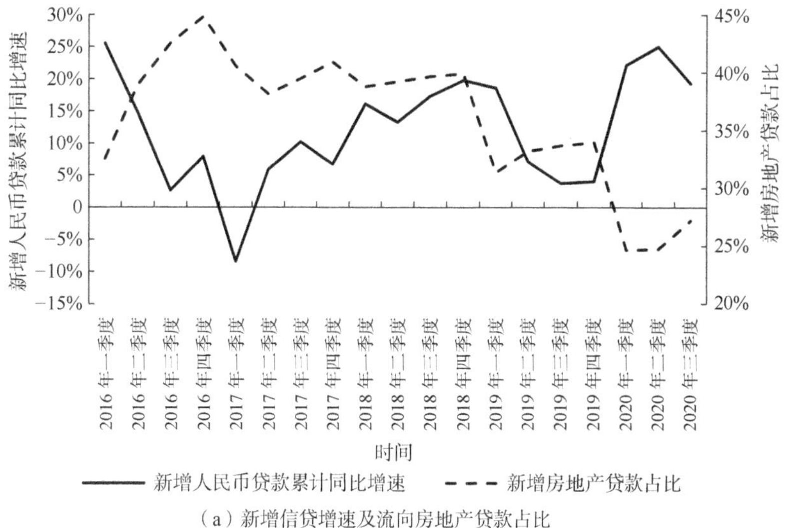

（a）新增信贷增速及流向房地产贷款占比

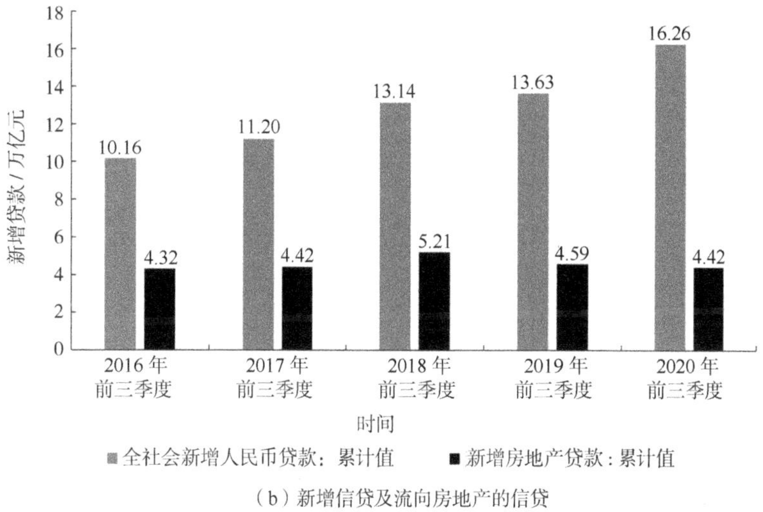

18
16
14
12
10
8
6
4
2
0
新增贷款 / 万亿元
10.16
4.32
11.20
4.42
13.14
5.21
13.63
4.59
16.26
4.42
2016 年前三季度
2017 年前三季度
2018 年前三季度
2019 年前三季度
2020 年前三季度
时间
全社会新增人民币贷款：累计值
新增房地产贷款：累计值

（b）新增信贷及流向房地产的信贷

图 3　新增信贷增速及流向房地产的信贷状况

与此同时，流向房地产的新增信贷占比步入下行区间，这在 2020 年表现得尤为明显。图 3（a）显示，“十三五”期间，流向房地产的新增贷款占比在 2016 年四季度达到了 44.82%的峰值，此后步入下行区间，到 2019 年末已经降至 33.97%。进入 2020 年之后，流向房地产的新增贷款占比进一步下降，一季度末和二季度末分别为 24.65%和 24.73%，三季度虽然略有反弹但是仍然只有 27.18%，与 2016 年末 44.82%的峰值相比下降了 17.64 个百分点。而且，

2020 年流向房地产的新增信贷规模也有所下降。2020 年前三个季度房地产新增贷款为 4.42 万亿元，比 2019 年同期减少了 1700 亿元，比 2018 年同期更是减少了 7900 亿元（图 3（b））。在全社会新增信贷大幅增加的同时，流向房地产的新增信贷占比和新增贷款规模双双减少，可见流向实体经济的新增信贷占比和信贷规模不断提高，由此充分表明货币政策在第二个环节的传导效率显著提高。

第三，虽然金融系统对实体经济的支持力度显著增强，不过企业投资和居民部门消费持续低迷，可见货币政策在第三个环节的传导效率相对偏低。

一方面，虽然金融系统对企业部门的信贷支持力度显著增强，但是并未有效改善企业投资。2020 年银行等金融机构向企业部门释放了大量新增贷款，从而使得企业部门的贷款余额增速出现了较为显著的升高。如图 4（a）所示，2020 年三季度末企业部门及其他的本外币贷款余额同比增速为 12.3%，比“十三五”期间的平均水平高出了 2.44 个百分点。不过，企业部门新增贷款和贷款余额的增加，并没有带来全社会固定资产投资的显著增加。2020 年前三季度固定资产投资累计同比增速仅为 0.8%。而且，这在一定程度上还是受到了房地产投资的带动，如果扣除房地产投资之后，固定资产投资增速会进一步下降。图 4（b）更加清晰地展示了工业部门中长期贷款与工业部门投资的相互关系，从中可以进一步看出，2020 年虽然企业部门获得的信贷显著增加，但是并没有很好地带动实体经济投资。2020 年三季度末工业部门中长期贷款余额同比增速达到了 16.3%，比“十三五”期间的平均水平高出了 10 个百分点，但是 2020 年前三季度工业部门投资累计同比增速却为–4.1%（而 2016～2019 年平均为 4.22%），由此充分显现出 2020 年工业部门贷款的增加并没有转化为投资的增长。

另一方面，金融系统对居民部门的信贷支持力度持续居于两位数以上的相对较高水平，不过居民部门消费在 2020 年却显著下滑。与企业部门相比，“十三五”期间金融系统对居民部门的支持力度有所减弱，不过与不断下滑的经济增速相比却始终处于相对较高水平。截至 2020 年三季度末，本外币住户贷款余额同比增速为 14.69%，与 2019 年末相比下降了 0.8 个百分点，与“十三五”期间的平均水平相比则下降了 4.2 个百分点（图 5（a））。进一步分析可知，住户贷款余额同比增速下降主要表现在住户消费性贷款方面，而住户经营性贷款同比增速在“十三五”期间则持续升高。即便“十三五”期间金融系统对居民部门消费的信贷支持力度有所减弱，到 2020 年三季度末住户消费性贷款余额同比增速也仍然保持在 13.6%的两位数增速。相比之下，居民部门消费支出却出现了较大幅度的下滑。国家统计局数据显示，2016～2019

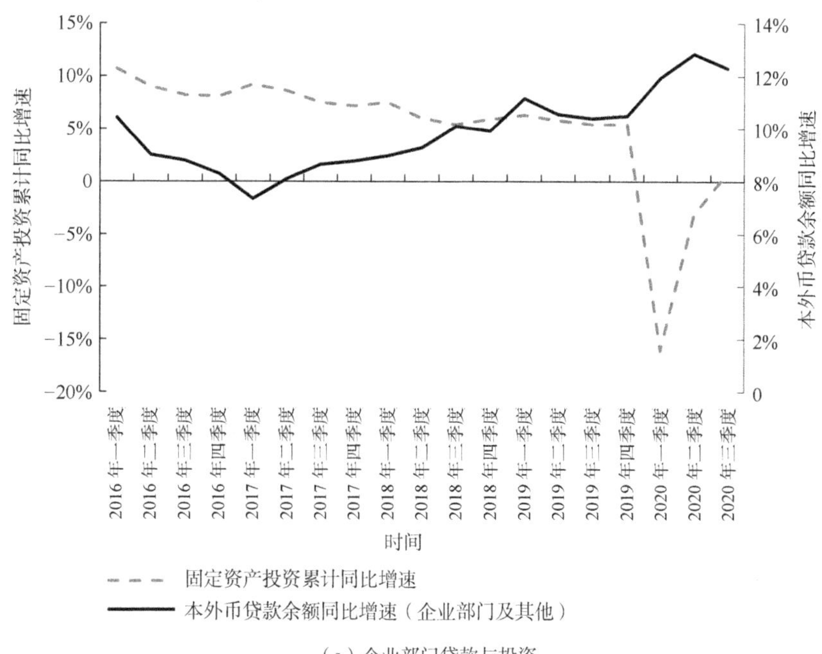

（a）企业部门贷款与投资

工业部门中长期贷款余额同比增速
工业部门投资累计同比增速

（b）工业部门贷款与投资

图4　企业部门贷款与固定资产投资走势

年社会消费品零售总额累计同比增速平均达到了9.55%，而2020年前三季度降至−7.2%。与之类似，2016～2019年城镇家庭人均消费支出实际增速平均达到了4.73%，而2020年前三季度降至−8.4%（图5（b））。

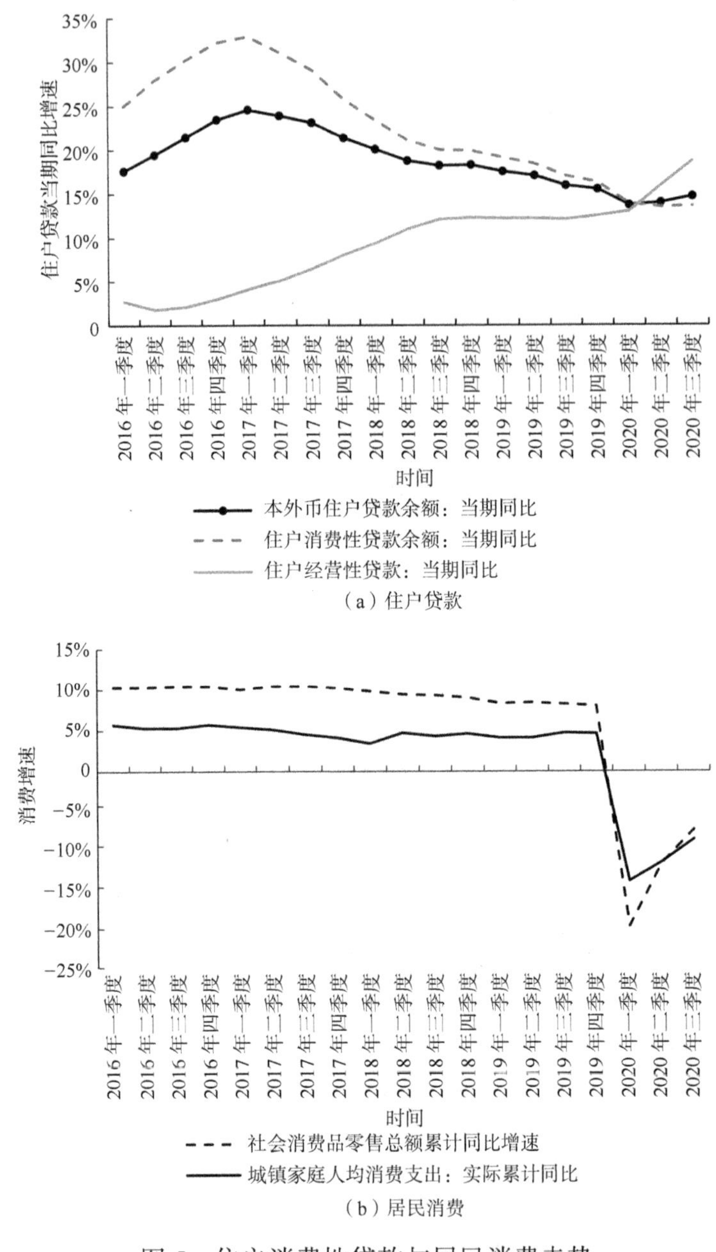

（a）住户贷款

（b）居民消费

图 5　住户消费性贷款与居民消费走势

3. 货币政策在第三个环节传导效率偏低的原因分析

为什么货币政策在第三个环节的传导效率相对偏低呢？毫无疑问，疫情冲击是 2020 年企业投资和居民消费大幅下滑的重要原因，除此之外，长期存在的结构性问题对企业投资和居民消费产生了持续性阻碍，是货币政策难以有效带动企业投资和居民消费的关键原因。其一，收入分配结构失衡，导致消费长期低迷，并且进一步引发了产能过剩，以及对投资活动的阻碍。长期以来，中国的收入分配结构有所失衡，中等收入群体的收入增速相对偏慢，导致中等收入群体规模偏小，而中等收入群体是一个经济体中消费的核心力量，由此就会使得消费率长期低迷。不仅如此，居民消费的低迷还导致企业投资和生产活动难以畅通循环，长此以往会限制企业投资活力。其二，社会保障体系尚不完善，导致居民预防性储蓄相对较多，进一步限制了居民消费。一直以来，教育、医疗、养老、住房等服务性消费供给数量不足，导致“上学难、看病难、养老难”等问题持续存在，明显增加了居民预防性储蓄，这也是中国居民部门消费率明显低于其他主要经济体的又一重要原因。其三，传统产业产能过剩与高质量产品供给不足等结构性问题同时存在，前者限制了投资活动的开展，后者则限制了高端消费的释放。上述结构性问题根源于长期存在的体制性原因和结构性原因，仅靠货币政策难以解决。值得注意的是，2020 年以来企业部门和居民部门的存款明显增加。[①]这同样意味着企业投资和居民消费低迷是其他因素导致的，货币政策本身难以直接产生影响。本报告据此认为，货币政策在第三个环节传导效率偏低的主要原因并不在于货币政策本身，而在于阻碍企业投资和居民消费的结构性因素。

事实上，央行为了提高货币政策的传导效率已经做出了诸多努力，尤其注重使用结构性货币政策调控经济。除了定向降准以及调低支农、支小再贷款利率等举措，央行还于 2020 年 6 月 1 日新创设了“普惠小微企业贷款延期支持工具”和“普惠小微企业信用贷款支持计划”两项直达实体经济的货币政策工具，进一步完善了结构性货币政策工具体系。从图 6 可以看出，在上述举措的共同作用之下，流向小微和“三农”领域的新增贷款占比显著增加。尤其是流向小微领域的新增贷款占比，到 2020 年三季度末已经提高到 18.57%，与 2019 年相比提高了多达 6 个百分点。

不过，本报告认为，结构性货币政策可以作为非常时期的特殊举措，但是不能长期化、常态化使用。究其原因，货币政策是总量型政策，让总量型政策过多地承担“调结构”职能，不仅会降低货币政策的整体效率，而且不

① 就企业存款而言，2020年前三季度非金融企业新增存款达到了5.49万亿元，比2019年同期多出了3.97万亿元之多，也比“十三五”期间的平均水平高出了3.03万亿元。就住户存款而言，2020年前三季度住户新增人民币存款9.95万亿元，比“十三五”期间平均水平高出了多达4.10万亿元。

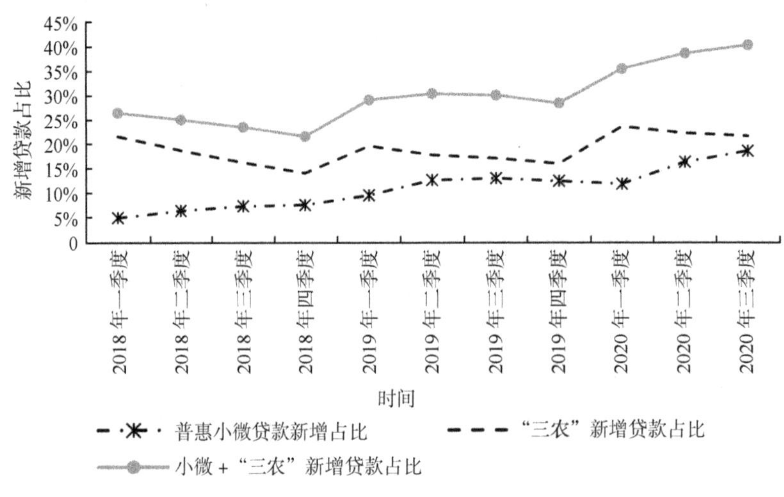

图 6 小微和“三农”领域的新增贷款占比

利于整体经济健康运行（陈彦斌等，2018，2019）。[①]更重要的是，结构性货币政策无法消除阻碍企业投资和居民消费的结构性因素。正因如此，要想真正提高货币政策信贷机制的传导效率，仅靠货币政策本身是无法实现的，还需要结构性政策的大力配合。未来需要进一步深化供给侧结构性改革，扫清企业投资和居民消费所面临的体制性障碍，这样才能切实提高货币政策的传导效率。

三、财政政策传导效率评价

财政政策的本质是，当全社会投资需求和消费需求相对不足时，政府部门通过扩大政府支出、减税降费等举措进行逆周期调节，反之则通过减少财政支出或加税等举措防止经济过热。因此，在当前中国经济面临下行压力的情形下，评估财政政策效率的关键在于判断政府支出、减税等举措能否有效带动全社会的投资需求和消费需求。

① 究其原因，其一，目前中国的银行体系以大型银行为主，而理论和国际经验均表明，小型金融机构更适合小微企业，让大银行过多地关注小规模、大批量的业务，将会引起效率损失。其二，相关资金即便流入了小微企业和“三农”领域，也不能保证最终真的应用到这些企业的生产经营活动中，因为大型企业可能通过其小微企业子公司获得廉价贷款，小微企业还可能将所获得的资金投入房地产等其他领域。其三，随着经济发展，经济体所面临的结构性问题也会动态变化，这就意味着“调结构”的目标会因时而异，由此导致长期中很容易出现货币政策的时间不一致性问题。

1. 积极财政政策对国有控股投资的带动作用较为明显，但是对民间投资的带动作用有待提高

固定资产投资主要由国有及国有控股投资和民间投资两部分组成。财政资金大部分直接用于国有及国有控股投资，在积极财政政策的带动下，国有及国有控股投资增速显著高于全社会固定资产投资的整体增速。如图 7 所示，2020 年国有及国有控股投资累计同比增速为 5.3%，比全社会固定资产投资累计同比增速高出了 2.4 个百分点，并且仅比 2019 年低了 1.5 个百分点，在疫情冲击之下能够达到这一增速实属不易。

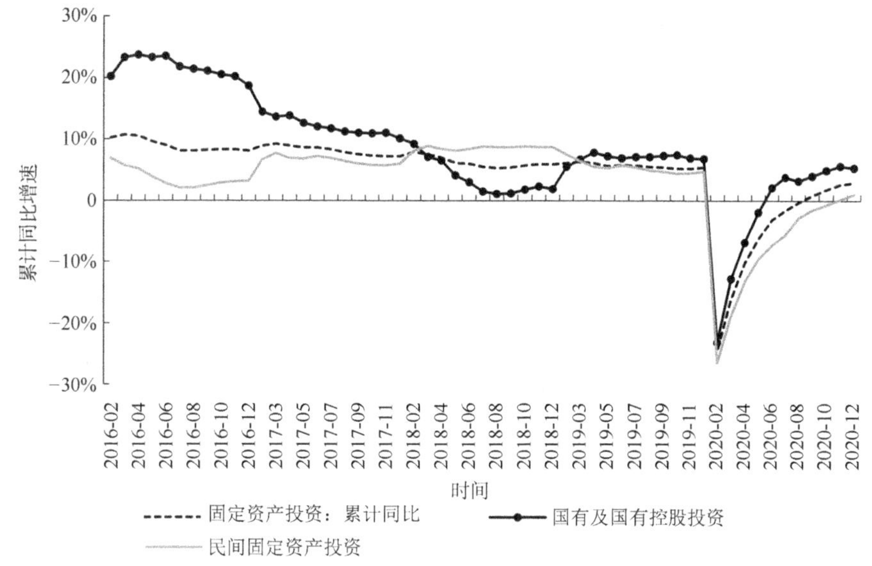

图 7　全社会固定资产投资以及国有与民间投资走势对比

每年的 1 月是没有统计数据的

相比之下，积极财政政策对民间投资的带动作用相对较弱。与国有及国有控股投资的强势复苏不同，民间投资在 2020 年表现相对低迷，2020 年民间投资累计同比增速仅为 1%，比国有及国有控股投资增速低了 4.3 个百分点，比 2019 年民间投资增速也要低 3.7 个百分点（图 7）。可见，积极财政政策在带动国有投资的同时，并没有同步带动民间投资。此外，民间投资增速持续低于国有投资还导致民间投资占全社会固定资产投资的比重不断下降，如图 8 所示，截至 2020 年末民间投资占比已经降至 55.74%，与 2015 年 5 月的峰值相比下降了 9.67 个百分点之多。

图 8　民间投资占全社会固定资产投资的比重

每年的 1 月是没有统计数据的

究其原因，产能过剩、生产成本升高等因素导致民间投资回报率相对偏低，第三产业普遍存在的“玻璃门”“弹簧门”“旋转门”则进一步限制了民间投资的发展空间，再加上收入分配结构失衡等长期存在的结构性因素使得居民消费需求不足，上述因素共同导致企业投资内生动力不足，仅仅依靠积极财政政策难以有效带动企业投资显著复苏。

2. 积极财政政策也没有很好地带动基建投资，这不仅是因为新冠肺炎疫情、南方洪水阻碍了基建投资的开展，而且在一定程度上归咎于地方政府缺乏配套资金

在过去的很长一段时期，基建投资是地方政府“稳投资”和“稳增长”的重要手段，但是 2018 年下半年以来的绝大多数时间里，基建投资增速低于全社会固定资产投资增速，不但没有起到“稳投资”的作用，反而拖累了全社会固定资产投资的增长。尤其是 2020 年，在中央要求发行 3.75 万亿元地方政府专项债券，再加上城投债规模明显扩张的情况下，基建投资的表现仍然欠佳。如图 9（a）所示，2020 年基建投资（不含电力、热力、燃气及水生产和供应业）累计同比增速仅为 0.9%，比全社会固定资产投资增速低了 2 个百分点。可见，积极财政政策没有很好地带动基建投资。

究其原因，其一，新冠肺炎疫情、南方洪水等国内外复杂形势阻碍了基建项目落地。其二，2018 年以来，中央持续推进结构性去杠杆，其关键任务之一就是控制地方政府隐性债务，由此导致地方政府很难提供配套资金，也就阻碍了基建投资的落地和实施。图 9（b）可以部分验证上述推断，2019 年

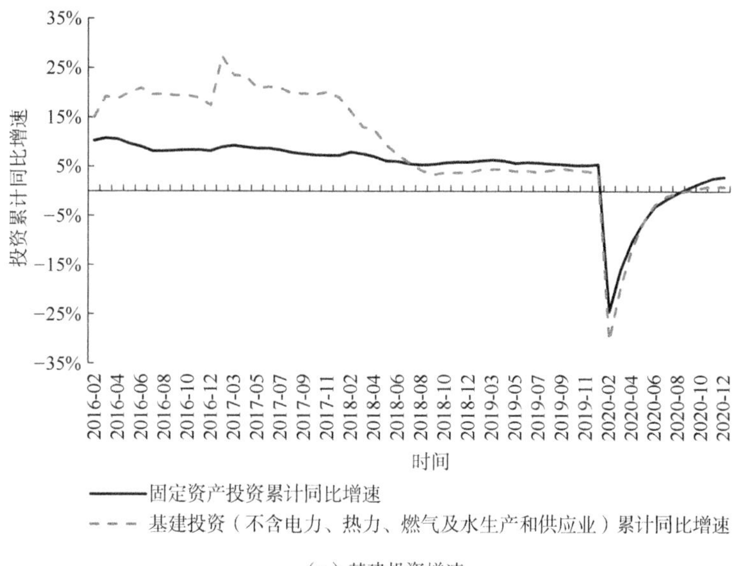

（a）基建投资增速

每年的 1 月是没有统计数据的

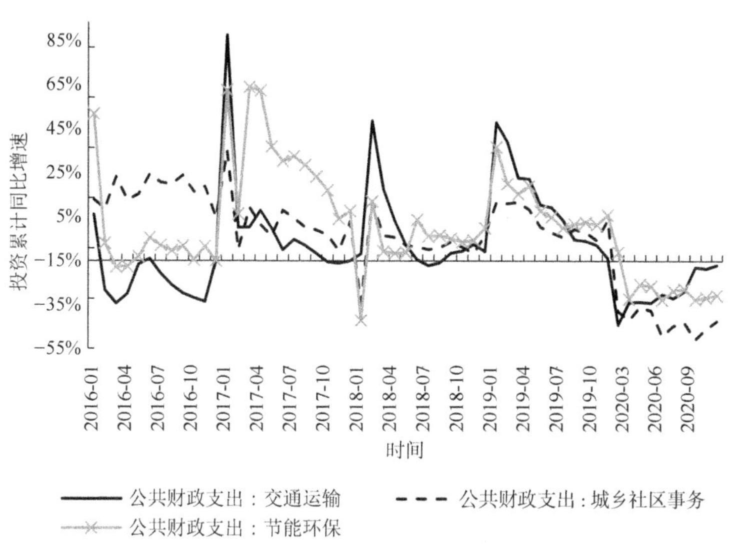

（b）基建相关的主要财政支出项目累计同比增速

图 9　全社会固定资产投资累计同比增速走势

基建投资相关的一般公共预算支出与 2018 年相比明显升高，但是基建投资增速持续低迷，进入 2020 年虽然一般公共预算支出有所减少，但是地方政府专项债券和城投债明显增加，纵然如此仍然没有显著带动基建投资，由此推测地方政府缺乏配套资金很可能是背后的重要原因之一。

3. 积极财政政策对居民消费的带动作用有待提高

与 2018 年相比，2019 年和 2020 年的财政政策力度明显加大（详见分报告三），但是居民消费不升反降。如图 10（a）所示，2020 年社会消费品零售总额累计同比增速为–3.9%，跌至“十三五”期间的谷底。居民人均消费支出呈现出类似走势，2020 年前三季度居民人均消费支出累计同比增速为–6.6%，同样跌至“十三五”期间的谷底。可见，积极财政政策对居民消费的带动作用同样有待提高。

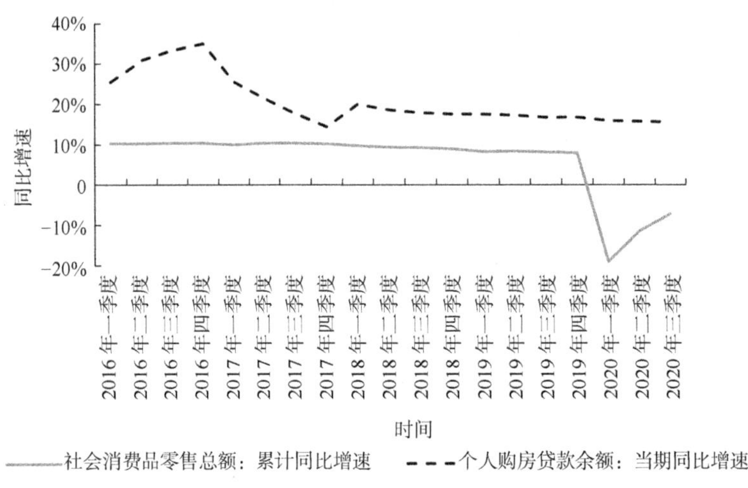

（a）居民消费与购房贷款

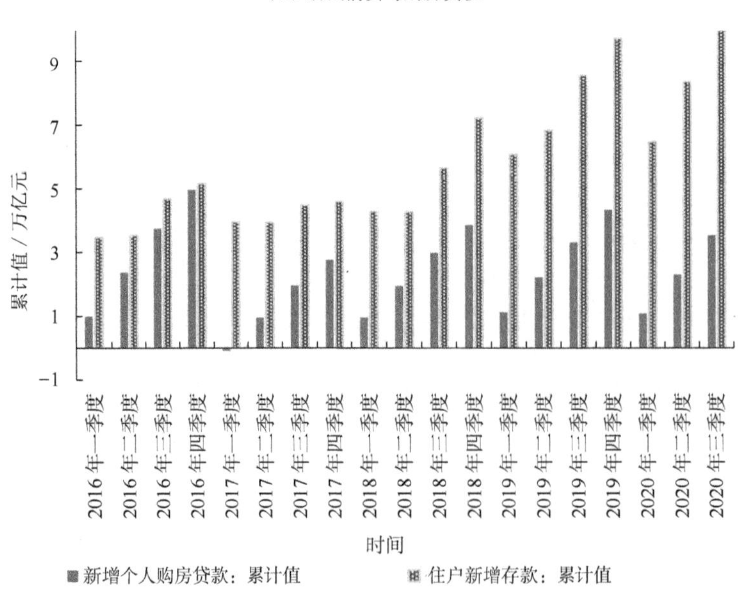

（b）购房贷款与存款

图 10　居民消费、购房贷款与存款走势

新冠肺炎疫情所带来的冲击毫无疑问是居民消费大幅下滑的重要原因，不过有两个现象值得关注。一是虽然普通消费品消费有所减少，但是居民部门的住房消费不降反升。图 10（b）显示，2020 年前三季度新增个人购房贷款 3.52 万亿元，比“十三五”期间历年同期的平均水平高出了 0.42 万亿元，与 2019 年同期相比也高出了 0.22 万亿元，由此可以推知居民部门的住房消费在 2020 年呈现出上升趋势。一个更加直观的证据是，2019 年商品房销售额同比增速为 6.5%，2020 年商品房销售额同比增速不仅没有随着经济增速和居民收入的下降而下降，反而提高到了 8.7%。二是住户新增存款持续增加。2020 年前三季度住户新增存款达到了 9.95 万亿元，这同样达到了“十三五”期间历年同期的最高水平。

这两个现象的存在意味着，积极财政政策难以带动居民消费的主要原因并不在于财政政策本身，而在于经济体当中长期存在的结构性问题。如前所述，“上学难、看病难、养老难”等问题持续存在，疫情冲击之下居民可支配收入增速明显下降，从而强化了居民的预防性储蓄动机。除此之外，由于房地产健康发展的长效机制仍未建立起来，2020 年四大一线城市以及部分其他重要城市的房价再次呈现明显上涨态势，从而刺激居民部门购买住房。在可支配收入本就下降的前提下，预防性储蓄和购房支出的增加进一步挤占了居民可以用于消费的资金，从而导致居民消费动力不足，积极财政政策对居民消费的带动作用也就难以有效发挥出来。

4. 提高财政政策传导效率的关键在于深化供给侧结构性改革，以消除企业投资和居民消费的阻碍因素

上文分析充分表明，不管是企业投资还是居民消费，之所以在积极财政政策发力的过程中没有出现明显改善，主要是因为长期存在的结构性因素阻碍了企业投资和居民消费。对投资而言，既包括传统行业产能过剩等结构性因素，又包括第三产业普遍存在的“玻璃门”“弹簧门”“旋转门”等结构性因素。对消费而言，既包括社会保障体系不完善导致的预防性储蓄问题，又包括购房导致的高债务负担对消费的挤出效应。要想提高财政政策传导效率，从根本上来说，需要进一步深化供给侧结构性改革，从而消除企业投资和居民消费的阻碍因素。

四、结　语

本报告分析结果表明，2020 年货币政策和财政政策的传导效率在部分环节有明显提高，但结构性问题的存在导致货币政策和财政政策最终并未有效提振企业投资和居民消费，因而政策传导效率有待提高。关于货币政策，在多次降准和降息操作之下，全社会新增信贷大幅增加，同时流向房地产领域的新增信贷占比不断下降，因此金融系统对实体经济的支持力度显著增强，不过最终并未有效带动企业投资和居民部门消费，可见货币政策的整体传导效率还有待提升。关于财政政策，积极财政政策对国有控股投资的带动作用较为明显，但是对民间投资和基建投资的带动效果尚欠佳，此外积极财政政策对居民消费的带动作用同样有待改善，因此财政政策传导效率同样有待提高。

需要强调的是，本报告认为，当前企业投资和居民消费的低迷在很大程度上根源于长期存在的结构性问题和体制机制障碍，如果不消除相关障碍，只靠货币政策和财政政策本身，难以有效提振企业投资和居民消费。展望 2021 年，国内外复杂经济环境所带来的经济下行压力将持续存在，但是“两个一百年”等重要目标的实现要求货币政策与财政政策更加有效地进行逆周期调节。为此，需要在把握好货币政策与财政政策力度的同时，进一步深化供给侧结构性改革，消除经济中长期存在的阻碍企业投资与居民消费的结构性问题，这样才能真正打通货币政策与财政政策的传导机制，切实提高政策传导效率，从而更好地实现经济稳定与金融稳定的双重目标。

参考文献

陈小亮，刘哲希，郭豫媚，等. 2020. 宏观经济政策研究报告 2020. 北京：科学出版社.

陈彦斌，陈小亮，刘凯，等. 2018. 宏观政策评价报告 2018. 北京：科学出版社.

陈彦斌，陈小亮，刘凯，等. 2019. 宏观经济政策研究报告 2019. 北京：科学出版社.

Boivin J，Kiley M T，Mishkin F S. 2010. How has the monetary transmission mechanism evolved over time?. NBER Working Paper.

Mishkin F S. 2016. The Economics of Money，Bank and Financial Markets. 12th ed. New York：Pearson Education.

分报告五　政策空间评价

一、引　　言

政策空间的大小决定了未来政策操作的可持续性，而政策操作的可持续性对市场主体的信心具有重要影响。在应对经济下行压力的过程中，如果一个经济体的政策空间不足，那么将会导致政策难以持续，进而打击企业家和居民等市场主体的信心，最终导致宏观政策难以较好地进行逆周期调节。日本在过去二三十年间，多次出现政策空间不足进而导致政策不可持续的情况（陈小亮和马啸，2016）。例如，在泡沫经济破灭之后，日本很快进行了多轮财政刺激，1995～1996 年经济明显复苏，但是由于政府债务负担过重，日本于 1997 年开始进行财政重建，压缩财政支出并将消费税率从 3%提高到 5%，这对居民消费造成了不小打击。政策转向导致初见好转的经济急转直下，1998 年经济增速跌至–2%，这是日本泡沫经济破灭之后首次出现负增长。再如，安倍经济学在实施之后很快就取得了显著成效，但是由于政府债务负担过重，财政政策不可持续，2014 年 4 月安倍政府将消费税率从 5%提高到 8%，再次将刚刚好转的经济压了下去。政策空间对宏观政策调控效果的影响不止在日本有所体现，在其他国家也同样如此。Romer C D 和 Romer D H（2018，2019）基于 1980～2017 年美国、日本和德国等 30 个经济合作与发展组织（Organization for Economic Co-operation and Development，OECD）国家相关数据的实证研究发现，如果一个经济体的政策空间较为充裕，那么将可以较好地应对经济危机的冲击，促使经济增长较快复苏，而如果政策空间匮乏则无法有效应对危机。

“十三五”期间，中国也明显加大了对政策空间的重视程度。一方面，在政府债务负担不断加大的过程中，中央在实施积极财政政策的同时也考虑预留政策空间。2018 年政府工作报告明确指出，“赤字率拟按 2.6%安排，比去年预算低 0.4 个百分点”，“调低赤字率，主要是我国经济稳中向好、财政增收有基础，也为宏观调控留下更多政策空间”。2019 年政府工作报告进一步指出，“适度提高赤字率，综合考虑了财政收支、专项债券发行等因素，也考虑为应对今后可能出现的风险留出政策空间”。另一方面，在多轮降准和降息操作之后，存款准备金率和各类政策利率不断下降，央行也日益重视对货币政策空间的珍惜。2019 年 9 月 24 日在庆祝新中国成立 70 周年新闻发布会上，易纲行长强调要“珍惜正常的货币政策空间”。[①]进入 2020 年之后，对于货币政策空间的讨论更是明显增加。其中，2020 年 6 月 18 日，银保监会主席郭树清在出席第 12 届陆家嘴论坛讲话时表示，“应当为今后预留一定的政策空间。中国十分珍惜常规状态的货币财政政策，中国不会搞大水漫灌，更不会搞赤字货币化和负利率”。[②]2020 年 10 月 14 日，相关负责人再次表示要“完善跨周期设计和调节，维护正常货币政策空间”。[③④]

2020 年在应对新冠肺炎疫情冲击和国内外复杂环境所带来的经济下行压力的过程中，中国的货币政策和财政政策双双发力，会压缩部分政策空间。而且，“十四五”期间，中国经济仍将面临一定的下行压力，需要宏观政策继续发挥逆周期调节功能，帮助中国经济更好地实现中央制定的重要目标，从而为 2035 年“基本实现社会主义现代化”打下坚实基础。正因如此，很有必要对中国货币政策和财政政策的空间进行全面评估，从而为“十四五”期间的政策操作提供决策参考。

二、货币政策空间评价

由于中国货币政策从数量型向价格型转变的进程还没有结束，本报告同时使用数量型和价格型指标评估货币政策空间的大小。与央行近年来操作过程中所使用的主要货币政策工具相一致，本报告将存款准备金率视为数量型货币政策空间的主要测度指标，将利率视为价格型货币政策空间的主要测度指标。

① “珍惜正常的货币政策空间”的丰富启示，http://guancha.gmw.cn/2019-09/26/ content_33189566.htm，2020年12月26日。

②直击陆家嘴论坛丨郭树清：国际供应链恢复需较长时间，通货膨胀可能卷土重来，https://www.sohu. com/a/ 402647359_118622，2020年12月26日。

③ 2020年第三季度金融统计数据新闻发布会文字实录，https://finance.sina.com.cn/china/gncj/2020-10-14/doc-iiznezxr5996445.shtml，2020年12月26日。

④ 金融结构、经济效率与M2/GDP的关系——基于跨国面板数据的实证研究，http://www.pbc.gov.cn/redianzhuanti/118742/4122386/4122692/4123034/4122964/index.html，2020年12月26日。

1. 中国金融机构的平均法定存款准备金率已经由2018年初的14.9%降至2020年底的9.4%，面向中小金融机构的降准空间已经相对有限，不过面向大型金融机构的降准空间仍然相对充裕

近年来中国央行对金融系统的存款准备金的框架进行了调整，存款准备金制度不断完善，在评估降准空间之前需要先对当前的存款准备金新框架加以说明。自2019年5月15日以来，央行确立了存款准备金制度的"三档两优"新框架。所谓"三档"，是指根据金融机构系统重要性程度、机构性质、服务定位等，将存款准备金率设为三个基准档：第一档是大型银行存款准备金率，[①]主要体现防范系统性风险和维护金融稳定的要求；第二档是中型银行存款准备金率，[②]比第一档水平略低；第三档是小型银行存款准备金率，[③]该档的准备金率是三档之中最低的。所谓"两优"，是指在三个基准档的基础上还有两项优惠措施：一是第一档和第二档的银行达到普惠金融定向降准政策考核标准的，可享受0.5个或1.5个百分点的存款准备金率优惠；二是服务县域的银行达到新增存款一定比例用于当地贷款考核标准的，可享受1个百分点存款准备金率优惠。享受"两优"政策后，金融机构实际的存款准备金率水平要比基准档更低一些。

2020年央行采取了一轮全面降准操作和两轮定向降准操作，再加上前几年的降准操作，整个"十三五"期间央行已经累计采取了8轮全面降准操作和多轮定向降准操作。央行公布的数据显示，各类金融机构的平均法定存款准备金率由2018年初的14.9%降至2020年底的9.4%，降幅达5.5个百分点。[④]其中，大型金融机构存款准备金率的基准档水平已经从17%降至12.5%。不仅如此，超过4000家中小存款类金融机构（包括农村信用社、农村商业银行、农村合作银行、村镇银行、财务公司、金融租赁公司和汽车金融公司等）的存款准备金率已降至6%，从中国以往历史数据以及发展中国家的相关情况来看，6%的存款准备金率已经是比较低的水平了。[⑤]

本报告认为，"十四五"期间中国央行面向中小存款类金融机构（尤其

① 大型银行包括中国工商银行、中国农业银行、中国银行、中国建设银行、交通银行和中国邮政储蓄银行6家商业银行。

② 中型银行主要包括股份制商业银行和城市商业银行。

③ 小型银行包括农村信用社、农村合作银行、村镇银行和服务县域的农村商业银行。

④ 数据来源：《2020年第一季度货币政策执行报告》。

⑤ 中国人民银行有关负责人表示：对中小银行定向降准支持实体经济发展，http://www.pbc.gov.cn/goutongjiaoliu/ 113456/113469/4002590/index.html，2020年12月3日。

是农村信用社、农村商业银行、农村合作银行、村镇银行等）的降准空间已经相对有限，不过大型金融机构的存款准备金率在国际范围内仍然处于相对较高水平，未来可以通过降低大型金融机构的存款准备金率进行逆周期调节。需要说明的是，截至 2020 年末，我国大型金融机构的存款和贷款规模仍然与中小型金融机构不相上下，这意味着在“十四五”期间对大型金融机构的存款准备金率进行调节仍然可以产生较大的影响（图 1）。

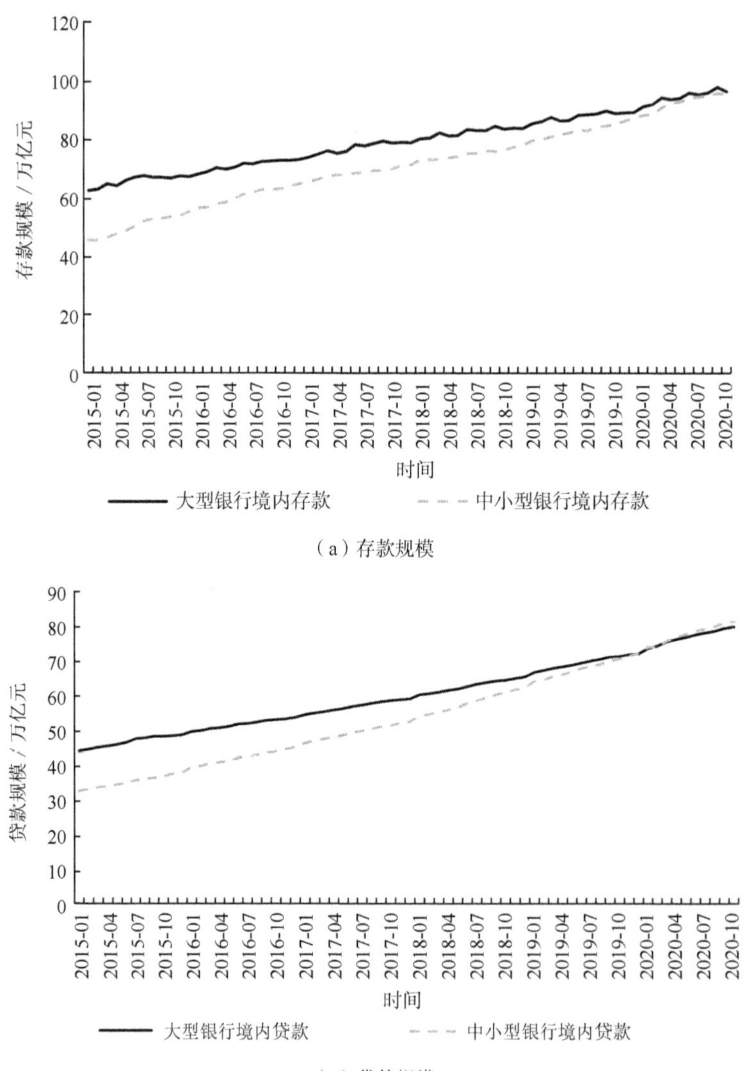

（a）存款规模

（b）贷款规模

图 1　大型和中小型银行存贷款规模对比

2. 中国的降息空间略有收窄，但是与美国、日本、欧元区等主要经济体相比仍然拥有较为充裕的降息空间

在评估降息空间之前，首先需要对中国央行的政策利率指标体系进行梳理。央行在执行降息操作时，主要是对政策利率进行调整，进而间接影响货币市场和信贷市场利率走势。表 1 列示了当前中国央行政策利率的主要指标体系，从表中可以发现，中国央行的政策利率指标体系是较为丰富的，既包括隔夜的短期流动性调节利率和 SLF 利率，以及 7 天的 OMO 逆回购利率、短期流动性调节利率和 SLF 利率，又包括 14 天的 OMO 利率以及 28 天的 OMO 利率和 SLF 利率，还包括 3 个月、6 个月和 1 年期的 MLF 利率。结合“十三五”期间中国央行的政策操作实践以及 2019 年 8 月改革后的贷款市场报价新机制可知，央行主要使用 7 天的 OMO 逆回购利率以及 1 年期的 MLF 利率两种政策利率进行降息操作。有鉴于此，本报告主要结合这两种政策利率水平的高低判断中国央行的降息空间。

表 1 中国央行政策利率的主要指标体系

指标类别	期限	使用情况
OMO 利率	7 天	较为频繁，几乎每周
	14 天	每个季度偶尔使用，2018 年以来明显减少
	28 天	2019/6/14 之后没有使用
SLO 利率	隔夜	2015/1/19 之后没有使用
	7 天	2015/8/28 之后没有使用
SLF 利率	隔夜	偶尔使用
	7 天	偶尔使用
	28 天	偶尔使用
MLF 利率	3 个月	2016/7/18 之后没有使用
	6 个月	2016/5/12 之后没有使用
	1 年	几乎每月使用

注：除了表中所列指标，中国央行的政策利率还包括抵押补充贷款利率等指标，考虑到抵押补充贷款利率等指标的覆盖范围较小，暂未列出

图 2 数据显示，2020 年以来 7 天 OMO 逆回购利率以及 1 年期 MLF 中标利率均有所下调。就 7 天 OMO 逆回购利率而言，央行在 2020 年 2 月 3 日和 3 月 30 日分别调低了 10 个和 20 个基点，此后 7 天 OMO 逆回购利率维持在 2.20%的水平。就 1 年期 MLF 中标利率而言，央行在 2020 年 2 月 17 日和 4

月 15 日分别调低了 10 个和 20 个基点，此后 1 年期 MLF 利率维持在 2.95% 的水平。截至 2020 年末，两类政策利率都降至了“十三五”时期的低位，由此可知央行在“十四五”期间的降息空间与“十三五”相比有所收窄。

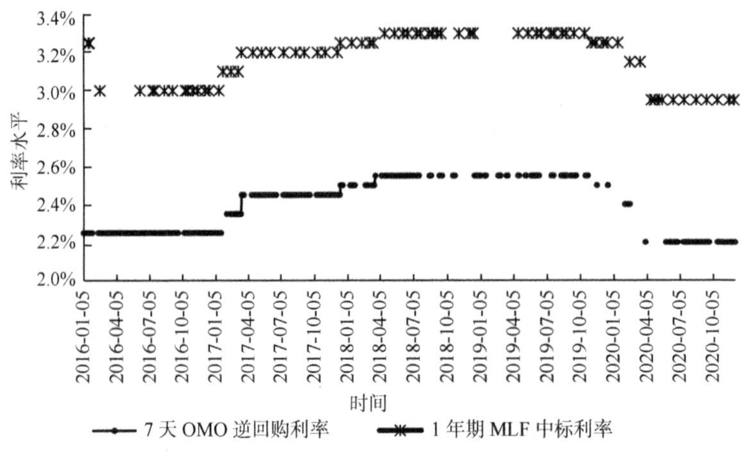

图 2　7 天 OMO 逆回购利率和 1 年期 MLF 中标利率走势

除了上述两类政策利率，央行在2020年还针对SLF利率进行了降息操作。央行在 2020 年 4 月 10 日宣布下调 SLF 利率，其中将隔夜 SLF 利率调低了 30 个基点（降至 3.05%），将 7 天 SLF 利率调低了 30 个基点（降至 3.20%），将 1 个月 SLF 利率调低了 30 个基点（降至 3.55%）。降息之后，三类 SLF 利率均处于“十三五”期间的相对低位（图 3），分别比“十三五”期间的平均水平低了 14 个、22 个和 22 个基点，因此“十四五”期间的 SLF 降息空间与“十三五”相比同样有所收窄。

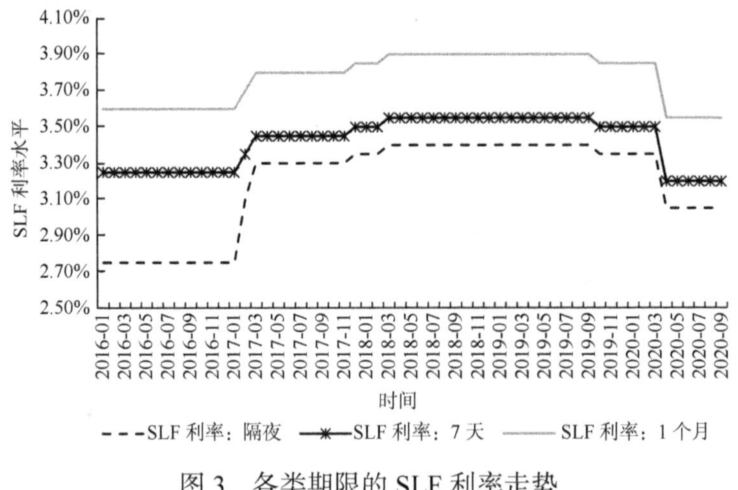

图 3　各类期限的 SLF 利率走势

不过，与美国、欧盟、日本等其他经济体相比，中国央行的降息空间仍然较为充裕。为了确保不同经济体政策利率的可比性，本报告主要将中国的7天OMO逆回购利率与美国等其他经济体的隔夜或者7天政策利率进行对比。如表2所示，2020年，不管是美国、加拿大、韩国等发达经济体，还是印度尼西亚、马来西亚、菲律宾等新兴经济体，都大幅降低了政策利率。以美国为例,2020年3月3日和3月16日美联储分别降息50个和100个基点，1个月内将联邦基金利率从1.50%～1.75%骤降至0～0.25%，降幅达150个基点。加拿大、韩国、印度尼西亚、马来西亚、菲律宾的隔夜或7天政策利率的降息幅度分别达到了150个、75个、100个、125个、175个百分点，平均降息幅度为125个基点。而且，截至2020年10月末，美国、加拿大、韩国等发达经济体的政策利率都已经降至0.5%及以下，而欧盟和日本的政策利率则持续居于0附近甚至是负利率的低水平。相比之下，中国2020年的7天逆回购利率降息幅度只有30个基点，并且到2020年末7天逆回购利率仍然维持在2.20%的水平，明显高于上述经济体的隔夜或者7天政策利率水平。在多个经济体大幅降息的大环境下，中国央行降息的实际可操作空间不仅没有减小，反而有所增加。

表2　全世界部分主要经济体的政策利率走势

时间	美国	欧盟	日本	加拿大	韩国	印度尼西亚	马来西亚	菲律宾
2019-03	2.43%	0.00%	–0.06%	1.75%	1.75%	6.00%	3.25%	5.25%
2019-06	2.40%	0.00%	–0.08%	1.75%	1.75%	6.00%	3.00%	5.00%
2019-09	1.90%	0.00%	–0.06%	1.75%	1.50%	5.25%	3.00%	4.73%
2019-12	1.55%	0.00%	–0.07%	1.75%	1.25%	5.00%	3.00%	4.50%
2020-01	1.59%	0.00%	–0.04%	1.75%	1.25%	5.00%	2.75%	4.50%
2020-02	1.58%	0.00%	–0.03%	1.75%	1.25%	4.75%	2.75%	4.30%
2020-03	0.08%	0.00%	–0.07%	0.25%	0.75%	4.50%	2.50%	4.07%
2020-04	0.05%	0.00%	–0.06%	0.25%	0.75%	4.50%	2.50%	3.50%
2020-05	0.05%	0.00%	–0.07%	0.25%	0.50%	4.50%	2.00%	3.25%
2020-06	0.08%	0.00%	–0.07%	0.25%	0.50%	4.25%	2.00%	3.18%
2020-07	0.10%	0.00%	–0.02%	0.25%	0.50%	4.00%	1.75%	2.75%
2020-08	0.09%	0.00%	–0.06%	0.25%	0.50%	4.00%	1.75%	2.75%
2020-09	0.09%	0.00%	–0.06%	0.25%	0.50%	4.00%	1.75%	2.75%
2020-10	0.09%	0.00%	–0.03%	0.25%	0.50%	4.00%	1.75%	2.75%

注：表中列示的各经济体政策利率指标分别为：美国（联邦基金利率，隔夜），欧盟（主要再融资利率，7天），日本（无担保隔夜拆借利率），加拿大（隔夜目标利率），韩国（7天回购利率），印度尼西亚（7天逆回购利率），马来西亚（隔夜政策利率），菲律宾（隔夜借贷便利利率）。相关数据来源于CEIC数据库

需要补充说明的是，美国、欧盟和日本的政策利率均已经降至零附近，这意味着它们的常规货币政策操作空间（直接降息空间）已经非常狭小，但是并不意味着其货币政策彻底没有操作空间，因为还可以借助于非常规货币政策工具进行逆周期调节。2008 年国际金融危机之后，美国等经济体的政策实践已经表明，即便央行的政策利率降至零附近，央行仍然可以借助量化宽松和前瞻性指引等非常规货币政策工具继续进行逆周期调节。经过十多年的政策实践，非常规货币政策的应用范围日趋广泛，并且已经取得了较好的调控效果。以前瞻性指引为例，Campbell 等（2012）、Svensson（2015）研究发现，前瞻性指引一方面可以引导公众对未来短期利率的预期，从而引导长期利率的下行态势，另一方面可以使市场了解到货币政策稳定经济的决心，从而提振企业投资和居民消费的信心，两方面因素使得前瞻性指引在美国、新西兰和瑞典等国家取得了较为显著的经济复苏成效。“十四五”期间，中国央行同样可以考虑增加对非常规货币政策工具尤其是前瞻性指引的使用，这样既能够节省常规货币政策空间以备不时之需，又能够更好地引导公众预期从而改善货币政策的调控效果。

三、财政政策空间评价

在应对经济下行压力时，积极财政政策主要包括增加财政支出和减税降费两类政策，不管是哪一类政策，要想顺利实施，前提都是政府债务负担不能过高（Romer C D and Romer D H，2018，2019；陈彦斌等，2019；陈小亮等，2020a）。如果债务负担过高，政府部门将难以继续增加财政支出或减税降费，积极财政政策也就难以持续。考虑到债务规模与经济体量息息相关，使用政府债务率（政府债务负担占 GDP 的比重）衡量政府债务负担较为合理。有鉴于此，本报告主要通过政府债务率的高低，评估财政政策空间的大小。

1.“十三五”期间中国政府债务率不断升高，2020 年涨幅尤为明显，到“十三五”末期已经明显超过新兴经济体的平均水平

为了应对新冠肺炎疫情对经济的冲击，2020 年中央专门决定发行了 1 万亿元的抗疫特别国债，并且发行了 3.75 万亿元的地方政府专项债券，此外还要求进一步加大减税降费的力度，全年为市场主体新增减负超过 2.5 万亿元，

由此导致政府债务规模大幅升高，即政府债务率的“分子”变大。不仅如此，2020 年上半年经济增速为负，下半年经济增长率与往年相比也明显偏低，由此导致政府债务率的“分母”相对变小。上述两方面因素促使中国政府部门的债务率在 2020 年显著升高。

根据国家资产负债表研究中心的数据，2020 年三季度末中央政府债务率达到了 19.1%，地方政府债务率达到了 25.6%，分别比 2019 年末提高了 2.3 个和 4.1 个百分点（表 3）。将二者加总可知，2020 年前三季度中国政府部门的总债务率涨幅已经达到 6.4 个百分点，这一涨幅比过去 20 年间任何一年的涨幅都要大，此前最大涨幅为 2009 年的 5.8 个百分点。

表 3　不同机构测算的中国政府部门债务率

时间	国家资产负债表研究中心			国际清算银行	IMF		
	中央政府	地方政府	政府总债务率	政府总债务率	中央政府	地方政府	政府总债务率
2014 年	14.9%	23.9%	38.8%	40.2%	14.8%	37.5%	52.3%
2015 年	15.5%	21.4%	36.9%	41.7%	15.2%	41.4%	56.6%
2016 年	16.0%	20.5%	36.5%	44.4%	16.1%	45.9%	62.0%
2017 年	16.1%	19.8%	35.9%	46.3%	16.5%	50.8%	67.3%
2018 年	16.2%	20.0%	36.2%	48.7%	17.2%	55.5%	72.7%
2019 年	16.8%	21.5%	38.3%	52.9%	19.0%	61.1%	80.1%
2020 年一季度末	17.2%	23.3%	40.5%	56.4%			
2020 年二季度末	17.8%	24.5%	42.3%	58.7%			
2020 年三季度末	19.1%	25.6%	44.7%				
2020 年四季度末					21.6%	64.6%	86.2%

需要说明的是，国家资产负债表研究中心的数据在一定程度上低估了政府部门的债务率，如果将地方政府的隐性债务考虑在内，中国政府部门的债务率会进一步提高。根据国际清算银行的测算，2020 年二季度末，中国政府部门总债务率已经达到 58.7%，比国家资产负债表研究中心的数据高出 16.4 个百分点。IMF 的测算口径更加宽广，根据 IMF 的测算，中国政府部门总债务率在 2019 年末就已经达到 80.1%，到 2020 年末则将达到 86.2%。

通过国际对比可知，到“十三五”末期，中国政府部门的债务率已经明显超过新兴经济体的平均水平。如图 4 所示，参照国际清算银行的统计口径，

2016～2017 年中国政府部门的债务率尚且低于新兴经济体的平均水平，2018 年末和 2019 年末分别比新兴经济体的平均水平高出了 1.7 个和 1.9 个百分点，而 2020 年一季度末和二季度末则比新兴经济体的平均水平高出了 6.5 个和 3.2 个百分点。

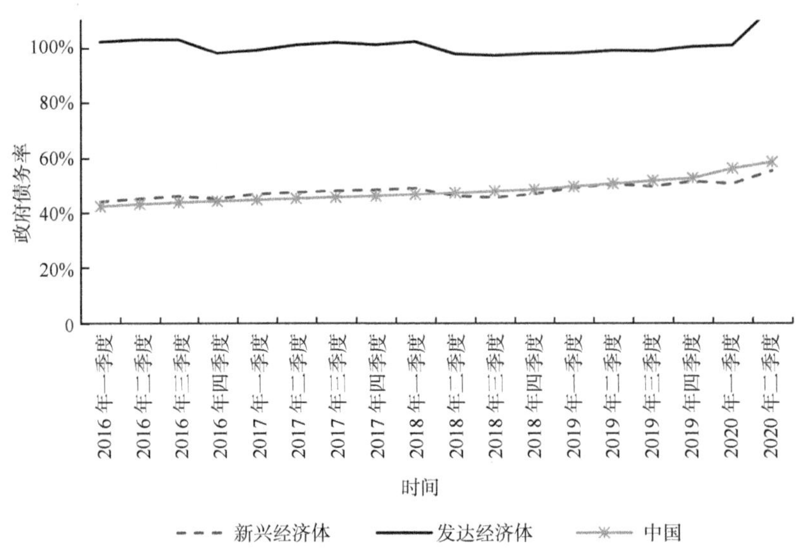

图 4　中国政府部门债务率与新兴经济体和发达经济体平均水平的对比

资料来源：国际清算银行

2. 老龄化等因素还将促使中国政府债务率进一步升高

导致未来中国政府债务率不断升高的原因主要有三点。一是疫情冲击和国内外复杂经济形势导致经济下行压力继续存在，积极财政政策需要继续发力。二是中国经济已经从高速增长阶段转向高质量发展阶段，社会保障体系将不断完善，教育、医疗、住房等方面的民生财政支出不断增加。三是人口老龄化不断加剧，不仅会增加财政养老支出、减少财政收入，进而从“分子端”推高地方政府债务率，而且会降低经济增速，进而从“分母端”推高地方政府债务率（陈小亮等，2020b）。

根据 IMF（2019）的预测，中国政府部门债务率将从 2020 年的 86.2%不断提高到 2024 年的 101.4%（表 4）。需要说明的是，这一预测结果尚未将新冠肺炎疫情的冲击考虑在内，如果将疫情冲击考虑在内，中国政府部门的债务率还将进一步升高。

表 4　2020～2024 年中国政府部门债务率的走势（IMF 预测）

年份	中央政府		地方政府				中央政府+地方政府	
	债务/万亿元	债务率	显性债务/万亿元	债务率	隐性债务/万亿元	债务率	总债务/万亿元	债务率
2020	22.24	21.6%	22.21	21.5%	44.43	43.1%	88.88	86.2%
2021	26.55	23.8%	24.11	21.6%	51.01	45.7%	101.67	91.1%
2022	31.35	26.0%	26.01	21.6%	57.84	47.9%	115.20	95.5%
2023	36.43	27.9%	27.91	21.4%	65.11	50.0%	129.45	99.3%
2024	41.84	29.7%	29.81	21.2%	71.01	50.5%	142.66	101.4%

资料来源：IMF（2019）

3. 中央政府债务占比偏低和外债占比偏低这两大特征的存在，使得政府部门尤其是中央政府部门仍然具有一定的加杠杆空间

虽然中国政府部门的债务率在“十三五”末期已经超过新兴经济体的平均水平，并且可能在“十四五”末期达到发达经济体的平均水平，但是中国政府部门的债务结构与其他经济体存在明显差异，使得中国政府部门债务风险相对偏低，并且仍然存在一定的加杠杆空间。

一是中国政府债务中的中央政府债务占比相对较低，未来中央政府仍然具有较大的财政政策空间。总体而言，发达经济体的政府债务主要是中央政府债务，绝大多数发达经济体的中央政府债务占比超过 90%（易千，2013）。相比之下，中国政府债务中的中央政府债务占比明显偏低。根据国家资产负债表研究中心数据计算可知，2014～2019 年中国政府债务中的中央政府债务占比平均为 42.9%，IMF 广义口径下则仅为 25.5%。

二是中国政府债务中的外债占比明显偏低，未来可以适当增加外债以拓宽财政政策空间。通常而言，一国政府对外债的把控能力要弱于对内债的把控能力，因为外债受汇率波动的影响较大，而且国外债权人通常会在债务国经济状况恶化的时候收缩借贷规模或者提前收回债务，这对债务国而言无疑是雪上加霜（谢世清，2011；Romer C D and Romer D H，2019）。爆发欧债危机的国家有一个共同特点，即政府债务中外债占比较高，希腊和葡萄牙政府债务中外债占比更是高达 75%左右。[①]相比之下，虽然日本政府债务远高于爆发欧债危机的国家，但是并没有爆发严重的债务危机，很大程度上是因为日本的政府债务以内债为主，截至 2019 年末，日本政府债务中的外债占比仅

① 引自易千（2013），指的是各国爆发债务危机时期的债务数据。

为 14.2%（表 5）。而中国政府债务中的外债占比则比日本还要明显偏低。截至 2019 年末，中国政府债务中的外债所占比重仅为 3.5%，这有助于降低政府债务风险，从而进一步增强中国政府债务的可持续性，并且也为中国的财政政策预留了空间。需要强调的是，与中国相比，当前美国、日本和欧元区等主要经济体大多处于低利率甚至负利率状态，这意味着中国发行外债的成本相对较低，而且在中国经济发展长期向好的情况下，国外对中国国债的需求预期较大，由此进一步提高了中国适度增发外债的必要性与可行性（刘哲希等，2020），从而拓宽了中国政府部门的加杠杆空间。

表 5　全世界主要经济体政府债务中的外债占比

国别	外债占比	国别	外债占比	国别	外债占比	国别	外债占比
希腊	90.3%	德国	52.6%	匈牙利	39.6%	俄罗斯	27.1%
奥地利	79.3%	挪威	52.1%	智利	38.1%	马来西亚	26.2%
爱尔兰	72.1%	阿根廷	51.4%	英国	38.0%	加拿大	25.4%
芬兰	67.6%	卢森堡	48.2%	沙特阿拉伯	36.6%	泰国	17.7%
比利时	65.5%	澳大利亚	46.9%	意大利	35.1%	瑞士	15.5%
新西兰	59.3%	荷兰	46.4%	南非	33.8%	日本	14.2%
印度尼西亚	58.1%	墨西哥	43.6%	哥伦比亚	32.4%	以色列	14.2%
法国	57.8%	土耳其	42.3%	美国	31.9%	巴西	11.1%
葡萄牙	57.6%	波兰	41.8%	瑞典	30.9%	印度	5.5%
西班牙	55.4%	捷克	39.7%	丹麦	30.1%	中国	3.5%

注：根据 BIS 数据计算得到，为 2019 年末的数据

四、结　　语

本报告分析结果表明，2020 年在应对新冠肺炎疫情冲击的过程中，中国的货币政策和财政政策双双发力，使得货币政策的空间和财政政策的空间都有所收窄。就货币政策而言，不管是存款准备金率，还是 7 天 OMO 逆回购利率等政策利率，都达到了“十三五”期间的相对低位。不过，与其他国家尤其是发达经济体相比，中国的货币政策仍然有一定的操作空间。大型金融机构的法定存款准备金率仍然处于 12.5%的国际相对高位，针对大型金融机构的降准空间依旧充裕。此外，7 天 OMO 逆回购利率仍然处于 2.20%的水平，与美国、日本、欧盟等经济体处于 0 左右的政策利率相比仍然相对偏高。再

加上2019年以来数十个经济体持续推进降息周期，使得中国货币政策面临的外部环境显著改善，从而放大了降息的实际可操作空间。不仅如此，“十四五”期间，中国央行还可以考虑增加对非常规货币政策工具尤其是前瞻性指引的使用，这样既能够节省常规货币政策空间以备不时之需，又能够更好地引导公众预期从而改善货币政策的调控效果。就财政政策而言，2020年以来中国的政府部门债务率大幅上升，而且老龄化等因素还将使得政府债务率在“十四五”期间持续升高，因此财政政策的空间将会不断收窄。不过，中央政府债务占比偏低和外债占比偏低这两大特征的存在，使得政府部门尤其是中央政府部门仍然具有一定的加杠杆空间。

为了更好地应对经济下行压力，同时尽可能地预留宝贵的政策空间以备不时之需，“十四五”期间需要做好如下几方面工作。第一，在严格监管地方政府债务尤其是隐性债务的同时，适当增加中央政府债务和外债规模，有助于拓宽财政政策空间。而充裕的政策空间则能够确保积极财政政策的可持续性，从而更好地应对经济下行压力。第二，建议货币政策适当加大力度，对于降准而言其主要方向是降低大型金融机构的存款准备金率，对于降息而言则要考虑适当加大单次降息的幅度，[①]这不仅可以进一步引导信贷市场利率下行以降低融资成本，而且可以加强货币政策与财政政策之间的协调配合，降低财政政策的挤出效应，从而提高总体调控效果。第三，要更加注重疏通财政政策和货币政策的传导机制，尤其是扫清阻碍企业投资和居民消费的体制机制障碍，从而提高政策传导效率，这样才能够起到事半功倍的效果，为决策部门尽可能地预留政策空间。

参考文献

陈小亮，马啸. 2016.“债务-通缩”风险与货币政策财政政策协调. 经济研究，（8）：28-42.

陈小亮，谭涵予，刘哲希. 2020a. 老龄化对地方政府债务的影响研究. 财经研究，（6）：19-33.

① 2020年中国央行主要通过调整7天OMO逆回购利率、1年期MLF利率等政策利率来实施货币政策操作，不过单次降息幅度通常仅为10～20个基点。相比之下，2000～2015年中国央行先后28次调整一年期的贷款基准利率，平均每次调整的幅度为30个基点。此外，Imam（2015）梳理发现，过去数十年间美国等发达经济体的央行在调整利率时通常每次以25个基点为标准。在应对2020年疫情的过程中，美联储单次降息幅度甚至达到了100个基点的历史之最。不管是与中国以往历史操作相比，还是与其他国家相比，当前中国单次降息的幅度相对偏小。

陈小亮，刘哲希，郭豫媚，等. 2020b. 宏观经济政策研究报告 2020. 北京：科学出版社.

陈彦斌，陈小亮，刘凯，等. 2019. 宏观经济政策研究报告 2019. 北京：科学出版社.

刘哲希，王兆瑞，陈小亮，等. 2020. 外债规模、政府债务风险与经济增长. 工作论文.

谢世清. 2011. 从欧债危机看“中国式主权债务危机”. 亚太经济，（5）：21-25.

易千. 2013. 主要发达国家政府债务结构与债务危机. 对外经贸实务，（3）：16-20.

Campbell J R，Evans C L，Fisher J D，et al. 2012. Macroeconomic effects of federal reserve forward guidance. Brookings Papers on Economic Activity，Spring，1-80.

Imam P. 2015. Shock from graying：is the demographic shift weakening monetary policy effectiveness. International Journal of Finance & Economics，20（2）：138-154.

IMF. 2019. 2019 Article IV Consultation—Press Release; Staff Report; Staff Statement and Statement by the Executive Director for China. IMF Country Report .

Romer C D，Romer D H. 2018. Why some times are different：macroeconomic policy and the aftermath of financial crises.Economica，85：1-40.

Romer C D，Romer D H. 2019. Fiscal Space and the Aftermath of Financial Crises：How It Matters and Why. Working Paper.

Svensson L E O. 2015. Forward guidance.International Journal of Central Banking，11（S1）：19-46.

分报告六　预期管理评价

一、引　　言

预期管理的核心是通过加强对公众的信息沟通，对公众预期形成引导，从而提高政策的调控效率（郭豫媚和陈彦斌，2017）。预期管理在货币政策中的应用源于20世纪90年代，在此之前，新古典宏观经济学认为，在理性预期下只有未预期到的货币政策才能发挥作用，预期到的货币政策难以发挥作用。随着新凯恩斯主义的兴起，学界逐渐认识到工资和价格的变动不是完全弹性的，预期物价水平的上升不会立即引起工资水平和物价水平同等程度的变化，因而预期到的政策也会影响经济周期。而且，由于信息不对称，公众一般难以形成理性预期，预期到的货币政策能够通过引导公众预期发挥更加有效的作用。2008年全球金融危机之前，预期管理的理论和实践主要是强调通过提高货币政策透明度来引导预期，[①]英国、加拿大等国家采用了通货膨胀目标制，通过设定长期稳定的通货膨胀目标来稳定公众的通胀预期。2008年全球金融危机之后，由于越来越多国家的名义利率逼近了零下限，常规货币政策空间被大幅压缩，预期管理的作用得到了进一步的重视，美国等国家采用了前瞻性指引手段以加强预期管理，通过发布未来货币政策路径等前瞻性信息来引导公众预期（Svensson，2015；万志宏，2015）。由此，预期管理已成为货币政策的重要组成部分。

近年来，中国对预期管理的重视程度也在不断提高。“十三五”规划纲要中明确提出，要“改善与市场的沟通，增强可预期性和透明度”。党的十

① 货币政策透明度的提高能够从以下三方面起到引导预期的作用。第一，提高央行信誉，增进市场信心。第二，提高私人部门的信息准确度和预测能力。第三，降低市场的不确定性以及这些不确定性对预期的影响，从而稳定预期（郭豫媚和陈彦斌，2017）。

九届五中全会发布的《中共中央关于制定国民经济和社会发展第十四个五年规划和二〇三五年远景目标的建议》中也提出“完善宏观经济政策制定和执行机制，重视预期管理，提高调控的科学性”。[①]不过，与美国等其他主要经济体的预期管理主要应用于货币政策不同，中国预期管理的应用不局限于货币政策，范畴更加宽泛，具有典型的中国特色。比如，通常在每年初发布的政府工作报告中会对全年的 GDP 增速、失业率、CPI 涨幅以及预算财政赤字率等重要指标进行设定，这虽然与国外理论与实践中的预期管理方式有所不同，但实际上也发挥了重要的预期管理作用。因此，本报告主要从两个维度对 2020 年中国的预期管理进行系统评价：一是基于主流预期管理理论，对中国货币政策的预期管理进行分析评价；二是对中国特色预期管理的成功实践进行阐述与评价。

二、货币政策预期管理评价及其改进方向

货币政策预期管理包含提高政策透明度和前瞻性指引两个方面。政策透明度主要是目标信息透明度、经济信息透明度、决策信息透明度和操作信息透明度。[②]前瞻性指引主要是对未来货币政策取向的明确指引。因此，本报告将从政策透明度和前瞻性指引两个方面对 2020 年货币政策的预期管理情况进行系统分析。

1. 2020 年货币政策预期管理评价

货币政策透明度方面，2020 年央行整体上做得较好，但仍有可改善空间。就目标信息透明度而言，一般是要求货币政策目标具有单一性，如果是多目标则需要明确设定优先目标。中国货币政策锚定的目标较多，2020 年一直将“稳增长”置于首位，体现了货币政策在“稳增长”方面的积极立场，符合

① 《中共中央关于制定国民经济和社会发展第十四个五年规划和二〇三五年远景目标的建议——二〇二〇年十月二十九日中国共产党第十九届中央委员会第五次全体会议通过》，人民日报，2020年11月4日第1版。

② 根据陈彦斌等（2019）的总结，目标信息主要指央行是否对货币政策目标进行正式声明以及声明的货币政策目标是否单一、是否量化等。经济信息包括央行用于政策分析的宏观经济模型、反映货币政策力度和效果的基本经济数据，以及央行对通货膨胀和GDP等经济变量的定量预测等。决策信息主要指央行货币政策决策的形成过程所涉及的信息，如决策流程、决策委员会投票情况等。操作信息主要指央行货币政策操作工具的定义和说明是否清晰，以及对货币政策操作是否进行解释说明。

在多目标中确立优先目标的原则。不过在实际操作中，上半年力度较大的货币政策在下半年出于"防风险"等因素的考虑，回归常态化的步伐偏快，与公众的沟通有所不足，这一点可以进一步改善。

就经济信息透明度而言，2020 年央行对未来经济和政策的定性表述更为明确。比如，央行在 2020 年第一季度《中国货币政策执行报告》开设专栏探讨了"新冠肺炎疫情对全球和我国经济的影响及应对分析"，从生产、消费和贸易等多个维度分析了疫情对经济产生的影响。这使得公众了解了央行对于疫情影响的估计和判断，一定程度上能够帮助市场更理性地认识疫情对经济的影响。

就决策信息透明度而言，有关货币政策决策的重要信息公布方面可以进一步改善。较好的决策信息透明度能够帮助公众更好地理解货币政策的制定过程，提高对未来政策趋势和经济状况的预测准确度，有利于加强预期管理。目前，中国在有关货币政策决策的重要信息方面公布得较为有限，中国人民银行货币政策委员会会议纪要除了公布会议召开时间、地点和参会人员外，所涉及的核心内容主要有两方面：一是会议对当前国内外经济金融形势的看法；二是未来货币政策的调控思路。公布的内容没有涉及货币政策决策的具体过程，未来可以进一步有所改善。

就操作信息透明度而言，2020 年，央行新增了对货币政策热点问题的解答板块，对新设立的货币政策工具的操作方式、特点和实施意图进行了说明，这一举措提高了操作信息的透明度。比如，2020 年 6 月 1 日，央行通过发布《货币政策热点问答之一：创新直达实体经济的货币政策工具》文章对新创立的直达实体企业的货币政策工具进行了解释。[①]与此同时，2020 年央行在 1 月 1 日、3 月 13 日和 4 月 3 日三次下调法定存款准备金率，相关负责人均对降准操作进行了解释，阐述了降准操作的主要目的、降准操作将如何帮助政策目标的实现以及货币政策取向变化等内容，这也提高了操作信息的透明度。

前瞻性指引方面，2020 年央行在政策的前瞻性引导方面有较大改进，一定程度上可以使公众更好地了解未来的货币政策走向。具体而言，前瞻性指引方面的改进主要表现为两点。一是疫情冲击下央行通过多种渠道提前沟通疫情下的货币政策应对。比如，2020 年 3 月 4 日，央行会同财政部、银保监会召开了金融支持疫情防控和经济社会发展座谈会，详细介绍了落实灵活适

① 具体请参见http://www.pbc.gov.cn/goutongjiaoliu/113456/113469/4032263/index.html。

度的稳健货币政策、再贷款政策以及专项信贷政策等具体措施。二是央行相关负责人在讲话中开始增加对未来货币政策的引导和沟通。2020 年 2 月 7 日，央行副行长潘功胜发言表示，预计 2 月 20 日贷款市场报价利率大概率下调，MLF 利率也相应下调，这有效地引导了市场对货币市场利率和贷款市场利率的预期。2020 年 10 月 21 日，中国人民银行行长易纲在 2020 金融街论坛上发表题为“坚持稳健的货币政策 坚定支持保市场主体稳就业”的讲话，对疫情高峰过后的全年发展目标及货币政策定位进行了说明。在此次讲话中，易纲提出货币政策更好适应经济高质量发展的需要，稳健的货币政策更加灵活适度、精准导向，也起到了引导市场理解货币政策未来走向的前瞻性指引作用。

不过，当前中国的前瞻性指引也存在需要改进之处。近年来，由于中国货币政策处于数量型调控向价格型调控转变的过程之中，数量型中介目标的有效性有所下降，2018 年以来的政府工作报告不再设定 M2 和社会融资规模年度增速的量化目标值。相应地，央行也不再对 M2 与社会融资规模等数量型指标进行前瞻性指引。但与此同时，对于价格型中介目标的前瞻性指引并未有所增强，更多是采用“推动利率持续下行”等定性表述。[①]由此，当前中国货币政策处于数量型和价格型中介目标前瞻性指引均有所缺失的局面，这在一定程度上影响了货币政策的预期管理效果。

2. 货币政策预期管理的改进方向

随着对预期管理重视程度的提高，近年来中国货币政策的预期管理显著改善，对公众预期的引导作用明显增强。但客观上看，预期管理方面还存在一定的不足，有进一步改进的空间。结合 2020 年的预期管理情况，本报告认为，未来货币政策预期管理的改进方面主要有以下几点。

第一，强化货币政策预期管理的实践原则。预期管理是要通过合理与透明的方式使公众自主形成较为一致的预期。这就需要遵循以下五点原则。原则之一是充分性，是指全面披露与货币政策有关的信息，使得公众形成预期时能够利用尽可能多的信息。原则之二是前瞻性，即预见性，指的是预期管理中发布的信息应当包含一定量关于未来的信息。相比于非前瞻性的信息，前瞻性信息在引导预期方面的效果更直接、影响更大。原则之三是及时性，

---

① 2020年政府工作报告对于货币政策价格型指标采取了“推动利率持续下行”的表述，具体请参见http://www.gov.cn/guowuyuan/2020zfgzbg.htm。

是指在货币政策和经济运行出现新的变化时，相关政策部门应当尽可能在第一时间发布信息。及时的预期管理可以避免因发布信息的滞后而引发市场猜测，甚至是错误预期。原则之四是可信度，是指政策部门在政策实践中应当维护自身的信誉，发布的信息能够被市场接受和相信。预期管理的核心在于影响市场信心并进而引导预期，但这并不意味着预期管理要通过误导公众来增强信心。原则之五是规律性，是指预期管理中的信息发布应尽量保持固定的频率，以体现出规律性。

第二，完善货币政策目标体系，在多重目标下寻求更高的目标信息透明度。基于中国经济发展所处的特殊阶段以及当前疫情冲击的特殊影响，中国货币政策锚定稳增长、调结构、防风险、控通胀等多重目标具有一定的合理性。在此基础上，建议通过以下两种方法来兼顾多目标下的目标信息透明度。一是实行阶梯目标制，将多目标划分为首要目标和其他目标。2020 年第一季度《中国货币政策执行报告》中提出要“处理好稳增长、保就业、调结构、防风险、控通胀的关系”，但应当更为明确地对这些目标的关系尤其是优先级进行说明。二是区分货币政策最终目标和中间目标，对最终目标进行年度沟通，对中间目标进行短期的季度沟通。货币政策最终目标是央行货币政策调控的最终使命，而其他的目标实际上是央行为了实现最终目标而在短期内盯住的目标。例如，在宏观政策框架中“防风险”属于宏观审慎政策的核心职责，货币政策可以兼顾，但核心任务是“稳增长”。货币政策兼顾“防风险”一定程度上是为了实现“稳增长”。由此，货币政策通过将“稳增长”确定为最终目标，不仅可以进一步明确货币政策的核心目标，而且能够避免目标在短期内的频繁变动，使预期能够被锚定。针对短期内影响最终目标实现的重点领域，可在季度报告中进行沟通。

第三，畅通预期管理的传导渠道。畅通传导渠道应从释放足够充分的信息与建立足够通畅的传播渠道两个方面入手。就释放足够充分的信息而言，关键是要优化中国经济治理的基础数据库。经济治理基础数据库应当主要包含三类指标：反映宏观政策最终目标的经济运行指标；反映宏观政策操作目标与中介目标的政策运行指标；经济预测数据。当前中国应进一步强化对宏观政策运行指标与经济预测数据的完善。就建立足够通畅的传播渠道而言，中国预期管理实践中应充分利用多种信息传播渠道，达到引导预期的目的。比如，进一步完善央行的官网建设，同步更新货币政策信息；适当增加新闻发布会频率，积极引导媒体和舆论导向等。

三、中国特色预期管理的成功实践

与国外预期管理主要应用于货币政策不同，中国预期管理的范畴更为宽泛，在中国特色宏观调控体系中有充分体现。虽然预期管理方式与国外的理论及实践有所区别，但同样发挥着引导与稳定公众预期的重要作用，具有典型的中国特色。具体而言，中国特色预期管理包含短期、中期与长期三个维度的预期管理。

短期而言，每年通过上一年年末的中央经济工作会议与年初召开的全国人民代表大会和中国人民政治协商会议发布全年经济运行的前瞻性指标并明确表述宏观政策定位，在稳定公众预期方面发挥了重要作用。比如，2020 年面对疫情的巨大冲击，政府工作报告仅将城镇调查失业率目标上调 0.5 个百分点，并将维持就业稳定设为“六稳”和“六保”工作的首要目标，这充分体现了宏观政策未来将积极应对经济下行压力的立场，较好地稳定了公众预期，在稳定经济方面发挥了重要作用。

中期而言，定期制订经济发展五年规划，明确未来五年经济发展的总体目标、具体任务和政策导向，使公众更加明晰经济发展路径，增强了公众对经济发展的信心。五年规划是中国国家治理的一项重要制度，已经成为中国特色社会主义制度的一个重要特征。通过五年规划描绘经济发展蓝图，明确经济发展任务，充分调动社会资源，积极发挥中国特色社会主义制度优势，由此有效地促进了中国经济的可持续发展。“十三五”规划一共设定了 33 项指标的目标值，涉及经济发展、创新驱动、民生福祉和资源环境四个大类，并提出了坚决打赢脱贫攻坚战等重要任务，使各界对于 2016 年至 2020 年中国经济的发展方向有了清晰的认识，对于完成全面建成小康社会宏伟目标发挥着重要作用。2020 年，站在“两个一百年”奋斗目标的历史交汇点上，党的十九届五中全会发布了《中共中央关于制定国民经济和社会发展第十四个五年规划和二〇三五年远景目标的建议》，阐述了“十四五”时期经济社会发展和改革开放的重点任务，明确了科技创新、产业发展、国内市场、深化改革、乡村振兴、区域发展、文化建设、绿色发展、对外开放、社会建设、安全发展、国防建设等 12 个重点领域的思路和重点工作，明确了迈向第二个百年奋斗目标的新征程如何开局，较好地引导了公众预期。

长期而言，通过战略性地规划部署“三步走”战略、2035 年远景目标以及“两个一百年”奋斗目标等，前瞻性地设定了不同阶段的经济发展目标，有效发挥了前瞻性指引的重要作用。1987年，党的十三大报告就提出要“把我国建设成为富强、民主、文明的社会主义现代化国家”，并相应地制定了现代化建设的“三步走”战略。第一步，实现国民生产总值比一九八〇年翻一番，解决人民的温饱问题。这个任务已经基本实现。第二步，到20世纪末，使国民生产总值再增长一倍，人民生活达到小康水平。第三步，到21世纪中叶，人均国民生产总值达到中等发达国家水平，人民生活比较富裕，基本实现现代化。从中国经济发展的实际路径来看，十分符合“三步走”的规划，从而有效地锚定了公众的预期。不仅如此，“十三五”时期是中国完成第一个百年奋斗目标、全面建成小康社会的收官阶段，“十四五”时期将乘势而上开启迈向第二个百年奋斗目标、全面建设社会主义现代化国家的新征程。在此大背景下，党的十九大首次从两个阶段对实现第二个百年奋斗目标的征程进行了战略安排，从2020到2035年设为第一个阶段，在全面建成小康社会的基础上，再奋斗十五年，基本实现社会主义现代化。从2035年到21世纪中叶设为第二个阶段，在基本实现社会主义现代化的基础上，再奋斗十五年，把我国建成富强、民主、文明、和谐、美丽的社会主义现代化强国。党的十九届五中全会进一步对到2035年基本实现社会主义现代化的远景目标进行了细化，明确提出了“经济总量和城乡居民人均收入将再迈上新的大台阶”“人均国内生产总值达到中等发达国家水平，中等收入群体显著扩大”等发展目标，增强了公众对中国经济增长的信心，发挥了前瞻性指引的重要作用。

总体上，中国的预期管理与国外一般意义上的预期管理有所差异。一是在范畴上，国外预期管理主要聚焦于货币政策，中国则将预期管理应用于整个宏观调控体系。二是在时效上，国外预期管理主要是与短期货币政策操作相配合。中国的预期管理则是将短期、中期、长期三个维度的预期管理有机结合。未来中国应将国外理论经验与中国国情结合，进一步加强货币政策预期管理，而且还应更加彰显中国特色预期管理优越性，从而更好地锚定公众预期，发挥好预期管理的作用。

参 考 文 献

陈彦斌，陈小亮，刘凯，等. 2019. 宏观经济政策研究报告 2019. 北京：科学出版社.

郭豫媚，陈彦斌. 2017. 预期管理的政策实践与改进措施. 中国人民大学学报，（5）：60-67.

万志宏. 2015. 货币政策前瞻指引：理论、政策与前景. 世界经济，（9）：166-192.

Svensson L E O. 2015. Forward guidance.International Journal of Central Banking，11（S1）：19-46.

分报告七　宏观政策协调性评价

一、引　　言

2008 年全球金融危机之后，学界与政策制定者逐步形成了加强宏观政策协调的共识，[①]其原因主要在于三点。首先，主要发达经济体在危机之后经济增速显著下滑，美国与欧元区等发达经济体更是面临长期停滞风险。面对较大的经济下行压力，单一政策力度有所不足，需要宏观政策共同发力（Blanchard et al.，2010）。其次，危机之后经济运行状况也越趋复杂，仅靠货币政策或财政政策等单一政策往往顾此失彼，从而需要各类宏观政策之间的配合。比如，全球金融危机之后金融稳定成为宏观政策所必须关注的目标，但货币政策难以同时兼顾经济稳定与金融稳定，所以与宏观审慎政策的配合就尤为重要（Cecchetti，2016）。最后，危机之后各项政策空间都比危机前明显收窄，所以就更需要加强协调配合，相互分担调控压力，这既能节约空间又能提高政策的调控效率。

具体到中国的实际情况，加强宏观政策协调也尤为重要。首先，近年来中国经济运行面临的下行压力有所增加，不仅出现了负向产出缺口，而且还存在负向的潜在增速缺口（陈彦斌，2020）。其次，经济形势更趋严峻、复杂，突出表现为面临经济增长放缓下的资产泡沫风险（陈彦斌等，2018），即在经济

---

① 2008年全球金融危机之前，主流观点认为由于货币政策是短期内应对经济波动最灵活、最有效的工具，所以宏观政策进行逆周期调节时只需要依赖货币政策即可，但是2008年全球金融危机之后，学界认识到，当经济体面临较大的下行压力时，货币政策会面临捉襟见肘的局面，需要加强与财政政策的配合（Blanchard et al.，2010）。而当经济体陷入长期低迷状况时，现代货币理论更是认为财政赤字货币化是解决困境的最好途径，事实上，美联储前主席伯南克曾提出的"直升机撒钱"方案也是财政赤字货币化的思路。当然，这一想法目前还存在较大的争议。因为，货币政策与财政政策的协调不应以丧失央行独立性为前提，一旦央行丧失独立性，很可能会引发恶性通货膨胀等严重问题。

面临下行压力时房地产市场与金融体系却较为活跃，从而加大了宏观政策所面临的挑战。最后，货币政策与财政政策等宏观政策的常规空间有所收窄。事实上，中国对于宏观政策协调的重视程度也在不断提高。国家“十三五”规划纲要强调，“完善以财政政策、货币政策为主，产业政策、区域政策、投资政策、消费政策、价格政策协调配合的政策体系”。党的十九大报告在“加快完善社会主义市场经济体制”部分明确提出，要“健全财政、货币、产业、区域等经济政策协调机制”。党的十九届五中全会指出要“健全以国家发展规划为战略导向，以财政政策和货币政策为主要手段，就业、产业、投资、消费、环保、区域等政策紧密配合，目标优化、分工合理、高效协同的宏观经济治理体系”。①

2020 年，面对疫情的巨大冲击，中国经济面临的局面更加复杂，仅靠单一政策难以应对，更加需要各类宏观政策的协调配合。有鉴于此，本报告主要就 2020 年中国宏观政策的协调性进行研究。需要说明的是，虽然中国宏观调控体系包含的政策工具较多，但依据既有宏观经济理论，核心政策工具主要是货币政策、财政政策与宏观审慎政策。党的十九届五中全会也强调宏观调控体系要“以财政政策和货币政策为主要手段”，①宏观审慎政策则被中国人民银行视为宏观政策的另一大支柱，明确提出构建货币政策与宏观审慎政策的双支柱体系。②③有鉴于此，本报告主要聚焦于评价 2020 年中国货币政策、财政政策与宏观审慎政策三者之间的协调性。

① 《中共中央关于制定国民经济和社会发展第十四个五年规划和二〇三五年远景目标的建议——二〇二〇年十月二十九日中国共产党第十九届中央委员会第五次全体会议通过》，人民日报，2020年11月4日第1版。

② 2017年三季度发布的《中国货币政策执行报告》在专栏四《健全货币政策和宏观审慎政策双支柱调控框架》中指出，随着对宏观审慎政策重视程度的提高，2008年全球金融危机以来，全球出现了将货币政策与宏观审慎政策更紧密融合的趋势，不少央行在实质上具备了货币政策和宏观审慎政策双支柱调控框架的内涵。例如，英国将货币政策、宏观审慎政策和微观审慎监管职能集中于央行，在已有货币政策委员会之外，设立了金融政策委员会负责宏观审慎管理；欧元区也逐步建立了以欧央行为核心、欧央行和各成员国审慎管理当局共同负责的宏观审慎政策框架，把宏观审慎政策和货币政策更紧密地结合在一起。

③ 2020年10月，中国人民银行积极推进《中华人民共和国中国人民银行法》，发布了《中华人民共和国中国人民银行法（修订草案征求意见稿）》，明确中国人民银行的职责是“保证国家货币政策和宏观审慎政策的正确制定和执行”。

二、应对疫情下经济复杂局面的理想政策组合是“积极的财政政策+稳健偏宽松的货币政策+偏紧的宏观审慎政策”

首先，“积极的财政政策+稳健偏宽松的货币政策”旨在实现经济稳定，推动经济增速尽快向长期合理的潜在增速靠拢。近年来，中国经济增速持续下行，2019 年已下降至 6.1%，十年间下降了 4.5 个百分点。但从产出缺口来看，2010～2019 年中国经济的产出缺口仅为–0.2%，表面上下行压力并不大，不过，从陈彦斌（2020）测算的潜在增速缺口来看，近年来中国经济一直存在负向的潜在增速缺口且呈现扩大趋势，“十三五”时期中国的潜在增速缺口平均值为–0.4%，缺口比“十二五”时期扩大了 0.2 个百分点，面临的经济下行压力实际上有所增加。

然而，当前货币政策和财政政策的空间都受到一定掣肘，仅靠货币政策或财政政策单一政策手段的力度有所不足。就货币政策而言，虽然降息和降准均有一定的空间，但在经济结构深层次问题尚未得到解决之前，货币政策如果过于宽松，可能会导致一些副作用，由此实际上对货币政策的操作空间形成了一定的制约。就财政政策而言，“十三五”期间中国政府债务率不断升高，到“十三五”末期已经明显超过新兴经济体的平均水平。未来在人口老龄化等因素的影响下，政府部门债务还将进一步攀升，从而挤压财政政策的空间。因此，在货币政策与财政政策各自空间均受到掣肘的情况下，理想的政策选择应是货币政策与财政政策均增加一定力度以形成合力，在避免各自政策空间被大幅压缩的前提下稳定经济增长。

事实上，积极的财政政策与稳健偏宽松的货币政策协调不仅能够加大力度，而且能提高各自的调控效率，增强宏观政策的稳增长效果。一方面，在积极财政政策的作用下，比如，通过减税降费等举措提高实体经济回报率，可以增加资金流向实体经济的意愿，转化为消费与投资需求，从而提高货币政策的传导效率。另一方面，在稳健偏宽松货币政策的配合下，提供较为充裕的流动性，可以有效降低积极财政政策可能会对私人部门产生的挤出作用，从而增强财政政策的乘数效应，提高财政政策的调控效率。

偏紧的宏观审慎政策与“积极的财政政策+稳健偏宽松的货币政策”旨在实现金融稳定，抑制金融风险的加剧。2008 年全球金融危机之后，一个突出共识就是保证经济稳定的宏观政策不一定能够实现金融稳定，反而可能会加剧金融风险，因此，主要聚焦于金融稳定的宏观审慎政策被纳入宏观政策的工具箱之中。[①]对于中国而言，当前实施“积极的财政政策+稳健偏宽松的货币政策”的政策组合有助于保证经济稳定，但同样容易导致金融风险的加剧。就稳健偏宽松货币政策而言，在资金存在“脱实向虚”倾向的情况下，货币政策所释放的流动性容易流入金融体系与房地产市场之中，从而推高资产泡沫化风险并加剧金融体系不稳定性。与此同时，稳健偏宽松的货币政策由于放松了融资约束，也容易推高宏观杠杆率，加剧高债务风险。就积极的财政政策而言，在中国土地财政的特殊模式下，积极财政政策易使得房地产市场活跃，加剧房价上涨预期，从而加大房地产泡沫风险。[②]因此，需要积极发挥宏观审慎政策的作用，防范系统性金融风险的顺周期积累，以及跨机构、跨行业和跨市场传染，以维护金融体系的稳定运行，守住不发生系统性金融风险的底线。

另外需要说明的一点是，2020 年初，中国在面临经济较大下行压力的同时，还面临着食品价格快速上涨的问题，这一问题同样较为棘手。2020 年 1～3 月食品烟酒类价格同比涨幅分别高达 15.2%、16%和 13.6%，这造成了同期 CPI 的大幅上涨。不过，宏观政策尤其是货币政策更应该锚定核心 CPI，可以对食品价格予以关注，但是各类宏观政策之间的协调不应过多聚焦于食品涨价问题。稳定食品价格属于国家治理层面的目标与任务，主要应依靠产业政策与社会政策，增加食品供应并增强对中低收入群体的保障。

三、2020 年宏观政策的协调较好，但仍有改善空间

2020 年，货币政策、财政政策与宏观审慎政策之间协调得较好。首先，货币政策力度有所增加，不仅采取了多轮降准和降息操作，而且适度强化了对结构性货币政策工具的运用，创设了“普惠小微企业贷款延期支持工具”

---

① 宏观审慎最早起源于20世纪70年代，其旨在打破微观审慎只关注单个金融机构的局限，聚焦于整个金融市场的变化。随后，宏观审慎的含义一直在不断完善与发展。Crockett（2000）指出，微观审慎与宏观审慎的最大区别不在于使用工具的不同，而在于影响经济的方式以及要实现的目标。Borio（2003）进一步对两者进行区别，认为宏观审慎是通过防范系统性金融风险来规避金融危机以及对实体经济的危害。系统性风险源自两个维度：一是时间维度，重点关注金融体系的顺周期性，防止金融体系与实体经济之间相互作用从而加剧经济波动；二是横截面维度，关注金融风险如何在体系内部分布以及相互作用。2009年国际清算银行再次提出宏观审慎概念，试图以此解决金融体系存在的“顺周期性，大而不能倒以及监管不足”等问题。随后的G20匹兹堡峰会上，“宏观审慎政策”“宏观审慎管理”被正式写入会议文件。

② 由于财政收入相对有限，在积极扩大财政支出的要求下，地方政府更多是通过增加土地出让金或者通过融资平台采取以地融资等模式进行借贷，形成土地财政的特殊模式，从而加深了对房地产市场的依赖。随着地方政府对房地产市场的依赖不断加深，房地产成为一种“刚性泡沫”，这就会显著强化公众对房价的上涨预期。

和“普惠小微企业信用贷款支持计划”两项直达实体经济的货币政策工具，增强对“六稳”“六保”工作的金融支持力度。其次，财政政策更加积极，不仅预算财政赤字率有所提高，减税降费力度加大，而且为了应对新冠肺炎疫情冲击，中央专门发行1万亿元抗疫特别国债，并且安排地方政府新增专项债券3.75万亿元（比2019年大幅增加1.6万亿元），从而为政府性基金支出筹集了较为充裕的资金。最后，宏观审慎政策框架继续完善，宏观审慎管理进一步强化，[①]重点健全了房地产金融、外汇市场、债券市场、影子银行以及跨境资金流动等重点领域宏观审慎监测、评估和预警体系。[②]虽然2020年宏观政策的协调有所增强，但客观上仍存在一定的不足，具有改善空间。

第一，数量型货币政策力度较为充足，但价格型货币政策力度有所不足，应进一步推动实际利率下降，从而增强宏观政策的协调效果。2020年，数量型货币政策力度较为充足，M2同比增速明显升高，同比增速达到10.1%，比2019年高1.4个百分点，比2016～2019年的平均水平高出了1.1个百分点。同时，社会融资规模余额增速显著升高，截至2020年末，同比增长13.3%，比2019年高出2.6个百分点。相比于数量型货币政策，价格型货币政策的力度有所不足，使用核心CPI计算得到的金融机构一般贷款加权实际利率在2020年一季度和二季度分别为4.25%和4.23%，与2019年四季度的4.31%相比降幅非常有限，三季度则升至4.81%，达到了“十三五”期间的最高水平。[③]价格型货币政策的力度不足会导致实际利率上升，增加对私人部门消费与投资的抑制作用，降低积极财政政策的乘数效应，从而在一定程度上降低了宏观政策的协调性，这一点在未来需要有所改善。

第二，财政政策力度较大，但财政支出的执行进度有所偏慢，与货币政策的协调性有待提高。2020年，为应对疫情下的经济压力，财政政策的积极

---

① 比如，2020年9月，国务院发布《关于实施金融控股公司准入管理的决定》，明确非金融企业控股或实际控制两类或者两类以上金融机构，具有规定情形的，应当向中国人民银行提出申请，经批准设立金融控股公司，并接受监管。中国人民银行发布了《金融控股公司监督管理试行办法》，遵循宏观审慎管理理念，坚持总体分业经营为主的原则，以并表为基础，对金融控股公司资本、行为及风险进行全面、持续、穿透式监管。2020年9月，中国人民银行会同银保监会正式建立我国银行业金融机构逆周期资本缓冲机制。2020年12月，中国人民银行会同银保监会发布了《系统重要性银行评估办法》，明确了我国系统重要性银行的评估方法、评估范围、评估流程，从规模、关联度、可替代性和复杂性四个维度确立了我国系统重要性银行的评估指标体系。

② 资料来源：《潘功胜：持续健全宏观审慎政策框架》，中国证券报，2020年10月22日。

③ 使用生产价格指数计算得到的金融机构一般贷款加权实际利率在2020年一季度有所下降，但是二季度和三季度却都超过了一季度的水平，并且升至2017年以来的相对高位。

力度明显提高。2020 年的一般公共预算赤字将达到 6.76 万亿元，赤字率达到 6.56%。若进一步将政府性基金支出增加所导致的赤字纳入其中，财政赤字率将达到 10.90%。上述两个口径下的目标赤字和目标赤字率均达到了“十三五”期间的最高水平。但是，从 2020 年前三季度的实际情况来看，两种口径下的赤字率分别为 4.7%和 7.9%，仅高于 2019 年同期 0.7 和 2.7 个百分点，距离全年的赤字率目标还有不小的差距。由此可见，2020 年财政政策虽然取向较为积极，但具体的执行进度有些偏慢。再考虑到 2020 年货币政策在上半年力度较大而下半年逐步回归常态化的实际操作，这就使得财政政策与货币政策并未形成较好的合力。如果 2020 年积极的财政政策能够加快执行进度，宏观政策的协调效果将会进一步提升，从而可以更好地实现经济稳定目标。

第三，宏观审慎政策对房价泡沫化风险与高债务风险的管控有待增强，以更好地帮助货币政策和财政政策致力于经济稳定，增强宏观政策协调效果。当前各国在宏观审慎政策方面均处于探索实践阶段。客观上看，中国在宏观审慎政策方面的探索较早，宏观审慎政策框架不断完善，在防控金融风险方面发挥了较好的作用。不过，当前中国的房价泡沫化风险与高债务风险仍然较为突出。2020 年，虽然部分城市房价略有下降，但整体上房价上涨速度依然较快，2020 年，全国商品房平均价格为 9860 元/米^2，比 2019 年上涨 5.9%。同时，根据国家金融与发展实验室的测算数据，2020 年，中国宏观杠杆率攀升了 24.6 个百分点，年度的杠杆率增幅仅低于实施较强刺激政策的 2009 年，高债务风险进一步加剧。房价泡沫化与高债务风险不仅威胁经济与金融稳定，也对财政与货币政策空间形成了一定掣肘。需要强调的是，导致近年来房价泡沫化与高债务风险较为突出的一个重要原因在于，居民部门的债务规模攀升速度较快，但当前宏观审慎政策在此方面的关注还有所不足。因此，下一阶段，宏观审慎政策应该加强对居民部门债务的宏观审慎管理，从而更好地防控房价泡沫化风险与高债务风险，增强与其他宏观政策的协调性。

四、结　　语

加强宏观政策协调既是 2008 年全球金融危机之后的理论共识，也是应对疫情下中国经济复杂局面的重要举措。针对 2020 年疫情下中国经济的实际情况，理想的政策组合是“积极的财政政策+稳健偏宽松的货币政策+偏紧的宏观审慎政策”，其中，“积极的财政政策+稳健偏宽松的货币政策”旨在加大应对经济下行压力的政策力度，推动经济增速尽快向长期合理的潜在增速靠拢；偏紧的宏观审慎政策与“积极的财政政策+稳健偏宽松的货币政策”相配合，有助于抑制金融风险的加剧，从而保证经济与金融的双稳定。

2020 年三类宏观政策实现了较好的协调配合。首先，货币政策力度有所加大。其次，财政政策较为积极，显著提高了赤字率。最后，宏观审慎政策框架进一步完善，健全了房地产金融、影子银行等重点领域宏观审慎监测、评估和预警体系。不过，各类宏观政策的协调性仍有改善空间。一是价格型货币政策的力度有待加大，从而进一步推动实际利率下降。二是财政支出的执行进度有待加快。三是宏观审慎政策对房价泡沫化风险与债务风险的管控有待进一步加强。

客观上看，当前中国经济复杂局面在于多因素的交织，既包含经济的短期下行压力，也包含长期经济增长动力不足，还包含深层次的结构性问题。现有宏观经济理论与宏观政策框架下的货币政策、财政政策与宏观审慎政策协调更加注重的是短期内的经济稳定与金融稳定。要彻底破解中国经济的复杂局面，需要打破既有的宏观调控理念和思路，打造新的宏观调控框架。在“大宏观”视角下，将稳定政策（货币、财政与宏观审慎政策）、增长政策和结构政策有机融合起来，实现“三策合一”。这一新框架既能提高宏观调控的整体效率，又能节约宝贵的政策空间，从而助推中国经济实现高质量发展，促使中国经济顺利跨越中等收入陷阱并迈向社会主义现代化。

参 考 文 献

陈彦斌. 2020-11-16. 宏观政策“三策合一”才能有效应对当前经济复杂格局. https://economy. gmw.cn/2020-11/16/content_34371843.htm?s=gmwreco2[2020-12-16].

陈彦斌，刘哲希，陈伟泽. 2018. 经济增速放缓下的资产泡沫研究——基于含有高债务特征的动态一般均衡模型.经济研究，（10）：16-32.

Borio C. 2003. Towards a macroprudential framework for financial supervision and regulation. CES Economic Studies，49（2）：181-216.

Blanchard O，Dell’Ariccia G，Mauro P. 2010. Rethinking macroeconomic policy. Journal of Money，Credit and Banking，42（S1）：199-215.

Cecchetti S G. 2016. On the separation of monetary and prudential policy：how much of the precrisis consensus remains. Journal of International Money & Finance，66：157-169.

Crockett A D. 2000. Marrying the Micro-and Macro-prudential Dimensions of Financial Stability. Remarks before the Eleventh International Conference of Banking Supervisors.

第二篇　专题研究

专题研究一　中国经济潜在增速测算研究报告

对潜在增速进行持续跟踪的测算具有重要的意义。一方面，宏观政策的主要目标之一是保证经济稳定，而产出缺口（实际增速与潜在增速的差值）是衡量经济稳定目标是否实现的重要指标，所以准确测算产出缺口有助于为宏观政策制定提供重要的科学依据；另一方面，潜在增速的变化体现了一个经济体的中长期增长趋势与路径，反映了一个经济体内在增长动能的强弱变化，因而对潜在增速进行测算有助于提前对经济运行情况进行判断，从而未雨绸缪地制定应对策略，帮助一个经济体实现长期可持续的发展。

对于中国而言，“十四五”时期正处于“两个一百年”奋斗目标的交汇点上，将开启迈向社会主义现代化的新征程，对潜在增速进行持续跟踪的测算具有重要的现实意义。这是因为，在迈向社会主义现代化的新征程中，中国将面临跨越“中等收入陷阱”、到2035年基本实现社会主义现代化，以及到2050年建成社会主义现代化强国等重要任务，这实际上对中国经济增长提出了更高的要求。但同时要客观认识到，当今世界正处于百年未有之大变局之中，国际环境日趋复杂，不稳定性、不确定性明显增加；国内经济发展不平衡、不充分的问题仍然突出，高债务等系统性金融风险依然较大。应该说，当前中国既面临历史性机遇，也面临前所未有的巨大挑战。在此情况下，有必要准确把握中国经济的增长趋势，对潜在增速进行持续跟踪的测算。

一、潜在增速测算方法简述

潜在产出的概念最早由Okun（1962）提出，是指在不引起通货膨胀的情况下一个经济体所能取得的可持续的最大产出，潜在增速为潜在产出的增速。结合国内学者的相关研究，当前测算潜在产出或潜在增速的常用方法归为以下几类：国际经验类比法、趋势估计法、结构向量自回归（structural vector autoregression，SVAR）法、动态随机一般均衡（dynamic stochastic general equilibrium，DSGE）模型估计法与生产函数法。

国际经验类比法基于经济增长的条件收敛假设，认为各国的经济增长率具有向平衡增长路径收敛的共性，因此，在相同的发展阶段中各国的经济增速应有相似的变化趋势。相关研究一般将美国作为收敛的最终点，并将“亚洲四小龙”等经历过经济高速增长的国家和地区作为参考样本，分析这些国家和地区在经济不同发展阶段上经济增长率的收敛速度，然后以此作为经验值，基于中国目前所处的发展阶段对未来的潜在增速变化进行分析和预测。不过，国际经验类比法由于过度重视各国经济增长收敛的共性，忽略了不同国家人口、资本和资源禀赋等经济条件的差异，因此并不能准确估算中国经济的潜在增速。

趋势估计法的核心思想是认为实际产出围绕潜在产出波动，因此可以使用统计方法分离出产出的周期项和趋势项，后者即为一个经济体的潜在产出。不过，趋势估计法只能估算经济增长的长期趋势，这与潜在产出或者潜在增速的经济学定义存在一定差距。同时，趋势估计法也无法计算各生产要素对经济增长的贡献率，从而难以识别推动经济增长的动力源泉，所得到的估计结果稳健性较差，对观测数据的敏感性较高。

结构向量自回归法使用结构向量自回归模型识别永久性和暂时性冲击，分别将其解释为总供给冲击（如技术冲击）和总需求冲击。King 等（1991）的研究强调技术冲击等总供给冲击通过影响资本积累对产出造成的永久性影响，认为这体现了经济体的生产能力，并因此将总供给冲击对产出的累积影响定义为潜在产出。但是，这种方法对数据的要求较高，需要较多的变量和较长的时间序列数据，同时外生假设条件较强，导致测算结果的稳健性较弱。

DSGE 模型估计法以新凯恩斯理论作为理论基础，将潜在产出定义为不存在名义刚性或工资与价格完全弹性时对应的产出水平。徐忠和贾彦东（2019）使用包含新凯恩斯 DSGE 方法在内的四种方法对我国 1993～2018 年的潜在增速进行了估算，并做出未来 10 年的趋势预测。虽然 DSGE 模型能够对微观个体及外生冲击等要素做出更细致的刻画，但这也导致 DSGE 模型的设定较为复杂，从而导致潜在产出的估计结果对模型的具体设定依赖性较强，估计结果对模型参数较为敏感。因此，DSGE 模型估算的结果一般与其他传统方法估算结果的差异较大。

生产函数法是测算潜在产出最常用的方法，其以新古典增长理论为基础，将总产出表示为各投入要素的函数，并且将潜在产出定义为当各投入要素充分利用时的产出水平。常见的生产函数形式主要包括柯布-道格拉斯（Cobb-Douglas，C-D）生产函数和固定替代弹性（constant elasticity of substitution，CES）生产函数两种。其中，C-D 生产函数的使用最为普遍，主要是因为其要素产出弹性具有明确经济学含义并且易于估计。由于生产函数法不依赖于产出本身的历史变化趋势，并且能够准确把握产出在供给端层面的核心特征，因此目前已成为经济合作与发展组织（Organization for Economic Co-operation and Development，OECD）、国际货币基金组织（International Monetary Fund，IMF）及各国央行等官方机构普遍认可的潜在产出估算方法。近年来，国内研究对生产函数法的运用也在逐渐增多，其也已成为估算并预测中国经济潜在增速的主要方法（张延群和娄峰，2009；张军扩等，2014；郭豫媚和陈彦斌，2015；刘哲希和陈彦斌，2020）。

二、潜在增速测算框架设定

（一）生产函数模型设定

本文首先将总量生产函数设定为附加人力资本的 C-D 形式：

$$Y_t = A_t K_t^{\alpha_t} H_t^{\beta_t} \tag{1}$$

其中，Y_t 为一个经济体的实际产出水平；A_t 为全要素生产率（total factor productivity，TFP）；K_t 为资本存量；H_t 为附加人力资本的劳动，是劳动数量 L_t 与人力资本存量 E_t 的乘积；α_t 和 β_t 分别为资本和附加人力资本劳动的产出弹性，且有 $\alpha_t+\beta_t=1$。[①]需要说明的是，以往相关研究所估计的要素产出弹性通常为一个样本区间内的平均值，难以体现要素产出弹性在各个时点的动态变化。考虑到中国不处于经济增长的稳态阶段，经济结构在不断发生变化，因而不变的要素产出弹性难以妥善刻画中国经济的实际情况，本文在（1）式两端同时除以 H_t，并采用状态空间模型对资本产出弹性进行动态估计，由此设定状态空间模型如下：

① Wald检验结果表明，在10%的显著性水平上不能拒绝 $\alpha_t+\beta_t=1$。因此，设定生产函数符合规模报酬不变特征。

$$\text{量测方程：} \ln\left(\frac{Y_t}{H_t}\right) = \alpha_t \ln\left(\frac{K_t}{H_t}\right) + \eta t + c + \gamma_t \tag{2}$$

$$\text{状态方程：} \alpha_t = b + \theta\alpha_{t-1} + \xi_t \tag{3}$$

假设 α_t 服从 AR（1）过程；θ 为自回归系数；γ_t 和 ξ_t 为独立且服从正态分布的随机扰动项；c 和 b 为截距项；t 为时间趋势项，以控制 TFP 的趋势变动；η 为时间趋势项系数。利用普通最小二乘法（ordinary least squares，OLS）确定模型的初始状态和参数初值，然后采用 Kalman 滤波对状态空间模型中的参数和未知变量进行估计，即可得到资本产出弹性和附加人力资本的劳动产出弹性的动态变化参数。得到动态变化的要素产出弹性参数之后，要进一步估算 TFP 的增长率，即把（1）式转化为增长率形式，并将 $\alpha_t+\beta_t=1$ 代入，由此可得

$$\frac{\mathrm{d}A_t}{A_t} = \frac{\mathrm{d}Y_t}{Y_t} - \alpha_t \frac{\mathrm{d}K_t}{K_t} - (1-\alpha_t)\frac{\mathrm{d}H_t}{H_t} \tag{4}$$

在此基础上，可以计算各生产要素对经济增长的贡献率及经济的潜在增速。就贡献率而言，将各个要素的增长率乘以相应的要素产出弹性之后除以实际产出的增长率，即可得到各个生产要素对经济增长的贡献率。就潜在增速而言，对各年的资本存量值、附加人力资本的劳动和 TFP 等时间序列数据进行滤波处理得到趋势值，然后代入生产函数中可以得到相应年份的潜在产出，从而可以计算得到潜在增速。

（二）数据指标选取与处理

模型的数值求解过程中，需要对数据进行处理，主要包括 1978～2019 年的实际产出、人力资本、劳动力数量及资本存量。实际产出方面，本文采用经国内生产总值平减指数（gross domestic product deflator，GDP deflator）调整后的实际 GDP，相关数据来自历年《中国统计年鉴》。人力资本方面，参照以往文献的一般做法，本文采用劳动力的人均受教育年限这一指标衡量人力资本的变化情况（吴国培等，2015）。其中，1978～2007 年劳动力人均受教育年限数据来自王小鲁等（2009），2008～2019 年劳动力人均受教育年限数据基于历年《中国劳动统计年鉴》的统计数据。

劳动力数量方面，国外研究主要采用工作小时数这一指标，由于中国缺乏劳动投入时间的相关统计资料，因此对于劳动要素的处理主要采取以下两种替代方式。一是采用就业人员数量作为劳动供给规模的代理变量，并对其做滤波处理得到趋势值以作为潜在的劳动供给。二是将劳动就业人数与经济

活动人口的比值定义为劳动参与率，对其进行滤波处理得到潜在的劳动参与率，并将这一潜在劳动参与率与经济活动人口数的乘积作为潜在的劳动供给数量。上述两种方法忽视了一个关于中国经济的典型事实是，在城乡二元体制下，农村剩余劳动力难以向城镇实现完全转移，由此有一部分劳动力由于难以得到就业机会，而只能留在农业部门务农。从数据统计上看，这部分人群一般被算作在第一产业就业，但其实劳动力并没得到充分利用，由此一定程度上掩盖了农村部门的隐性失业现象。2019 年第一产业就业的占比高达 25%以上，而第一产业增加值占 GDP 的比重仅能达到 7%左右，这意味着第一产业的劳动生产率仅为第二和第三产业的 1/4 左右。[①]考虑到第一产业较为庞大的就业规模与相对偏低的生产效率，将第一产业就业与第二和第三产业就业规模相加作为整个的劳动供给规模，是有待商榷的。因此，本文采取有效劳动供给的概念，将第二和第三产业就业人员视为有效劳动数量，并根据第二和第三产业人均 GDP 与第一产业人均 GDP 比值的 1/2，测算出第一产业的有效劳动数量，从而得到有效劳动供给的总体规模。

资本存量方面，在测算方法上本文采用永续盘存法。测算公式为 $K_t=I_t/P_t+(1-\delta_t)K_{t-1}$，$I_t$ 为每期新增资本总额，P_t 为固定资产投资价格指数，δ_t 为资本折旧率。其中，对于 I_t 的代理指标，已有研究通常采用固定资本形成总额或全社会固定资产投资总额这两个指标。从统计数据上看，固定资本形成总额和全社会固定资产投资总额在 2003 年之前基本一致，不过在 2004 年之后出现了明显的分化。全社会固定资产投资总额显著高于固定资本形成总额，其中的一个重要原因在于，全社会固定资产投资总额包括土地交易金额，而固定资本形成总额剔除了土地交易部分。伴随着 21 世纪以来城镇化的快速推进与商品住房市场的迅猛发展，土地交易规模快速增长，这一定程度上导致了固定资本形成总额和全社会固定资产投资总额的走势出现分化。由于土地交易只是使用权的转换，不产生新的生产性资本，因此本文采用固定资本形成总额作为 I_t 的代理指标。固定资产投资价格指数 1990 年之后的数据源于《中国统计年鉴 2019》，1990 年之前的数据是根据《中国国内生产总值核算历史资料：1952—2004》中的固定资本形成总额和固定资本形成总额指数测算得到所隐含的固定资产投资价格指数。在资本折旧率的设定上，由于真实数据难以观测，因此已有研究的设定也有所不同，不过总体上是在 5%～10%的区间之内取值。本文借鉴刘哲希和陈彦斌（2020）的设定，1978～1990

① 对于美国等发达经济体而言，第一产业就业的占比基本在5%以下，OECD成员方的平均水平为4.8%。相应地，第一产业增加值占GDP的比重也偏低，基本上在2%左右。这意味着第一产业的劳动生产率能够达到第二和第三产业的1/2左右。

年的资本折旧率设定为 5%，1991～2007 年设定为 6%，2009～2020 年设定为 7%。由此，资本折旧率的均值在 6%左右。

基于以上设定，通过构建的生产函数模型，可以测算得到要素产出弹性。同时，对测算得到的各年资本存量值、对附加人力资本的劳动和 TFP 等时间序列数据进行滤波处理可以得到各个变量的趋势值，由此可以进行潜在增速的测算。各年份的要素产出弹性、资本存量增速、附加人力资本的有效劳动增速与 TFP 增速的数值参见表 1。

表 1　生产函数法中各变量的变化情况（1980～2020 年）

时间	资本产出弹性	劳动产出弹性	资本存量增速	附加人力资本的有效劳动增速	TFP 增速
1980 年	0.899	0.101	9.01%	10.72%	–1.35%
1981 年	0.886	0.114	7.79%	7.75%	–2.60%
1982 年	0.866	0.134	8.05%	6.02%	1.17%
1983 年	0.853	0.147	8.14%	5.28%	3.12%
1984 年	0.844	0.156	9.58%	7.16%	5.94%
1985 年	0.840	0.160	10.93%	4.94%	3.47%
1986 年	0.834	0.166	10.56%	4.45%	–0.60%
1987 年	0.826	0.174	10.37%	4.15%	2.40%
1988 年	0.817	0.183	10.38%	3.70%	2.08%
1989 年	0.809	0.191	7.11%	2.20%	–1.98%
1990 年	0.798	0.202	5.77%	6.93%	–2.17%
1991 年	0.784	0.216	5.62%	3.83%	4.07%
1992 年	0.773	0.227	7.92%	4.30%	7.13%
1993 年	0.764	0.236	10.34%	4.98%	4.81%
1994 年	0.755	0.245	10.98%	4.81%	3.60%
1995 年	0.747	0.253	11.11%	4.87%	1.43%
1996 年	0.739	0.261	10.96%	4.38%	0.70%
1997 年	0.730	0.270	10.34%	3.42%	0.76%
1998 年	0.721	0.279	10.82%	3.03%	–0.80%
1999 年	0.711	0.289	10.03%	2.55%	–0.20%
2000 年	0.701	0.299	9.98%	2.75%	0.68%
2001 年	0.691	0.309	10.43%	2.25%	0.44%
2002 年	0.681	0.319	11.08%	2.05%	0.93%

续表

时间	资本产出弹性	劳动产出弹性	资本存量增速	附加人力资本的有效劳动增速	TFP 增速
2003 年	0.671	0.329	12.54%	2.80%	0.71%
2004 年	0.661	0.339	12.98%	3.92%	0.21%
2005 年	0.651	0.349	13.09%	3.94%	1.52%
2006 年	0.641	0.359	13.14%	3.96%	2.89%
2007 年	0.631	0.369	13.61%	3.61%	4.32%
2008 年	0.622	0.378	13.31%	2.65%	0.38%
2009 年	0.613	0.387	14.38%	3.37%	–0.71%
2010 年	0.603	0.397	14.39%	2.54%	0.95%
2011 年	0.594	0.406	13.74%	6.82%	–1.34%
2012 年	0.584	0.416	13.08%	7.05%	–2.69%
2013 年	0.575	0.425	12.61%	3.01%	–0.75%
2014 年	0.565	0.435	11.53%	2.47%	–0.15%
2015 年	0.555	0.445	10.38%	2.49%	0.18%
2016 年	0.545	0.455	9.94%	1.90%	0.57%
2017 年	0.535	0.465	9.36%	1.25%	1.36%
2018 年	0.525	0.475	9.05%	1.23%	1.42%
2019 年	0.516	0.484	8.37%	1.24%	1.19%
2020 年	0.514	0.493	8.35%	1.15%	0.99%

注：2020 年的数据为基于各变量之前变化趋势的估算值，未考虑新冠肺炎疫情的影响

三、中国经济潜在增速变化情况与未来走势

（一）1980～2020 年潜在增速变化情况

本文基于生产函数法对潜在增速进行测算，结果显示，1980～2010 年中国经济潜在增速均值高达 10%，不过从 2011 年起潜在增速呈现下滑态势，2011～2020 年中国经济的潜在增速均值下降至 7.2%（图 1）。其中，“十三五”时期潜在增速均值为 6.5%，2020 年潜在增速已经降至 5.8%（不考虑新冠肺炎疫情的影响）。客观来看，2010 年之后中国潜在增速的持续下滑主要与以下几方面因素相关。第一，随着中国经济体量的不断增大，增速的追赶效应不断减弱。第二，全球金融危机之后，逆全球化与贸易保护主义抬头导

致全球化红利衰减。第三，人口老龄化进程不断深化，使得人口红利持续弱化。第四，市场化改革步入深水区。第五，经济增长对房地产和基础设施建设的依赖程度增加，导致资源配置效率下降。第六，高债务对经济增长产生了持续的下行压力。

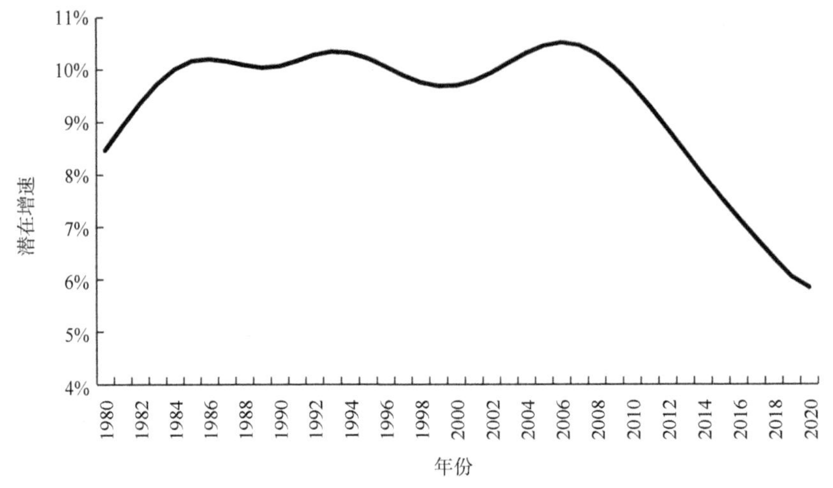

图 1　1980～2020 年中国经济潜在增速变化情况

潜在增速的过快下滑需要引起重视。理论上，长期潜在增速应该由该经济体的深层次经济结构因素所决定，而这些因素往往处于缓慢变化的过程，因此，长期合理的潜在增速应该是一条平缓的曲线。如果潜在增速下滑过快，那么其实已经相对长期合理的潜在增速形成了偏离。针对这一情况，陈彦斌（2020）提出了“潜在增速缺口”的概念，根据测算，“十三五”时期中国的潜在增速缺口平均值为–0.4%，缺口比“十二五”时期扩大了 0.2 个百分点。由此不能认为中国潜在增速的过快下滑是一种合理现象，这其实反映了中国经济内在增长动力有所不足的问题。考虑到未来中国经济还将面临跨越“中等收入陷阱”与到 2035 年基本实现社会主义现代化等一系列重要任务，仍需要经济增速保持较快增长，至少完成到 2035 年人均实际 GDP 翻一番的任务（刘伟和陈彦斌，2020），这就更需要加大对潜在增速过快下滑现象的重视。

（二）“十四五”时期潜在增速预测

在得到 1980～2020 年中国经济潜在增速变化的基础上，本文将进一步对“十四五”时期（2021～2025 年）中国经济增长趋势进行预测。具体而言，先对资本存量、劳动力供给、人力资本、TFP 增速及要素产出弹性等核心因素的趋势进行分析判断，再基于生产函数法对经济增长趋势进行测算。

资本存量方面，“十三五”时期每年新增固定资本增速在6%左右，预计“十四五”时期消费占GDP比重上升、投资占GDP比重下降将是发展趋势。同时，房地产长效机制的构建与地方政府隐性债务问题的出现，将对房地产投资和基础设施建设投资形成较大的制约。由此，预计“十四五”时期每年新增固定资本增速均值在5%左右。新增固定资本增速的下降将导致资本存量增速进一步下行，预计2021～2025年的资本存量增速为7.2%。

劳动力供给方面，伴随着人口老龄化进程的不断深化与推进，2021～2025年中国的劳动适龄人口（15～64岁）将继续呈现下降态势，而且降幅将持续扩大。根据联合国《世界人口展望2019》对中国2021～2025年劳动适龄人口的预测结果，本文设定2021～2025年中国劳动力规模的平均增速为–0.15%。不过，本文采取的是有效劳动供给的概念，需要考虑劳动结构的变化。虽然未来中国劳动适龄人口在减少，但伴随着城镇化的推进，仍有大量的就业从第一产业向第二和第三产业转移，从而对有效劳动供给产生积极作用。因此，2021～2025年中国有效劳动供给增速的下滑幅度将小于劳动适龄人口的降幅，预计平均增速在–0.1%左右。

人力资本方面，中国人力资本增速在“十三五”时期出现了较为显著的放缓，这主要有三方面的原因。一是教育结构与劳动需求结构（产业结构）不匹配，突出表现为大学生就业难的问题，使得人力资本利用率偏低，降低了积累人力资本的意愿。二是在劳动力市场机制建设尚不健全、流动性较差的情况下，教育回报率不及预期，导致人力资本增速放缓。三是贫富差距问题导致出现代际固化迹象，社会流动性减弱，从而降低了教育的吸引力，抑制了人力资本的增长。不过客观上看，联合国发布的《人类发展报告2019》中的数据显示，2018年，美国、英国、加拿大等发达经济体的平均受教育年限均在13年左右，显著高于中国。因此，预计2021～2025年人力资本增速的下滑趋势将有所减弱，更加趋于平缓，本文设定其均值为0.6%左右。

TFP增速方面，“十三五”时期TFP增速均值有所上升，伴随着新一轮以数字化和人工智能为主导的技术革命的迅速发展，以及市场化改革的进一步深化，基准情形下假设“十四五”时期继续延续这一趋势，从改革开放以来的经验来看，中国一共经历了三轮TFP增速的高峰，即20世纪80年代初的改革开放初期、20世纪90年代初社会主义市场经济体制的确立与21世纪初加入世界贸易组织（World Trade Organization，WTO）之后，三个时期的

TFP 增速均值分别为 3.4%、4.9%和 1.6%。考虑到改革开放初期，中国经济处于经济体制转轨状态，TFP 增速处于较为剧烈的波动状态，因此参考意义不大。2021～2025 年中国的 TFP 增速更将与 21 世纪初中国加入 WTO 之后的一段时期的 TFP 增速相近。不过，与 21 世纪初的全球经济相比，当前全球经济环境存在不确定性，美国、日本、欧盟等发达经济体均陷入了增长乏力的困境，全球化的发展趋势也不明朗，民粹主义与地缘政治风险较为突出。因此，预计 2021～2025 年中国 TFP 增速会有所提升，但上升幅度或较为温和，均值在 1.3%左右。

要素产出弹性方面，本文基于状态空间模型得到了时变的要素产出弹性。整体上，改革开放以来，资本产出弹性在下降，附加人力资本的劳动产出弹性在上升。2019 年资本产出弹性降至 0.51，附加人力资本的劳动产出弹性为 0.49。假设 2021～2025 年各要素产出弹性延续之前走势，那么到 2025 年，资本产出弹性将逐步下降至 0.47 左右，而附加人力资本的劳动产出弹性将逐步上升至 0.53 左右。要素产出弹性变化的背后其实反映了中国对高投资的依赖将逐步降低的发展趋势。从国际经验来看，美国等发达经济体的资本产出弹性一般在 0.4 左右，附加人力资本的劳动产出弹性一般在 0.6 左右。

基于以上设定，可以得到基准情形下“十四五”时期中国经济的潜在增速，以及各变量对经济增长贡献率的预测结果（表 2）。预计“十四五”时期，中国经济的潜在增速均值为 5.1%左右，相比于“十三五”时期进一步下降。从各生产要素的贡献率来看，资本对经济增长的贡献率预计将在 70%左右，仍然是支撑经济增长的第一动力。劳动对经济增长的贡献率将由正转负。人力资本和 TFP 的贡献率将相对有所上升。不过需要注意的是，这种贡献率变化更多将是由潜在增速较快下滑所致。

表 2　2021～2025 年潜在增速预测

项目	2021 年	2022 年	2023 年	2024 年	2025 年	2021～2025 年
潜在增速	5.62%	5.33%	5.07%	4.824%	4.63%	5.09%
资本存量	7.92% （71.35%）	7.52% （70.67%）	7.17% （69.90%）	6.85% （69.10%）	6.65% （68.18%）	7.20% （69.84%）
劳动力	0.20% （1.82%）	0.03% （0.32%）	–0.14% （–1.39%）	–0.30% （–3.29%）	–0.46% （–5.35%）	–0.13% （–1.58%）
人力资本	0.70% （6.28%）	0.65% （6.20%）	0.61% （6.27%）	0.59% （6.49%）	0.59% （6.85%）	0.63% （6.42%）

续表

项目	2021年	2022年	2023年	2024年	2025年	2021～2025年
TFP	1.16% （20.57%）	1.22% （22.81%）	1.28% （25.22%）	1.34% （27.70%）	1.10% （30.31%）	1.28% （25.32%）

注：表中数字为各变量在相应时间段内的平均增长速度，括号内的数表示该生产要素对经济增长的贡献率，由于数据经四舍五入，可能存在各要素贡献率之和不等于100%的情况

（三）新冠肺炎疫情对2020年与“十四五”时期潜在增速的影响分析

以上对中国经济潜在增速的预测是未考虑新冠肺炎疫情影响的基准情形。新冠肺炎疫情暴发以来，无论是其本身的严重程度，还是对经济的影响，都已显著超出最初的预期。截止到2020年12月30日，全球新冠肺炎累计确诊病例超过8200万例，累计死亡病例超过179万例。在新冠肺炎疫情的影响下，2020年中国GDP增速下降至2.3%。新冠肺炎疫情对经济的潜在增速影响也不容忽视。Jordà等（2020）基于历史数据的实证分析发现，在全球范围内死亡数超过10万例的大规模疫情均会对长期经济增长产生显著的影响。

具体而言，新冠肺炎疫情主要会通过以下几条机制影响潜在增速。第一，新冠肺炎疫情的持续蔓延会进一步加剧逆全球化趋势，一些国家会出于国家安全等考虑调整和重构供应链的全球布局，这将导致资源难以达到最优配置，从而降低资源配置效率。第二，新冠肺炎疫情下企业收入与盈利状况均出现显著下滑，从而出现较大规模的缩减用工情况。同时，国内外对人员流动的管控强度都在显著提高，这会显著降低劳动力外出务工的意愿，导致劳动参与率的下降，从而影响劳动力增速。第三，新冠肺炎疫情不仅会通过影响出口影响投资需求，而且还会通过降低居民收入与增加居民预防性储蓄等渠道抑制消费需求，这也会降低生产性投资需求，对资本增速产生影响。根据测算，在新冠肺炎疫情的影响下，2020年中国经济潜在增速将下降约1.2个百分点，2020年中国经济的潜在增速为4.6%。相比于对实际增速的影响，新冠肺炎疫情对潜在增速的影响幅度更小一些。

对于“十四五”时期而言，由于新冠肺炎疫情的演化存在极大的不确定性，因此很难较为精准地预估疫情对潜在增速的影响，本文对几种情形进行大致估算以供参考，分别为情形一、情形二和情形三。情形一的假设情况是，随着疫苗等应对手段的使用，新冠肺炎疫情较为迅速地得到有效控制，由此，

新冠肺炎疫情对经济的影响将逐步减弱，随着人们对疫情担忧情绪的逐步消失，“十四五”末期经济增长将回归至基准情形。情形二的假设情况是，新冠肺炎疫情呈现长期化和常态化情况，预计持续 2～3 年，甚至更久。这就会对全球经济增长形成长期的抑制作用，或引发供应链在全球范围内的重新布局，对“十四五”时期的 TFP 增速产生更为明显的抑制作用。由此，假设“十四五”时期 TFP 增速不再延续回升势头，而是维持低增长水平。同时，疫情的长期化将对资本和劳动力增速产生较为显著的影响，假设该情形下“十四五”时期劳动力增速的每年下滑幅度是基准情形的两倍，新增固定资本增速均值降为 4%。情形三的假设情况是，新型冠状病毒出现变异，导致疫情进一步恶化，对全球经济再次产生严重的冲击，从而对资本、劳动及 TFP 增速产生更为严重的影响，影响幅度是情形二的两倍。综合以上设定，测算得到情形一、情形二和情形三下的“十四五”时期中国经济的潜在增速分别为 4.9%、3.8%和 3.4%。

四、结　　语

对潜在增速进行持续跟踪的测算具有重要的意义。本文基于生产函数法测算发现，近年来，中国经济潜在增速持续下滑，需要引起重视。“十四五”时期中国经济的潜在增速将延续下滑态势，均值预计为 5.1%左右。受新冠肺炎疫情的影响，2020 年中国经济潜在增速下降约 1.2 个百分点，由 5.8%下降至 4.6%。“十四五”时期，受新冠肺炎疫情的影响，潜在增速可能会处于 3.4%～4.9%的区间范围之内。考虑到 2020 年实际的 GDP 增速较低，2021 年 GDP 增速会由于低基数影响出现“跳升”情况，因而“十四五”时期的实际增速均值会高于潜在增速均值。总体而言，未来中国经济仍会面临经济增速趋势性下滑的问题，在要完成跨越“中等收入陷阱”、到 2035 年基本实现社会主义现代化，以及到 2050 年建成社会主义现代化强国等重要任务的要求下，中国需要进一步深化市场化改革，释放经济增长动力，着力提高潜在增速。

参考文献

陈彦斌. 2020-11-16. 宏观政策“三策合一”才能有效应对当前经济复杂格局. https://economy.gmw.cn/2020-11/16/content_34371843.htm?s=gmwreco2[2020-12-16].

郭豫媚，陈彦斌. 2015. 中国潜在经济增长率的估算及其政策含义：1979—2020. 经济学动态，（2）：12-18.
刘伟，陈彦斌. 2020. 2020～2035 年中国经济增长与基本实现社会主义现代化. 中国人民大学学报，（4）：54-68.
刘哲希，陈彦斌. 2020. “十四五”时期中国经济潜在增速测算——兼论跨越“中等收入陷阱”. 改革，（10）：33-49.
王小鲁，樊纲，刘鹏. 2009. 中国经济增长方式转换和增长可持续性. 经济研究，（1）：4-16.
吴国培，王伟斌，张习宁. 2015. 新常态下的中国经济增长潜力分析. 金融研究，（8）：46-63.
徐忠，贾彦东. 2019. 中国潜在产出的综合测算及其政策含义. 金融研究，（3）：1-17.
张军扩，余斌，吴振宇. 2014. 增长阶段转换的成因、挑战和对策. 管理世界，（12）：12-20.
张延群，娄峰. 2009. 中国经济中长期增长潜力分析与预测：2008—2020 年. 数量经济技术经济研究，（12）：137-145.
Jordà O，Singh S R，Taylor A M. 2020. Longer-run economic consequences of pandemics. NBER Working Paper.
King R，Plosser C，Stock J，et al. 1991. Stochastic trends and economic fluctuations. The American Economic Review，81（4）：819-840.
Okun A M.1962. Potential GNP：its measurement and its significance. American Statistical Association.Proceedings of the Business and Economic Statistics Section. Washington：American Statistical Association：98-104.

专题研究二　中国企业创新能力研究报告 2020[①]

《中国企业创新能力百千万排行榜》由中国人民大学企业创新课题组于2017年打造而成。课题组组长为中国人民大学中国经济改革与发展研究院研究员、经济学院教授陈彦斌，副组长为中国人民大学中国经济改革与发展研究院研究员、应用经济学院教授夏晓华，核心成员包括中国人民大学统计学院教授吴翌琳、中央财经大学经济学院副教授尹志锋和中国社会科学院经济研究所副编审陈小亮。该排行榜每年发布一次，对中国所有高新技术企业的创新能力进行全覆盖、全方位的年度评价，是目前国内规模最大、理念最新的企业创新能力排行榜。

该排行榜具有四方面鲜明特色。一是覆盖面广。实现了对中国所有高新技术企业的全覆盖，2017年排行榜覆盖的企业数量为80 000多家，2018年增加到100 000多家，2019年增加到150 000多家，2020年进一步增加到近220 000家。二是评价指标丰富。不仅包括专利数量指标和专利质量指标，还包括创新价值扩散、创新网络宣传等指标。三是理念新颖。采用大数据、网络爬虫等多项数字技术准确提取商标和网络热度等指标信息。四是基础数据翔实可靠。该排行榜依托于《中国企业创新能力数据库》，拥有信息完备、质量可靠的基础性数据作为支撑。

《中国企业创新能力百千万排行榜》的发布对促进中国的企业创新和经济发展具有重要意义。该排行榜不仅有助于增强政府部门与资本市场等社会各界对中国企业创新能力的认知，而且有助于创新驱动发展战略的实施，从而加快中国经济增长由要素驱动向创新驱动转变的步伐，推动中国更顺利地

① 本专题研究已经刊登于光明网https://share.gmw.cn/economy/2020-12/28/content_34499992.htm。

从“高速增长阶段”转向“高质量发展阶段”。

通过对《中国企业创新能力百千万排行榜（2020）》进行细致分析可以发现，当前中国高新技术企业的创新能力具有如下特点。

第一，专利数量保持高增长态势，但专利集中程度依然偏高。

如图 1 所示，根据《中国企业创新能力百千万排行榜（2020）》的统计，2020 年中国高新技术企业前 1000 强的专利数量继续保持高增长态势，专利申请总数高达 165.3 万件，分别比 2019 年和 2018 年增加了 20.6 万件和 52.4 万件；有效专利申请总数达到了 86.1 万件，分别比 2019 年和 2018 年增加了 10.0 万件和 26.3 万件。

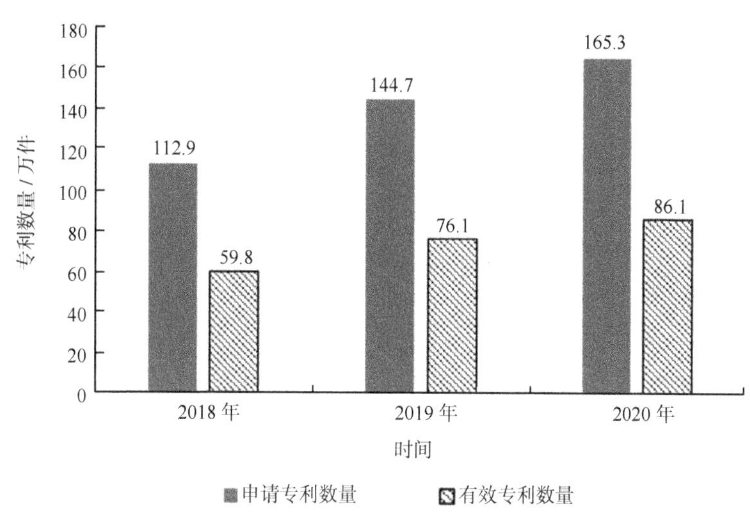

图 1　前 1000 强企业专利数量

不过需要注意的是，绝大部分专利集中在少数企业之上，专利集中程度偏高，尤其集中于前 100 强企业。2020 年，前 100 强企业的专利申请总数为 79.2 万件，有效专利总数为 40.0 万件，占前 1000 强企业的比重分别高达 47.9% 和 46.5%。由此可见，当前头部企业的创新活跃度较强，其他企业的创新活跃程度虽有改善，但仍有不小的进步空间。

第二，专利质量不断提升，但与发达国家的差距依然存在。

从专利质量来看，2020 年中国高新技术企业的发明专利占比有所提高。如图 2 所示，根据《中国企业创新能力百千万排行榜（2020）》测算可知，2020 年，前 1000 强企业申请的发明专利数占申请专利总数的比重为 62.9%，分别比 2019 年和 2018 年提高了 2.9 个百分点和 3.3 个百分点；前 1000 强企业申请的有效发明专利数占有效专利总数的比重为 47.2%，分别比 2019 年和 2018 年提高了 3.3 个百分点和 4.5 个百分点。其中，前 100 强企业的专利质量更高，它们申请的发明专利数占申请专利总数的比重为 66.8%，比前 1000 强企业高出了 3.9 个百分点，有效发明专利数占有效专利总数的比重为 52.4%，比前 1000 强企业高出了 5.2 个百分点。

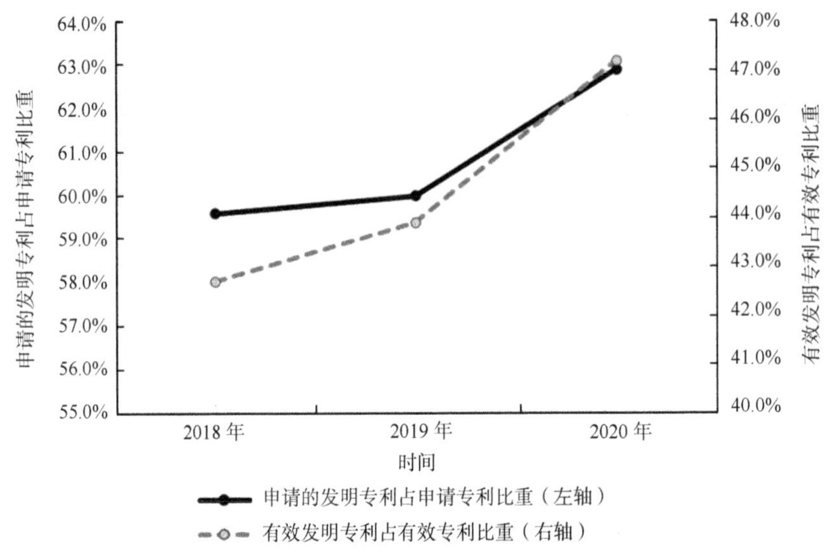

图 2　发明专利占专利总数的比重变化情况

尽管中国高新技术企业的专利质量在不断提升，但与美国、日本等发达经济体相比仍然存在一定差距。数据显示，2014 年和 2015 年美国授权的发明专利占全部授权专利的比重分别高达 92.2%和 91.5%，日本授权的发明专利占全部授权专利的比重也分别达到了 87.9%和 85.6%。由此可以推知，目前中国高新技术企业的专利质量仍显著低于美国和日本等发达经济体，需要进一步提升。

第三，创新企业的区域聚集特征进一步显现，广东、北京、上海、江苏和浙江等地的集聚特征尤为明显。

根据《中国企业创新能力百千万排行榜（2020）》可以发现，中国高新技术企业前 100 强主要集中在经济发达的省区市，最为集中的是北京和广东，分别有 25 家企业入围（图 3），这意味着北京和广东占据了中国高新技术企业前 100 强的半壁江山。此外，上海（9 家）、江苏（7 家）、浙江（7 家）、湖北（6 家）和山东（5 家）入围前 100 强企业的数量也达到或超过了 5 家。上述 7 个地区的高新技术企业共计占据了前 100 强的 84%。剩余地区入围前 100 强企业的数量则少之又少，甚至有 15 个省区市没有企业入围（图 3）。

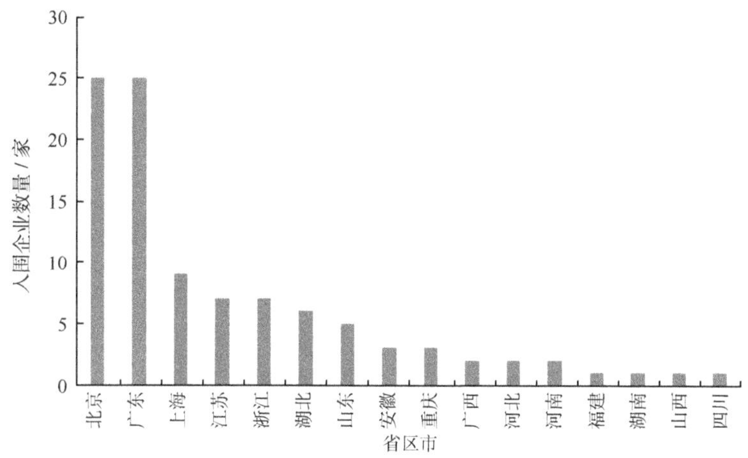

图 3　2020 年前 100 强企业的省际分布

图中列示的是每一个省区市入围企业的数量，没有列出的省区市没有企业入围

图 4 表明，前 1000 强企业的地区分布与前 100 强企业基本一致，最为集中的 5 个省市依次为广东（21.5%）、北京（20.5%）、上海（9.6%）、江苏（8.6%）和浙江（6.5%），前 5 个省市的高新技术企业共计占到了前 1000 强的 66.7%，这一比重比 2019 年进一步提高了 2.9 个百分点。相比之下，经济发展水平相对较为落后的省区市，上榜企业明显偏少。比如，甘肃入围前 1000 强的企业仅有 2 家，海南、吉林、内蒙古、青海、新疆入围前 1000 强的企业分别只有 1 家。

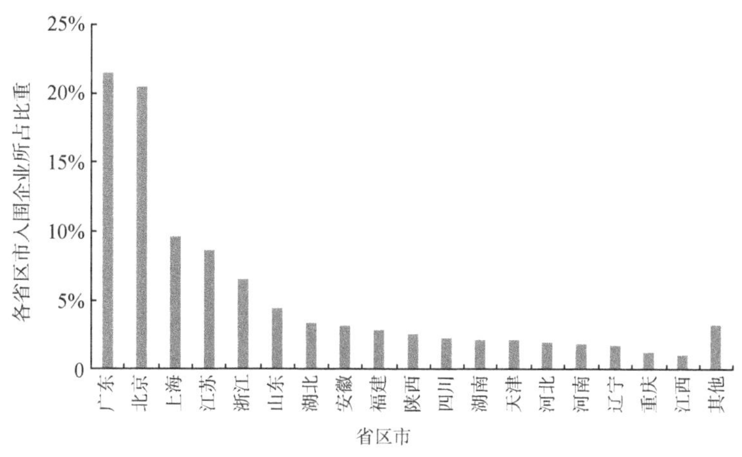

图 4　2020 年前 1000 强企业的省际分布

第四，TMT 企业创新活跃，创新能力突出。

TMT 是电信、媒体和科技（telecommunications，media，technology）三个英文单词的首字母，是电信、互联网与信息技术三者融合的新兴产业。在新一轮以数字化和信息化为核心的技术革命带动下，全球的 TMT 企业快速增长，中国也是如此，《中国企业创新能力百千万排行榜（2020）》显示，前 100 强中的 TMT 企业占据了 1/3 左右。其中，华为技术有限公司、中兴通讯股份有限公司、OPPO 广东移动通信有限公司、维沃移动通信有限公司等企业均在前 100 强中排名前列。此外，北京字节跳动网络技术有限公司、武汉斗鱼网络科技有限公司等新媒体企业快速成长，均跻身中国创新企业前 100 强。

第五，汽车行业迎来创新窗口期，企业创新能力显著提升。

随着新能源汽车及 5G 发展下无人驾驶等新技术趋于成熟，近年来汽车行业进入了技术变革期，迎来了创新窗口期。美国新能源汽车巨头特斯拉已成为全球市值最高的汽车企业，国内的蔚来、小鹏、理想等新型新能源汽车企业快速成长，北汽、上汽、比亚迪、吉利等传统汽车企业纷纷加快转型升级步伐。《中国企业创新能力百千万排行榜（2020）》也显示，2020 年前 100 强创新企业中的汽车企业超过 10 家，仅少于 TMT 企业，汽车企业的创新能力显著提升。

附录　“2020 中国企业创新能力 100 强”榜单①

序号	企业名称
1	华为技术有限公司
2	中兴通讯股份有限公司
3	OPPO 广东移动通信有限公司
4	维沃移动通信有限公司
5	京东方科技集团股份有限公司
6	百度在线网络技术（北京）有限公司
7	TCL 华星光电技术有限公司
8	中芯国际集成电路制造（上海）有限公司
9	北汽福田汽车股份有限公司
10	北京奇艺世纪科技有限公司
11	电信科学技术研究院有限公司
12	珠海格力电器股份有限公司

① 中国人民大学企业创新课题组除了发布“2020中国企业创新能力100强”榜单，还发布了“2020中国企业创新能力1000强”榜单，详情参见：https://economy.gmw.cn/2020-12/28/content_34499819.htm。

续表

序号	企业名称
13	腾讯科技（深圳）有限公司
14	北京奇虎科技有限公司
15	上海华虹宏力半导体制造有限公司
16	联想（北京）有限公司
17	中国电力科学研究院有限公司
18	广东小天才科技有限公司
19	重庆长安汽车股份有限公司
20	广东美的制冷设备有限公司
21	奇瑞汽车股份有限公司
22	网易（杭州）网络有限公司
23	北京金山安全软件有限公司
24	北京京东尚科信息技术有限公司
25	四川长虹电器股份有限公司
26	努比亚技术有限公司
27	北京小米移动软件有限公司
28	长城汽车股份有限公司
29	展讯通信（上海）有限公司
30	中联重科股份有限公司
31	大唐移动通信设备有限公司
32	宇龙计算机通信科技（深圳）有限公司
33	新华三技术有限公司
34	潍柴动力股份有限公司
35	浙江吉利汽车研究院有限公司
36	杭州海康威视数字技术股份有限公司
37	中国科学院化学研究所
38	上海汽车集团股份有限公司
39	青岛海尔洗衣机有限公司
40	广州视源电子科技股份有限公司
41	上海联影医疗科技股份有限公司
42	深圳光启创新技术有限公司
43	天马微电子股份有限公司
44	深圳市大疆创新科技有限公司

续表

序号	企业名称
45	海信视像科技股份有限公司
46	好孩子儿童用品有限公司
47	南方电网科学研究院有限责任公司
48	九牧厨卫股份有限公司
49	宁波方太厨具有限公司
50	中国运载火箭技术研究院
51	北京新能源汽车股份有限公司
52	中信戴卡股份有限公司
53	歌尔股份有限公司
54	力帆实业（集团）股份有限公司
55	北京汽车股份有限公司
56	浪潮电子信息产业股份有限公司
57	上汽通用五菱汽车股份有限公司
58	大族激光科技产业集团股份有限公司
59	中国石油化工股份有限公司上海石油化工研究院
60	南京德朔实业有限公司
61	广东新宝电器股份有限公司
62	中国建筑第八工程局有限公司
63	平安科技（深圳）有限公司
64	广西玉柴机器股份有限公司
65	北京汽车研究总院有限公司
66	安徽江淮汽车集团股份有限公司
67	深圳市海洋王照明工程有限公司
68	富士康（昆山）电脑接插件有限公司
69	浙江绍兴苏泊尔生活电器有限公司
70	国电南瑞科技股份有限公司
71	北京国双科技有限公司
72	深圳迈瑞生物医疗电子股份有限公司
73	烽火通信科技股份有限公司
74	北京字节跳动网络技术有限公司
75	博众精工科技股份有限公司
76	京信通信系统（中国）有限公司

续表

序号	企业名称
77	北京有色金属研究总院
78	武汉斗鱼网络科技有限公司
79	上海华力微电子有限公司
80	同方威视技术股份有限公司
81	浙江大华技术股份有限公司
82	中国水利水电科学研究院
83	中铁第四勘察设计院集团有限公司
84	昆山国显光电有限公司
85	中国一冶集团有限公司
86	深圳怡化电脑股份有限公司
87	许继集团有限公司
88	航天信息股份有限公司
89	合肥华凌股份有限公司
90	隆鑫通用动力股份有限公司
91	郑州宇通客车股份有限公司
92	广州视睿电子科技有限公司
93	欧普照明股份有限公司
94	中冶南方工程技术有限公司
95	东风商用车有限公司
96	徐州重型机械有限公司
97	三一重工股份有限公司
98	山西太钢不锈钢股份有限公司
99	深圳天珑无线科技有限公司
100	北京三快在线科技有限公司

专题研究三　宏观政策“三策合一”才能有效应对当前经济复杂格局[①]

2020 年新冠肺炎疫情的出现扰乱了中国及全球经济的运行。虽然从短期来看，2020 年前三季度中国经济增速实现了“V”形反弹，疫情下所取得的经济发展成绩举世瞩目，但是“十三五”时期中国经济增速一直延续着下滑趋势，经济发展面临的压力与挑战是前所未有的。而且，既有宏观调控理论及在此基础上所构建的宏观政策框架难以妥善应对当前中国经济所处的复杂格局。站在迈向社会主义现代化强国第二个百年奋斗目标的新起点上，中国需要对宏观经济理论与政策框架进行重构，统筹稳定政策、增长政策和结构政策，实行宏观政策“三策合一”的新调控理念与思路，才能有效化解当前中国经济的复杂格局，帮助中国经济在“十四五”时期顺利跨越“中等收入陷阱”，并达成“到 2035 年基本实现社会主义现代化”的宏伟目标。

一、当前中国经济面临的复杂格局

2020 年一季度以来，在经历了新冠肺炎疫情的巨大冲击之后，中国经济的生产和消费需求持续稳步回升。三季度 GDP 增速已回归至 4.9%的相对正常水平，工业产能利用率也达到了 76.7%，高于上年同期 0.3 个百分点。9 月，规模以上工业增加值更是同比实际增长 6.9%，高于上年同期 1.1 个百分点。在全世界经济低迷的大环境下，中国经济所取得的成绩令人瞩目。不过，看到成绩的同时也应认识到中国经济仍然存在隐忧，经济发展面临的局面既复

① 作者：陈彦斌，中国人民大学国家经济学教材建设重点研究基地、经济学院。本专题研究已经刊登于光明网https://economy.gmw.cn/2020-11/16/content_34371843.htm。

杂又严峻，主要体现在以下几个方面。

第一，短期与长期经济增长均存在较大的下行压力。短期的经济下行压力主要表现为三大需求的疲软。就消费而言，2020 年前三季度全国居民人均消费支出同比实际下降了 6.6%，这与前三季度 0.7%的 GDP 增速形成鲜明对比。其中，城镇居民人均消费支出同比实际降幅更是达到了 8.4%。就投资而言，虽然前三季度全国固定资产投资增长了 0.8%，但是投资增速的回升态势已经出现放缓迹象，9 月固定资产投资增速较 8 月回落了 0.6 个百分点，已经出现拐点。更值得注意的是，前三季度全国固定资产投资的增长主要依托于房地产开发投资与国有控股投资的较快增长，两者增速分别达到 5.6%和 4.0%。相比之下，前三季度民间投资不仅没有增长，反而下降了 1.5%，由此反映出投资需求的内在增长动力依然偏弱。就出口而言，1～10 月出口总额（人民币计价）增速达到 2.4%，高于消费和投资增速，不过这主要源于防疫物资、居家办公等物资出口的快速增长，剔除这一影响后，出口增速仍然处于较低水平。而且，在全球经济增长低迷的情况下，未来出口需求将持续承受压力。综合上述三方面因素可知，短期内中国经济依然面临不小的下行压力。

长期的经济下行压力主要表现为长期潜在增速的下滑，从而或难以完成 2035 年的经济增长目标。2020 年是中国全面建成小康社会的收官之年，将开启迈向社会主义现代化强国第二个百年奋斗目标的新征程。其中，2020～2035 年是迈向社会主义现代化强国的关键时期。虽然社会主义现代化的内涵是广泛的，但必须要以一定的经济增速作为有力支撑。笔者的最新研究表明，基于党的十九大报告所提出的 2035 年经济发展设想与要求，2020～2035 年中国经济至少要完成人均实际 GDP 翻一番的增长目标，而这需要 2020～2035 年中国年均经济增速达到 4.8%。但是，从增长核算框架来看，当前中国经济正处于资本和劳动等“老动力”不断减弱而全要素生产率与人力资本等“新动力”不足的转型时期，潜在增速呈现持续下滑态势。预计“十四五”时期中国经济潜在增速平均值将降至 5.1%，而 2020～2035 年潜在增速的平均值将进一步降至 3.8%，由此难以完成人均实际 GDP 翻一番的目标，从而也难以达到基本实现社会主义现代化的要求。

第二，宏观杠杆率持续攀升，高债务压力仍在不断增加。高债务是中国迈向高质量发展与社会主义现代化过程中亟待解决的重要问题。2008 年全球金融危机等多次危机的教训表明，高债务不仅会显著地抑制经济增长，而且还容易触发系统性金融危机。截至 2019 年末，根据国际清算银行的数据，中国宏观杠杆率（债务总额/GDP）已高达 258.7%，2010～2019 年上升了 83.6 个百分点，该增幅甚至已大幅超过 2008 年全球金融危机之前十年间美国杠杆率的增幅。2019 年末，中国的宏观杠杆率不仅显著高于新兴经济体的平均水平（194.1%），而且已经超过美国等部分发达经济体。分部门来看，中国的企业部门杠杆率为 149.3%，在主要经济体中居于首位，其中 2/3 的债务负担集中于国有企业。居民部门债务总额在 2010～2019 年增长了 6 倍之多，如果采用"债务总额/居民可支配收入"测度，中国居民部门杠杆率已经超越美国。政府部门杠杆率为 54.2%，尽管表面上不高，但地方政府隐性债务问题较为严峻，据测算，2019 年末地方政府隐性债务规模已经超过 30 万亿元。针对高债务问题，政府部门高度重视，并提出了结构性去杠杆的新思路，但总体上效果并不理想。2020 年以来，由于居民、企业与政府等各部门的债务规模有所扩张并且经济增速显著下滑，宏观杠杆率仍在进一步攀升。

第三，物价水平结构性分化特征明显，多次出现居民消费价格指数（consumer price index，CPI）上涨而生产价格指数（producer price index，PPI）下跌的局面。过去一段时期内，有关中国经济究竟是面临通缩还是通胀的问题引发了广泛讨论，主要原因在于物价水平呈现明显的结构性分化特征，其鲜明特征是 CPI 上涨的同时 PPI 不涨反跌。在 2012 年 3 月至 2016 年 8 月这一长达 54 个月的时间里，中国持续处于 CPI 上涨而 PPI 下跌的结构性分化局面，2019～2020 年中国则又经历了新一轮 CPI 与 PPI 结构性分化的局面。一方面，猪肉、蔬菜等食品价格快速上涨，推动 CPI 涨幅持续扩大，呈现通胀特征。2019 年，食品价格同比涨幅高达 9.2%，推动 CPI 涨幅达到 2.9%，为 2012 年以来年度 CPI 涨幅最高点。2020 年前三季度，食品价格同比涨幅更是达到了 14.3%，致使 CPI 涨幅达到 3.3%。另一方面，PPI 多次出现持续下行态势，呈现通缩特征。2019 年，在 CPI 涨幅创下近年来新高的情况下，PPI 同比下降 0.3%，2020 年前三季度，PPI 同比降幅更是扩大至 2 个百分点。物价水平的结构性分化现象导致宏观政策，尤其是货币政策陷入左右两难的局面，也凸显了当前中国经济所面临的复杂格局。

第四，实体经济较为低迷导致资金"脱实向虚"倾向加剧，部分资产价格存在泡沫化风险。通常而言，资产泡沫往往是在经济繁荣时期出现，但近年来，中国在实体经济运行承受较大压力的情况下反而面临较为严峻的资产泡沫化风险。其主要原因在于，实体经济投资回报率下降，由此虽然流动性整体相对充裕，但愿意进入实体经济的资金减少，更多是“脱实向虚”而进入金融体系或在房地产部门逐利，从而助推资产泡沫化风险。比如，房价泡沫化风险近年来一直是政府部门高度关注的风险点，2016 年中央经济工作会议针对房地产价格快速上涨的势头，明确提出要“着力防控资产泡沫”。此后，中央更是确立了“房住不炒”的定位，并着力构建房地产长效机制。纵然如此，房价泡沫化倾向依然较为明显。截至 2020 年三季度末，全国住房平均价格水平较 2016 年底又增长了 40%之多。此外，2020 年初，为了应对新冠肺炎疫情，货币政策释放了较为充裕的流动性，但所释放的资金更多还是流入金融体系之中，增加了股市的泡沫化倾向。

二、既有宏观调控理论与宏观政策框架难以有效应对当前复杂的经济格局

既有的宏观调控理论主要建立在新凯恩斯主义框架之上，其核心是使用货币政策和财政政策对经济进行逆周期调节，促使一个经济体的产出缺口与通胀缺口维持在零附近的状态，从而降低短期内资源的无效或低效配置。然而，上述宏观调控理论和宏观政策框架难以有效应对当前中国经济面临的复杂格局。

第一，由于经济的短期与长期下行压力并存，导致产出缺口“被动”收窄，若遵循既有宏观调控理论，宏观政策无须较大力度调节，但是这显然难以应对中国经济所面临的下行压力。产出缺口一般可近似看作一个经济体的短期实际增速与长期潜在增速之差。近年来，中国经济实际增速降幅明显，由 2011 年的 9.6%下降至 2019 年的 6.1%。但与此同时，潜在增速也持续下行，从而导致产出缺口不仅没有显著扩大，反而由 2012 年的–1%左右收窄至 2019 年的–0.2%左右，呈现产出缺口“被动”收窄的状态。如果遵循既有宏观调控理论，宏观政策所关注的产出缺口处于理想状况，因此不需要宏观政策过多地干预。但这一做法显然是不合理的，它难以应对当前中国经济的下行压力。这是因为，新凯恩斯主义将短期与长期区分开来，并将潜在增速变化看作外生过程。但现实中，中国经济面临的是短期实际增速与长期潜在增速同时下行的局面，二者之间已出现相互叠加的螺旋式下行迹象，如果不使用宏观政策进行较大力度的调节，将会导致中国经济陷入更为复杂严峻的局面。

第二，经济下行背景下的高债务压力会对宏观政策形成新的制约，进一

步导致宏观政策难以破解当前格局。高债务压力对宏观政策的制约主要体现在三个方面。一是对宏观政策力度的制约。经济下行背景下的高债务压力使宏观政策面临“稳增长”与“防风险”的权衡，如果加大货币政策或财政政策力度“稳增长”，容易导致经济体的高债务压力进一步攀升，因此，“防风险”会对宏观政策的“稳增长”力度形成制约。二是对宏观政策空间的制约。宏观政策空间的大小决定了宏观政策的可持续性，尤其是在应对经济下行压力时，如果宏观政策不可持续，很容易打击市场信心，进而导致宏观调控的效果大打折扣。当前，高债务压力，尤其是政府债务压力已经对财政政策空间形成了明显制约，未来财政政策空间还将进一步收窄。三是对宏观政策有效性的制约。笔者的相关研究表明，由于高债务下大量负债主体进行“借新还旧”的滚动负债行为，资金难以真正流入实体经济，导致近年来货币政策的“稳增长”能力显著减弱。同时，政府债务，尤其是地方政府隐性债务对民间投资的挤出作用不断增强，也降低了财政政策的乘数效应。

第三，在物价水平结构性分化及资产价格泡沫化风险的掣肘下，宏观政策尤其是货币政策陷入两难困境。在既有的宏观调控理论与宏观政策框架下，货币政策的核心任务是维持物价水平的稳定。然而，在当前复杂的经济局面下，货币政策将会陷入左右两难的境地。一旦出现 CPI 与 PPI 背离，并且 CPI 为正 PPI 为负的局面，如果是盯住 CPI 的变化，那么货币政策应该有所收紧，但这显然会进一步加大经济的下行压力，是不可取的；如果是盯住 PPI 的变化，那么货币政策应该加大力度，增加流动性，但这又可能加剧资产价格的泡沫化风险，不利于守住不发生系统性金融风险的底线。由此可见，在复杂的经济局面下，传统宏观政策的操作空间会被大幅压缩，既有宏观调控理论的适用性显著下降。

总体而言，面对近年来复杂严峻的经济运行态势，中国的宏观调控体系已经做出了大量针对性的调整与创新，如提出了“微刺激”、定向调控、区间调控、总需求管理与供给侧结构性改革相结合、结构性去杠杆等新思路和新做法。纵然如此，中国经济所面临的相关问题仍然没有得到彻底地解决，尤其是经济增速持续下行的趋势没有得到扭转。究其根源，既有的宏观调控理论与宏观政策框架难以有效应对中国所面临的复杂经济格局，即使进行“小修小补”也不能改变本质问题。新冠肺炎疫情的出现扰乱了经济的短期走势，使经济增速短暂地出现“V”形回升，但这并不意味着复杂局面的改善，相反，疫情冲击必然将会进一步加剧经济局面的复杂性。笔者认为，要想妥善应对当前复杂的经济局面，必须对既有的宏观调控理论与宏观政策框架进行重构。

三、宏观政策“三策合一”才能更有效地应对当前经济复杂格局

在广义的宏观政策框架中，最重要的三类宏观政策是稳定政策（逆周期调节政策）、增长政策和结构政策。不过在既有的宏观调控理论和宏观政策框架中，对于三者的讨论与研究是割裂的，没有纳入统一框架，在政策实践过程中三类政策也往往各行其是。这主要源于传统的二分法范式所带来的禁锢。稳定政策是现代宏观经济学的源头，即凯恩斯主义的核心思想，也是既有宏观政策框架的核心，旨在熨平短期经济波动并维护金融稳定。增长政策及其理论是新古典主义宏观经济学的重要基石，旨在促进长期经济增长。结构政策旨在实现最优经济结构，在既有宏观理论和宏观政策框架下讨论得相对较少。基于已有的理论研究探索与中国的宏观调控经验，笔者认为，需要打破既有的宏观调控理念和思路，将稳定政策、增长政策和结构政策有机融合起来，实现“三策合一”，秉承新的宏观调控理念、打造新的宏观调控框架，才能有效应对当前中国经济所面临的复杂格局。

第一，稳定政策需要增加对长期潜在增速缺口的关注，兼顾短期与中长期的最优增长路径。潜在增速缺口是指潜在增速对长期合理潜在增速的偏离。理论上，长期合理的潜在增速应该是一条平缓的曲线，如果在一定时期内潜在增速出现过大幅度的变化，那就意味着出现了潜在增速缺口，需要使用稳定政策进行干预，而非新凯恩斯主义所主张的是不需关注。具体到中国，近年来潜在增速过快地下行，实际上出现了负向的潜在增速缺口。如果按照既有宏观调控理论，稳定政策只关注产出缺口，潜在增速下行会导致产出缺口“被动”收窄，就不需要进行较多干预，从而导致潜在增速下滑与实际增速下滑相叠加的恶性循环。如果将潜在增速缺口纳入稳定政策的目标之中，稳定政策就需要对潜在增速缺口做出必要反应，即要让产出缺口保持为正，以收窄负向潜在增速缺口。这要求稳定政策要加大力度，从而有助于中国经济走出潜在增速与实际增速螺旋式下滑的困境，帮助中国宏观调控走出困局。换言之，在兼顾短期与中长期的最优增长路径的情况下，未来3～5年中国宏观调控不能再以产出缺口为零作为最优目标，而是要让产出缺口保持为正的状态，理想情况是让产出缺口保持在0.3%左右。

第二，增长政策既要挖掘中国经济增长的“老动力”，又要增强“新动力”，防止潜在增速过快下滑，从而促进“十四五”时期与 2035 年发展目标的顺利实现。就资本和劳动力两大“老动力”而言，虽然目前一些传统制造业与基建领域存在产能过剩问题，但未来中国还是可以通过放松管制等手段释放新领域的投资空间，激发民间投资活力，提高投资效率，提升资本质量，继续增强资本对经济增长的拉动作用。劳动力数量虽然受到人口老龄化进程的影响开始减少，但通过户籍和土地等制度改革，促进人口流动以优化劳动力供给结构，也可以释放新一轮劳动人口红利，从而促进经济增长。就人力资本与全要素生产率两大“新动力”而言，通过健全生产要素由市场评价贡献、按贡献决定报酬的机制，提高劳动报酬在初次分配中的比重，将有效提高人力资本的投资回报率，促进人力资本的积累。同时，以要素市场化改革为核心抓手，加快构建统一开放、竞争有序的要素市场体系，保障不同市场主体平等获取生产要素，将能够有效促进资源配置效率的提升，并激发市场主体的创新能力，从而提高全要素生产率。笔者的最新测算结果表明，如果上述增长政策发挥积极作用，那么 2020～2035 年中国经济潜在增速的平均值将会达到 5.3%左右。由此，2035 年人均实际 GDP 水平将达到 2020 年的 2.1 倍，从而完成翻一番的增长目标，为基本实现社会主义现代化打下坚实基础。

第三，结构政策要以解决收入分配结构失衡为核心抓手，切实扩大中等收入群体规模，从而缓解经济下行压力并提高稳定政策的调控效率。党的十九大报告指出，“中国特色社会主义进入新时代，我国社会主要矛盾已经转化为人民日益增长的美好生活需要和不平衡不充分的发展之间的矛盾”①。“不平衡不充分的发展”的核心表现就在于经济结构失衡，如收入分配结构失衡（基尼系数长期处于 0.4 的警戒线之上）、总需求结构失衡（消费占 GDP 的比重偏低）、产业结构失衡（第三产业占比偏低）、城乡与区域结构失衡（各地区之间人均收入水平相差过大）等。其中，收入分配结构失衡是最为关键的问题，它既是其他结构性失衡出现的重要原因，也会导致经济下行压力加大、货币与财政政策等稳定政策的调控效率降低。具体而言，收入分配结构失衡状态下中等收入群体规模偏小，而中等收入群体是一个经济体中消费的核心力量，由此就会使得消费率偏低，从而导致总需求结构失衡。同时，收

① 《习近平：决胜全面建成小康社会 夺取新时代中国特色社会主义伟大胜利——在中国共产党第十九次全国代表大会上的报告》，http://www.xinhuanet.com/2017-10/27/c_1121867529.htm，2021年3月10日。

入分配结构失衡状态下消费需求疲软，还会导致总需求不足，从而加大经济下行压力，阻塞货币与财政政策对消费的传导作用，从而降低稳定政策的调控效率。因此，未来的结构政策要以解决收入分配结构失衡为核心抓手，切实扩大中等收入群体规模，这既有助于缓解经济下行压力，从而促进增长政策更好地发挥作用，也有助于提高稳定政策的调控效率，从而帮助宏观政策破解当前复杂的经济局面。

最后需要强调的是，诚然，与既有宏观调控理论及西方国家的宏观政策框架相比，中国特色宏观调控体系的内涵本身就较为丰富，包含稳定政策、增长政策和结构政策，但通常也只是按照“稳定政策管短期、增长政策管长期、结构政策管结构”的思路进行调控，三者之间是相对割裂的，尚未形成合力。笔者提出的“三策合一”的新思路和新框架旨在充分发挥我国的体制优势，加强各部门之间的政策协调，从而将稳定政策、增长政策和结构政策三者有机结合起来，通过明确各类政策的切入点与核心抓手，形成统一合力。“三策合一”既能提高宏观调控体系的整体效率，又能节约宝贵的政策空间，从而助推中国经济实现更高质量的发展，促使中国顺利跨越“中等收入陷阱”并迈向社会主义现代化。

专题研究四　“十四五”时期中国经济潜在增速测算①

——兼论跨越“中等收入陷阱”

一、引　言

“十四五”时期对于中国经济发展具有重要的战略意义，其是“两个一百年”奋斗目标的历史交汇期，肩负着承上启下的重要使命。以全面建成小康社会为新起点，“十四五”时期中国将开始向建成社会主义现代化强国的第二个百年奋斗目标迈进。党的十九大报告综合分析了国际国内形势和中国实际发展条件，将向第二个百年奋斗目标的迈进过程划分为两个阶段。第一个阶段，从 2020 年到 2035 年，在全面建成小康社会的基础上，再奋斗十五年，基本实现社会主义现代化。第二个阶段，从 2035 年到 21 世纪中叶，在基本实现现代化的基础上，再奋斗十五年，把我国建成富强民主文明和谐美丽的社会主义现代化强国。虽然社会主义现代化的内涵是广泛的，但不可忽视的是，经济体量的较快增长与人均收入水平的持续提升是一个国家迈向现代化的重要基础。刘伟和陈彦斌（2020）从跨越“中等收入陷阱”、跻身创新型国家前列及迈向发达经济体等三个维度进行分析后认为，中国要到 2035 年基本实现社会主义现代化，需要在 2020～2035 年至少完成人均实际 GDP 水平翻一番的任务，年均 GDP 实际增速达到 4.8%左右。

“十四五”时期作为迈向社会主义现代化强国新征程的开局五年，实际上将面临更高的增速要求。这是因为，改革开放以来，中国经济发展取得了

---

① 作者：刘哲希，对外经济贸易大学国际经济贸易学院；陈彦斌，中国人民大学经济学院。本专题研究已经发表于《改革》2020年第10期。

举世瞩目的伟大成就，中国不仅跃升为全球第二大经济体，而且正在不断缩小与第一大经济体——美国的差距。经济增长理论与各国发展经验都表明，伴随着一个国家经济体量的持续增长与技术水平不断接近世界前沿，其经济增速都会呈现趋缓态势。事实上，近年来，中国经济增速已经进入换挡期，2012～2019 年中国 GDP 增速均值为 7%，显著低于 1978～2011 年 10%的平均水平。因此，如果要使 2020～2035 年年均 GDP 实际增速保持在 4.8%左右，那么“十四五”时期的理想情况下是保持在 5.5%左右。由此，“十四五”时期中国经济的潜在增速预计能够达到多少[①]，能否为建设社会主义现代化强国的新征程打下坚实基础，就成为亟待回答的关键问题，这也是本文的主要工作。

二、相关文献综述

从已有研究来看，对潜在增速进行预测分析的方法主要有国际经验类比法、趋势估计法、结构向量自回归法、DSGE 模型估计法和生产函数法等几类（徐忠和贾彦东，2019）。就国际经验类比法而言，其是基于经济增长的条件收敛假设，认为在相同发展阶段中各国经济增速应有相似的变化趋势（Barro，2016）。不过，国际经验类比方法由于过度重视各国经济增长收敛的共性，忽略了不同国家在经济体制与人口等资源禀赋条件上的差异，由此难以准确估算一个经济体的潜在增速（蔡昉，2016）。就趋势估计法而言，其核心思想是认为实际产出围绕潜在产出波动，因此可以使用统计方法分离出经济产出的周期项和趋势项，后者即为一个经济体的潜在产出。趋势估计方法[②]的不足之处在于只能估算经济增长的长期趋势，这与潜在产出的定义有一定差距，而且得到的估计结果稳健性较弱。就结构向量自回归法而言，其是使用 SVAR 模型识别一个经济体所面临的永久性和暂时性冲击，从而估算一个经济体的潜在产出与产出缺口。这种方法对数据的要求较高，特别是要依靠覆盖较长时期的失业率方面的数据进行识别。国内仅有赵昕东（2008）、郭红兵和陈平（2010）等少数研究采用此方法估计中国的潜在增速。就 DSGE 模型估计法而言，其是以新凯恩斯理论作为理论基础，将潜在产出定义为不

① 潜在增速是指潜在产出的增长速度。潜在产出是指在不引起通货膨胀的情况下一个经济体所能取得的可持续的最大产出。

② 目前使用最为广泛的趋势估计方法有两种，一种是单变量HP滤波，另一种是多变量Kalman滤波。

存在名义刚性或工资与价格完全弹性时的产出水平。虽然 DSGE 模型能够对微观个体决策与外生冲击等要素做出细致刻画，但也导致 DSGE 模型的设定较为复杂，潜在产出的估计结果对模型的具体设定依赖性较强，估计结果对模型参数较为敏感。由此，DSGE 模型估算的结果一般与其他方法估算结果的差异较大。

相比之下，生产函数法是测算潜在产出最常用的方法，其以新古典增长理论为基础，将总产出表示为各投入要素的函数，并且将潜在产出定义为当各投入要素充分利用时的产出水平。常见的生产函数形式主要包括 C-D 生产函数和 CES 生产函数两种。其中，C-D 生产函数的使用最为普遍，主要是因为该函数的要素产出弹性具有明确的经济学含义并且易于估计。CES 生产函数更多用于构建微观层面的生产函数。因为生产函数法不依赖于经济产出本身的历史变化趋势，并且能够准确把握产出在供给端层面的核心特征，所以目前已成为 OECD、IMF 及各国央行等官方机构普遍认可的潜在产出估算方法。[①]国内研究对生产函数法的运用也在不断增多，生产函数法已成为估算并预测中国经济潜在增速的主要方法（中国人民银行营业管理部课题组，2011；郭豫媚和陈彦斌，2015；陆旸和蔡昉，2016；陈彦斌和刘哲希，2016）。

有鉴于此，本文将基于生产函数法对“十四五”时期中国经济的潜在增速进行测算与情景分析。在以往相关研究的基础上，本文在测算过程中主要有以下几点有所改进的地方。第一，由于不变的要素产出弹性难以妥善刻画中国经济的实际情况，因此本文采用状态空间模型对资本产出弹性进行动态估计。第二，在资本存量的估算上，本文系统对比了固定资本形成总额与固定资产投资总额的区别，并采用可变的资本折旧率对资本存量进行估计。第三，不同于以往研究主要以国家统计局每年公布的就业总人数作为劳动力供给的代理指标，本文考虑到中国的城乡二元体制问题，由此采取有效劳动供给的概念对中国的劳动供给规模进行测算。此外，在测算了基准情形下“十四五”时期中国经济潜在增速的基础上，本文基于外部环境、新冠肺炎疫情的影响及经济与金融风险等三种主要不确定性，对“十四五”时期中国经济的潜在增速进行一定的情景分析。

结合测算结果，本文进一步探讨“十四五”时期中国是否能够跨越“中等收入陷阱”这一重要问题。众所周知，跨越“中等收入陷阱”是中国在迈

① 生产函数法也存在一定的不足，比如，这一方法主要利用要素投入反映经济体的供应端情况，没有考虑与通胀之间的关系，因此并不能代表该要素的“充分利用水平”。

向社会主义现代化强国过程中必须要完成的一项重要任务。近年来围绕中国是否会陷入“中等收入陷阱”，以及中国何时能跨越“中等收入陷阱”等一系列问题，已有研究展开了较为丰富的讨论（郑秉文，2011；蔡昉，2011；张德荣，2011；郭熙保和朱兰，2016）。不过，大部分现有研究更多是将跨越“中等收入陷阱”简单地等价于人均国民总收入达到高收入国家的门槛值，这一点其实值得商榷，而且很可能会导致低估“中等收入陷阱”所蕴含的潜在风险。本文将更为全面地分析跨越“中等收入陷阱”需要满足的条件与标准，并结合“十四五”时期中国经济潜在增速的测算结果，对中国在“十四五”时期能否真正跨越“中等收入陷阱”进行研判。

三、“十四五”时期中国经济潜在增速测算：基于生产函数法

（一）测算框架设定

本文首先将总量生产函数设定为附加人力资本的C-D形式：

$$Y_t = A_t K_t^{\alpha_t} H_t^{\beta_t} \quad (1)$$

其中，Y_t为一个经济体的实际产出水平；A_t为全要素生产率（以下简称TFP）；K_t为资本存量；H_t为附加人力资本的劳动，是劳动数量L_t与人力资本存量E_t的乘积；α_t和β_t分别为资本和附加人力资本劳动的产出弹性，且有$\alpha_t+\beta_t=1$。[①]需要说明的是，以往相关研究所估计的要素产出弹性通常为一个样本区间内的平均值，难以体现要素产出弹性在各个时点的动态变化。考虑到中国不处于经济增长的稳态阶段，经济结构在不断发生变化，因而不变的要素产出弹性难以妥善刻画中国经济的实际情况（吴国培等，2015；陈彦斌和刘哲希，2016），本文在（1）式两端同时除以H_t，并采用状态空间模型对资本产出弹性进行动态估计，由此设定状态空间模型如下：

$$\text{量测方程：}\ln\left(\frac{Y_t}{H_t}\right) = \alpha_t \ln\left(\frac{K_t}{H_t}\right) + \eta t + c + \gamma_t \quad (2)$$

$$\text{状态方程：}\alpha_t = b + \theta\alpha_{t-1} + \xi_t \quad (3)$$

假设α_t服从AR（1）过程；θ为自回归系数；γ_t和ξ_t为独立且服从正态分布的随机扰动项；c和b为截距项；t为时间趋势项，以控制TFP的趋势变

① Wald检验结果表明，在10%的显著性水平上不能拒绝$\alpha_t+\beta_t=1$。因此，设定生产函数符合规模报酬不变特征。

动，η为时间趋势项系数。利用 OLS 回归确定模型的初始状态和参数初值，然后采用 Kalman 滤波对状态空间模型中的参数和未知变量进行估计，即可得到资本产出弹性和附加人力资本的劳动产出弹性的动态变化参数。得到动态变化的要素产出弹性参数之后，要进一步估算 TFP 的增长率，即把（1）式转化为增长率形式，并将 $\alpha_t+\beta_t=1$ 代入，由此可得

$$\frac{\mathrm{d}A_t}{A_t}=\frac{\mathrm{d}Y_t}{Y_t}-\alpha_t\frac{\mathrm{d}K_t}{K_t}-(1-\alpha_t)\frac{\mathrm{d}H_t}{H_t} \tag{4}$$

在此基础上，可以计算各生产要素对经济增长的贡献率及经济的潜在增速。就贡献率而言，将各个要素的增长率乘以相应的要素产出弹性之后除以实际产出的增长率，即可得到各个生产要素对经济增长的贡献率。就潜在增速而言，对各年的资本存量值、附加人力资本的劳动和 TFP 等时间序列数据进行 HP 滤波处理得到趋势值，然后代入生产函数中可以得到相应年份的潜在产出，从而可以计算得到潜在增速。

（二）数据选取与处理

模型的数值求解过程中，需要对数据进行处理，主要包括 1978～2019 年的实际产出、人力资本、劳动力数量及资本存量。实际产出方面，本文采用经 GDP 平减指数调整后的实际 GDP，相关数据来自历年《中国统计年鉴》。人力资本方面，参照以往文献的一般做法，本文采用劳动力的人均受教育年限这一指标衡量人力资本的变化情况。其中，1978～2007 年劳动力人均受教育年限数据来自王小鲁等（2009）的测算，2008～2019 年劳动力人均受教育年限数据基于历年《中国劳动统计年鉴》的统计数据。

这里需要着重说明的是劳动力数量与资本存量两个数据的测算。劳动力数量方面，国外研究主要采用工作小时数这一指标，由于中国缺乏劳动投入时间的相关统计资料，因此对于劳动要素的处理主要采取以下两种替代方式。一是采用就业人员数量作为劳动供给规模的代理变量，经 HP 滤波处理后得到的趋势值作为潜在的劳动供给。二是将劳动就业人数与经济活动人口的比值定义为劳动参与率，经 HP 滤波处理后得到潜在的劳动参与率，并将这一潜在劳动参与率与经济活动人口数的乘积作为潜在的劳动供给数量。

在此基础上，本文认为不应忽视的一个关于中国经济的典型事实是，在城乡二元体制下，农村剩余劳动力难以向城镇实现完全转移，由此有一部分劳动力由于难以得到就业机会而只能留在农业部门务农。从数据统计上看，

这部分人群一般被算作在第一产业就业，但其实劳动力并没得到充分利用，由此一定程度上掩盖了农村部门的隐性失业现象（温兴祥，2017）。通过比较各主要经济体的第一产业就业的占比与增加值占 GDP 的比重，也可以发现这一问题。由图 1 可以看到，对于美国等发达经济体而言，第一产业就业的占比基本在 5%以下，OECD 成员方的平均水平为 4.8%。相应地，第一产业增加值占 GDP 的比重也偏低，基本上在 2%左右。这意味着第一产业的劳动生产率能够达到第二和第三产业的 1/2 左右。相比之下，中国在城乡二元的结构下，第一产业就业的占比高达 25%以上，而第一产业增加值占 GDP 的比重仅能达到 7%左右，这意味着第一产业的劳动生产率仅为第二和第三产业的 1/4 左右。因此，考虑到第一产业较为庞大的就业规模与相对偏低的生产效率，将第一产业就业与第二和第三产业就业规模相加作为整个的劳动供给规模，是有待商榷的。所以，本文采取有效劳动供给的概念，将第二和第三产业就业人员视为有效劳动数量，并根据第二和第三产业人均 GDP 与第一产业人均 GDP 比值的 1/2，测算出第一产业的有效劳动数量，从而得到有效劳动供给的总体规模。

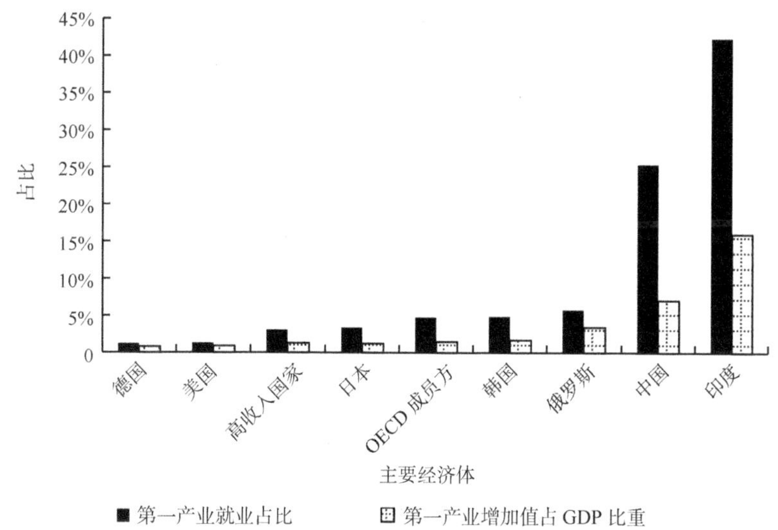

图 1 主要经济体第一产业就业占比和增加值占 GDP 比重的情况比较

资料来源：世界发展指标数据库，图中均为各主要经济体所统计的 2019 年数据

资本存量方面，在测算方法上本文采用永续盘存法。测算公式为 $K_t=I_t/P_t+(1-\delta_t)K_{t-1}$，$I_t$ 为每期新增资本总额，P_t 为固定资产投资价格指数，δ_t 为资本折旧率。其中，对于 I_t 的代理指标，已有研究通常采取固定资本形成总额或全社会固定资产投资总额这两个指标。从统计数据上看，固定资本

形成总额和全社会固定资产投资总额在 2003 年之前基本一致，不过在 2004 年之后出现了明显的分化。全社会固定资产投资总额显著高于固定资本形成总额，其中的一个重要原因在于，全社会固定资产投资总额包括土地交易金额，而固定资本形成总额剔除了土地交易部分。伴随着 21 世纪以来城镇化的快速推进与商品住房市场的迅猛发展，土地交易规模快速增长，这一定程度上导致了固定资本形成总额和全社会固定资产投资总额的走势出现分化。由于土地交易只是使用权的转换，不产生新的生产性资本，因此本文采用固定资本形成总额作为I_t的代理指标。固定资产投资价格指数 1990 年之后的数据源于《中国统计年鉴 2019》，1990 年之前的数据是根据《中国国内生产总值核算历史资料：1952—2004》中的固定资本形成总额和固定资本形成总额指数测算得到所隐含的固定资产投资价格指数。

在资本折旧率的设定上，由于真实数据难以观测，因此已有研究的设定也有所差异。不过，总体上是在 5%～10%的区间之内取值。比如，郭庆旺和贾俊雪（2004）、陈彦斌和刘哲希（2016）等将资本折旧率设定在 5%，中国人民银行营业管理部课题组（2011）等设定的资本折旧率为 6%，闫坤和刘陈杰（2015）对资本折旧率采取分段设定的方式：从 1978～1990 年的 5%逐步上升至 2011～2020 年的 7%。本文测算了不同资本折旧率的资本存量情况，当资本折旧率设定在 5%时，测算得到 2019 年的资本存量比资本折旧率设为 10%时高出 30%左右。由此可见，不同资本折旧率的取值对最终测算得到的资本存量具有一定的影响。经过综合考虑之后，本文对资本折旧率采取分段设定的方式，1978～1990 年资本折旧率设定为 5%，1991～2008 年设定为 6%，2009～2019 年设定为 7%。由此，资本折旧率的均值在 6%左右，这也与陈昌兵（2020）等一些研究对资本折旧率的估计结果基本一致。

基于实际 GDP、资本存量、劳动力规模及人力资本等数据，本文通过（2）式、（3）式可以得到要素产出弹性。在此基础上，通过（4）式可以得到各年的 TFP 水平，并利用 HP 滤波方法获得 TFP 的趋势值。再结合要素产出弹性、资本存量、附加人力资本的劳动力规模趋势值可以得到各年的潜在产出水平及潜在增速。

（三）基准情形下“十四五”时期中国经济潜在增速分析

图 2 展示了 1980 年以来各个时段中国经济潜在增速的变化情况，这也是本文进一步预测“十四五”时期经济增长趋势的依据。可以看到，20 世纪 80

年代、20 世纪 90 年代，以及 21 世纪的头十年，中国经济的潜在增速均保持在 10%左右的高水平，这得益于市场化改革、人口红利及全球化红利等多重因素。然而，自 2010 年以来，中国经济潜在增速开始持续下滑，2010～2019 年潜在增速的均值降至 7.8%。这一定程度上符合经济发展的一般规律，一个经济体随着经济体量与发展水平的不断提升，其资本存量会逐步接近稳态值水平，技术水平也愈加逼近前沿从而后发优势减弱，这些因素都会导致经济增长速度不断放缓。从国际经验来看，德国、新加坡、日本、韩国等经历过高增长的经济体，其经济增长速度大多是在高增长开始后的第三个或第四个十年开始回落(国务院发展研究中心“中等收入陷阱问题研究”课题组,2011)。

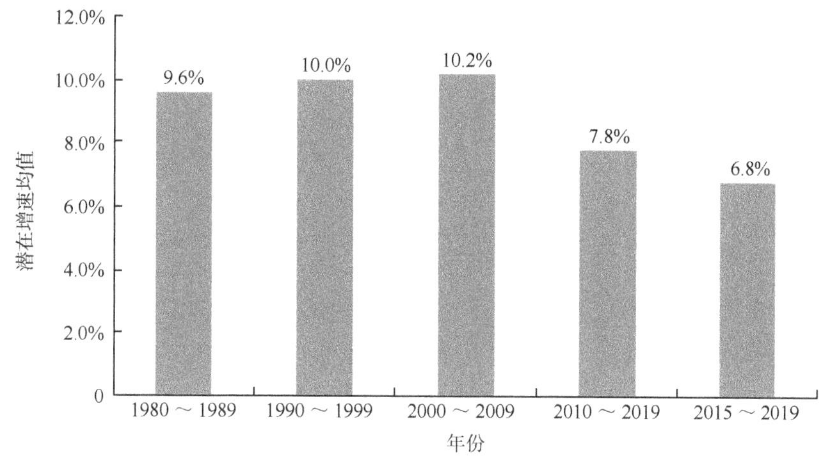

图 2 改革开放以来各时期中国经济潜在增速变化情况

不过值得注意的是，中国经济的潜在增速在近年来的下滑势头有所加快。2010 年中国经济的潜在增速依然能够达到 9.7%左右，到 2015 年已下滑至 7.5%，到 2019 年潜在增速更是下降至 6.2%左右。潜在增速的持续下滑主要源于资本与劳动两大“老动力”减弱的同时，TFP 和人力资本两大“新动力”并未显著增强，从而导致中国经济的增长动力不足。就资本和劳动两大“老动力”而言，2015～2019 年资本存量和劳动力增速均值分别为 9.9%和 1.4%，比 2010～2014 年下滑了 3 个百分点和 1 个百分点。就人力资本和 TFP 两大“新动力”而言，2015～2019 年人力资本增速反而比 2010～2014 年下降了 0.7 个百分点，质量型人口红利还未得到有效释放。TFP 增速则在经历了全球金融危机冲击和“三期叠加”等因素的影响后，开始恢复性回升。不过，在外部环境存在较大不确定性及国内结构性问题未得到彻底解决的情况下，2015～2019 年 TFP 增速均值仅为–0.7%，比 2010～2014 年回升 0.5 个百分点。

按照当前的潜在产出增长路径，结合各生产要素的变化，可以得到基准情形下“十四五”时期的经济增长趋势。资本存量方面，“十三五”时期每年新增固定资本增速在 6%左右，预计“十四五”时期消费占 GDP 的比重上升、投资占 GDP 的比重下降将是发展趋势。同时，房地产长效机制的构建与地方政府隐性债务问题的出现，将对房地产投资和基础设施建设投资形成较大的制约。由此，预计“十四五”时期每年新增固定资本增速均值在 5%左右。附加人力资本的劳动力方面，人口老龄化将会持续深化，劳动力数量依据劳动参与率、劳动适龄人口及有效劳动供给规模占总体就业比重的 HP 滤波趋势值进行推算。而人力资本增速在经历了“十三五”时期的放缓后将进入平稳期，由此，预计“十四五”时期附加人力资本的劳动力增速均值为 0.5%左右。TFP 方面，“十三五”时期 TFP 增速已呈现回升趋势，伴随着新一轮以数字化和人工智能为主导的技术革命的迅速发展，以及市场化改革的进一步深化，基准情形下假设“十四五”时期继续延续这一趋势，预计增速均值可以回升到 0.5%。[①]从以上变化趋势可以看到，“十四五”时期资本和劳动两大“老动力”对经济增长的推动作用将继续减弱，不过 TFP 对中国经济的支撑作用将有所增强。基于生产函数法的测算结果表明，预计“十四五”时期中国经济的潜在增速均值为 5.1%左右（表 1）。

表 1　“十四五”时期中国经济潜在增速预测

项目	2021 年	2022 年	2023 年	2024 年	2025 年	“十四五”时期平均
潜在增速	5.61%	5.33%	5.10%	4.92%	4.75%	5.14%

注：由于此文的预测时间是 2020 年上半年，专题研究一的预测时间是 2021 年初，所以两者的预测结果存在一定的区别，但相差不大

四、“十四五”时期中国潜在增速的情景分析：基于三种不确定性

虽然基于生产函数法测算的基准情形下“十四五”时期中国经济的潜在增速均值为 5.1%左右，但不容忽视的是，现阶段中国正处于百年未有之大变局之中，面对国内外复杂严峻的形势，经济增长面临较大的不确定性。因此，本部分主要讨论可能会对“十四五”时期中国经济潜在增速产生显著影响的

① 此外，要素产出弹性方面，本文也根据资本产出弹性HP滤波后的变化趋势外推“十四五”时期情况，从而得到资本产出弹性及相应的附加人力资本的劳动产出弹性。

三大不确定性，并对潜在增速做出一定的情景分析。①

（一）外部环境的不确定性

改革开放以来，中国坚定扩大对外开放的道路，通过“高储蓄-高投资-高出口”的发展战略使中国迅速发展成为“世界工厂”。1982年，中国货物出口占全球货物贸易的比重仅为1.1%；至2018年，中国在全球货物出口贸易中所占比重达到12.6%，已连续十年位列全球第一。“世界工厂”这一发展模式也成功推动了中国四十余年的高速增长。然而，2008年全球金融危机以来，外部环境发生了较为深刻的变化，不确定性显著增加。具体而言，突出表现为以下三个方面。一是全球经济增长的不确定性。2008年全球金融危机爆发至今虽然已有十多年的时间，但美国、日本、欧盟等发达经济体依然未彻底摆脱其影响，经济增长陷入了长期乏力的困境，增长前景面临较大的不确定性和长期停滞的风险。二是全球贸易格局的不确定性。近年来，在全球贸易增速放缓的大背景下，贸易保护主义有所抬头，逆全球化态势呈现加剧迹象，这或将引发全球产业链与供应链布局的重新调整。同时，以WTO上诉机构停摆为标志，全球贸易规则也将进入重构阶段，各主要经济体之间的贸易摩擦或呈现进一步加剧势头。三是全球金融市场的不确定性。2008年全球金融危机之后，虽然主要经济体的经济增长动力较为疲软，但是金融市场十分活跃。美国三大股指及房地产价格水平均已显著超过危机前的水平。金融市场活跃的背后是有过剩的流动性与迅猛增长的债务所支撑，根据国际清算银行的统计，2008年金融危机之后发达经济体的宏观杠杆率不仅没有下降，反而进一步上升，2019年末已高达274.5%，这也为新一轮全球金融危机的爆发埋下了隐患。此外，民粹主义、地缘政治等因素也进一步增加了外部环境的不确定性。

外部环境的不确定性会通过资本、劳动和TFP三条机制来影响中国经济的潜在增速。就资本而言，“出口-投资”联动机制一直是支撑中国经济投资增长的重要力量。一方面，随着“世界工厂”发展模式的建立，全球产业链的中心逐步向中国转移，外商直接投资快速增长，1990～2019年外商直接投资平均增速高达16.8%；另一方面，出口的快速增长提高了企业的利润与盈利预期，激励国内企业增加机器设备、厂房等生产性投资的规模，从而推动

① 需要说明的是，由于未来是无法准确预知的，特别是不确定性因素本身就存在很大的不确定性，因此利用生产函数法做出的情景分析更多是帮助我们深化不确定性因素对潜在增速影响机制的理解。

了全社会固定资产投资的增长。因此，外部环境不确定性的增加、外部需求的放缓与贸易摩擦的增加，将会对资本增速产生一定的抑制作用。就劳动而言，外贸企业一直是中国吸纳就业的主力军，根据商务部于 2019 年发布的数据，外贸企业直接或间接带动的就业规模达 1.8 亿人以上①，占第二、第三产业总体就业规模的 30%以上。如果外部环境不确定性对外贸企业产生较大冲击，很可能会带来较为明显的失业压力，进一步降低劳动力增速。就 TFP 而言，改革开放以来，无论是全球化红利的释放，还是对国外先进技术的吸收消化，都是推动中国 TFP 增长的重要因素。因此，外部环境不确定性增加会对 TFP 产生较为明显的影响。

由于外部环境的不确定性因素本身就存在较大的不确定性，因此本文设定三种情形，分别为情形 1、情形 2 与情形 3。情形 1 是较温和的影响情形，假设不确定性对资本增速的影响基本可以被国内新增的投资需求所抵消，对每年新增投资的影响不超过 0.5 个百分点。对劳动力增速的影响也较为温和，预计每年会使劳动力增速额外下降 0.15 个百分点，对应于 100 万人左右的失业规模，占外贸企业直接或间接带动总体就业规模的 0.5%左右。同时，对 TFP 增速的影响主要体现为抑制其回升势头，预计每年会影响 0.1 个百分点左右。情形 2 是影响程度有所增加的情况，假设对每年新增投资的影响在 1 个百分点左右，对劳动力增速的影响上升至每年会使劳动力增速额外下降 0.25 个百分点，同时每年影响 TFP 增速 0.3 个百分点。情形 3 是影响较为严重的情况，不排除发生新一轮经济与金融危机的可能性，不过考虑到届时会出台一定的调控政策，所以对资本和劳动的影响与情形 2 一致。但对 TFP 而言，一方面，外部确定性影响较为严重时对 TFP 影响较大；另一方面，政府较大规模的干预也会带来资源配置效率的下降，因此预计 TFP 的回升势头会显著放缓。基于以上设定，测算得到情形 1、情形 2 和情形 3 下的“十四五”时期中国经济的潜在增速分别为 4.8%、4.5%和 4.1%。

（二）新冠肺炎疫情影响的不确定性

新冠肺炎疫情暴发以来，无论是其本身的严重程度，还是对经济的影响，都已显著超出最初的预期。截止到 2020 年 7 月 1 日，全球新冠肺炎累计确诊病例超过 1056 万例，累计死亡病例超过 51 万例。当前，社会各界在新冠肺

① 资料来源：《商务部晒成绩单：外贸居全球第一，带动超1.8亿人就业》，http://www.bjnews.com.cn/finance/2019/09/30/631359.html，2019年9月30日。

炎疫情对经济影响方面的讨论多集中于短期内的消费、投资和出口三大需求，但其实新冠肺炎疫情对经济潜在增速的影响也不容忽视。基于历史数据的实证分析发现，在全球范围内死亡数超过 10 万例的大规模疫情均会对长期经济增长产生显著的影响（Jordà et al.，2020）。

就新冠肺炎疫情而言，主要会通过以下几条机制影响潜在增速。第一，新冠肺炎疫情的持续蔓延会进一步加剧逆全球化趋势，一些国家会出于国家安全等考虑调整和重构供应链的全球布局，这将导致资源难以达到最优配置，从而降低资源配置效率。第二，新冠肺炎疫情下企业收入与盈利状况均出现显著下滑，从而出现较大规模的缩减用工情况。同时，国内外对人员流动的管控强度都在显著提高，这会显著降低劳动力外出务工的意愿，导致劳动参与率的下降，从而影响劳动力增速。国家统计局的数据显示，2020 年一季度国内农村外出务工劳动力人数同比下降 30.6%，这就意味着有超 5000 万农民工滞留在家。可见，新冠肺炎疫情对劳动力增速的影响是十分显著的。第三，新冠肺炎疫情不仅会通过影响出口影响投资需求，而且还会通过降低居民收入与增加居民预防性储蓄等渠道抑制消费需求，这也会降低生产性投资需求，对资本增速产生影响。

由于新冠肺炎疫情的演化存在极大的不确定性，因此很难较为精准地预估疫情对潜在增速的影响，本文对几种情形进行大致估算以供参考，分别为情形 4、情形 5 和情形 6。情形 4 的假设情况是新冠肺炎疫情在 2020 年能够得到有效控制，由此，新冠肺炎疫情对“十四五”时期中国经济增长的影响将较小，随着人们对疫情担忧情绪的逐步消失，经济增长将回归至基准情形。情形 5 的假设情况是新冠肺炎疫情呈现长期化和常态化情况，预计持续 2～3 年。这就会对全球经济增长形成长期的抑制作用，或引发供应链在全球范围内的重新布局，对“十四五”时期的 TFP 增速产生抑制作用。由此，假设“十四五”时期 TFP 增速不再延续回升势头，维持 2015～2019 年的 TFP 增速水平。同时，疫情的长期化将对资本和劳动力增速产生较为显著的影响，假设该情形下“十四五”时期劳动力增速每年的下滑幅度是基准情形的两倍，新增固定资本增速均值降为 4%。情形 6 的假设情况是新冠肺炎疫情对全球经济触发额外影响，比如，在全球范围内引发较大规模的经济与金融危机。由于政府预计会采取较大规模的政策手段对冲，因此资本和劳动增速假设与情形 5 一致。不过从历史经验来看，大规模的刺激政策会因为恶化资源配置效率等原因降低 TFP 增速，由此 TFP 增速会相对于基准情形下的走势出现明显下降。本文设定的降幅对照于 2008 年全球金融危机前后五年的降幅。综合以上设定，测算得到情形 4、情形 5 和情形 6 下的“十四五”时期中国经济的潜在增速分别为 5.0%、3.9%和 3.4%。

（三）经济与金融风险

除了外部环境与全球范围内疫情演化的不确定性，国内的形势也较为复杂严峻，经济发展面临一系列经济与金融风险的挑战，这为未来的经济增长增加了不确定性。具体而言，“十四五”时期中国主要将面临以下几点经济与金融风险。

1. 高债务与高房价相叠加的风险

债务与资产是一个硬币的两面，中国的高债务与高房价问题其实密切相关。一方面，高房价支撑了地方政府的土地财政与以地融资的发展模式，推动了地方政府债务，尤其是隐性债务规模的扩张；另一方面，房价的持续上涨也吸引更多信贷资金流入房地产，激励了居民部门的举债买房行为，这推动了居民部门杠杆率的上升，并反过来又促进了房价的上涨。根据本文的测算，2008 年全球金融危机之后的十年间，中国宏观杠杆率上升了 106.2 个百分点，而“居民部门+地方政府+地方国企（包括地方融资平台）”能够解释 2008～2018 年杠杆率 80%以上的增幅。因此，中国经济面临出现“债务压力增加—抛售房产—房地产价格下跌—债务压力进一步增加、债务违约增多”恶性循环的风险。由此，局部的债务违约风险容易传染至整个居民和地方政府部门，进而传导至金融体系，从而引发系统性金融危机。

2. 外汇风险

尽管当前中国已经成为全球第二大经济体，但是仍处于新兴经济体行列。通常而言，新兴经济体的资产一般被视为风险资产。一旦全球经济形势出现波动或者对新兴经济体的增长预期发生改变，资本就会大幅从新兴经济体流出，而流入发达经济体之中。因此，对于发达经济体而言，很少会遭遇到外汇风险，但对于新兴经济体而言，外汇风险的出现就较为频繁。从历史经验来看，一个新兴经济体从高速增长向中高速增长的过渡时期往往是外汇风险的高发期。其中的主要原因在于，由高速增长向中高速增长的过渡中，一个国家在由高速增长向中高速增长过渡的过程中，之前被高速增长所掩盖的问题会逐步暴露。这更容易引发外界对该国经济增长的担忧，从而引发资本外流与汇率贬值的压力，导致外汇风险的爆发。[①]

就中国而言，虽然经济增速也进入换挡期，但由于拥有庞大的外汇储备与跨境宏观审慎管理手段，因此各界对汇率贬值的担忧较小。不过，这一风险还是需要警惕。究其原因，虽然近年来中国的外汇储备规模稳定在 3 万亿美元附近，但随着经济体量的不断增长，所需要的外汇储备规模也随之增加，即外汇储备的“安全线”会上升，预计到 2023 年前后我国外汇储备的“安全线”就会达到 3 万亿美元以上。[②]同时，中国对外开放的大趋势不可改变，越来越多领域的对外开放也将增加资本监管的难度。由此，尽管中国长期内汇率不存在持续贬值基础，但这不意味着在一定时期内汇率不会发生大幅贬值的情况。在非理性预期与投机性行为等因素的影响下，可能会形成“汇率下跌—贬值预期加剧—资本外流加大—汇率进一步下跌”的循环，导致汇率超调现象出现。这会对中国实体经济与金融体系的运行形成较为严重的冲击，加大系统性金融危机的爆发概率。

3. 结构性问题恶化的风险

新时代下我国社会的主要矛盾已经转化为人民日益增长的美好生活需要和不平衡不充分的发展之间的矛盾，结构性问题更加突出，反映在总需求结构、产业结构、收入结构、城乡结构、区域结构等多个方面。当前最值得警惕的是两个方面的结构性问题。其一，中小企业盈利状况快速下滑的风险。由于面临融资难、融资贵及税负感较高等一系列问题，中国中小企业的生产经营压力一直较大，[③]在经济下行阶段，“规模小、抗风险能力弱”的中小企业更容易受到冲击。中小企业是吸纳就业的主力军，如果中小企业出现局部较大规模的破产或倒闭潮，将会对中国经济形成显著冲击。其二，中等收入群体收入快速下滑的风险。中等收入群体是社会的“稳定器”，也是推动经济增长的核心力量。改革开放以来，虽然中国的收入差距显著扩大，但主要

---

① 比如，1997年泰国外汇危机爆发之前，1996年GDP增速为5.7%，虽然增速仍然不低，但是相比之前十年9.5%的平均增速大幅下滑。1999年智利货币危机爆发前的经济增速为4.5%（1998年），相比之前十年的平均增速下滑了3个百分点之多。

② 对于一个经济体外汇储备“安全线”更为严谨的测算是IMF提出的风险加权负债法。考虑到中国实行的是有管理的浮动汇率制度，可以对IMF的方法进行一定的调整（宋科和杨雅鑫，2017），外汇储备“安全线”=30%×短期外债余额+20%×其他组合债务余额+5%×广义货币供应量+10%×出口总额。

③ 根据美国财富杂志统计，美国中小企业的寿命为8.2年，日本是12.5年，中国中小企业的寿命不足3年。

是高收入群体收入增速过快所致。在此期间，中低收入群体收入增长也较快，只不过增速低于高收入群体，从而导致收入差距逐步拉大。[①]但在 2016 年以后，中国收入分配格局发生的一个明显变化是，大多数居民的收入增速出现了明显下滑，其中，中低收入群体收入增速的下滑速度更快。国家统计局的数据显示，2018 年，中等 20%收入群体的可支配收入增速已下滑至 3.1%，而最高 20%收入群体的可支配收入增速依然能达到 8.8%。因此，中等收入群体收入的快速下滑是不可忽视的风险，这将显著影响社会稳定及经济发展的可持续性。

由于风险演化具有非线性特征，因此难以具体量化经济与金融风险对“十四五”时期潜在增速的影响。不过可以明确的是，从东亚金融危机或拉美危机等历史经验教训来看，上述风险之中若有一点或几点切实发生并引发经济与金融危机，对经济增长的影响将会较为持久而且深刻，甚至不排除在个别年份使经济跌落至 2%左右的低增长区间。由此，相比于基准情形，对“十四五”时期中国经济潜在增速均值的影响程度预计至少在 1 个百分点左右。

五、“十四五”时期中国是否能真正跨越“中等收入陷阱”？

随着中国在 2010 年晋升为中高收入经济体，中国是否会陷入“中等收入陷阱”，以及中国何时能跨越“中等收入陷阱”而成为高收入经济体等问题就引起了各界的高度关注与广泛讨论。2019 年，中国的人均 GDP 和人均国民总收入双双突破 1 万美元大关，距离世界银行划定的高收入国家的门槛值只有不到 20%。由此引出的一个重要问题就是，中国能否在“十四五”时期跨越“中等收入陷阱”？

（一）预计 2023 年前后中国人均国民总收入达到高收入国家的门槛值

1989 年以来，世界银行基于人均国民总收入（按照 Atlas 方法测算）将全球所有国家分为四组，分别为低收入国家、中低收入国家、中高收入国家与高收入国家。划分标准每年更新一次，这也是目前最为广泛认可和使用的标准。以 2019 年为例，高收入国家的门槛值是人均国民总收入达到 12 375

① 比如，2001～2015年，城镇低收入群体（排名在后20%）人均可支配收入的平均增速能够达到10.7%，而高收入群体（排名在前20%）人均可支配收入的平均增速则更高，达到了12.3%。

美元以上，中高收入国家的人均国民总收入是处于 3996～12 375 美元，中低收入国家的人均国民总收入是处于 1026～3995 美元，低收入国家的人均国民总收入是在 1026 美元以下。图 3 展示了中国人均国民总收入、中低收入国家门槛值、中高收入国家门槛值、高收入国家门槛值的各年变化情况。可以看到，伴随着改革开放以来中国经济的快速发展，中国于 1998 年正式迈入中低收入国家的行列，并进一步在 2010 年跻身中高收入国家行列。在此之后，中国的人均国民总收入持续攀升，不断缩小与高收入国家门槛值的差距。

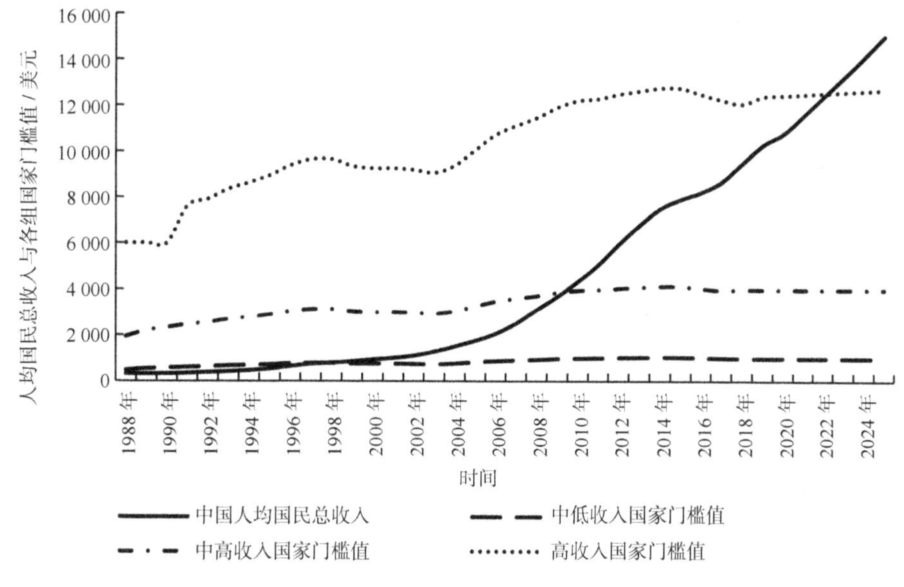

图 3 中国人均国民总收入与各组国家门槛值的对比

2019 年之后的数据为预测值

按照基准情形下"十四五"时期中国经济潜在增速均值为 5.1%的情况测算[①]，假设通胀率保持在 2%，人民币对美元汇率保持在 7，人口增长速度基于联合国 2019 年发布的《世界人口展望》中的数据。同时从历史走势来看，世界银行划分的高收入国家的门槛值每年也有所不同，所以主要依据近十年来（2010～2019 年）高收入国家门槛值的增长速度，外推高收入门槛值的变化情况。由此从图 3 可以看到，基准情形下，在 2023 年前后，中国人均国民总收入能够达到高收入国家的门槛值。

① 这里，假设GDP增速与国民总收入增速相关，从现实情况来看，2015年以来中国这两者的增速相差在0.5个百分点以内。2020年人均GDP增速设定为3%。

（二）人均国民总收入达到高收入国家门槛值不等价于跨越“中等收入陷阱”

“中等收入陷阱”的概念由世界银行首次提出，但实际上论述较为简略，主要是基于 Garrent（2004）的一篇研究中“比起较富或较穷的国家来，中等收入国家的增长会相对较慢”的结论。“中等收入陷阱”的概念提出之后，受到了经济学者与社会各界的广为关注与讨论，但一直没有严谨完整的定义。目前普遍认为的“中等收入陷阱”的定义（即当一个国家人均国民总收入达到中等收入国家水平后，由于不能实现经济增长方式转型等，导致经济增长动力不足，难以迈向高收入国家行列，长期停留在中等收入国家行列）更多是由学者所总结提炼的（华生和汲铮，2015）。

由此，现有研究通常将跨越“中等收入陷阱”理解为使一国人均国民总收入高于高收入国家的门槛值，这就引发了两类讨论。一是“中等收入陷阱”究竟是否存在？一些研究通过国际经验数据，没有找到中等收入国家转移到高收入国家概率更低的证据，由此提出“中等收入陷阱”本身就不存在（郭熙保和朱兰，2016）。不过，也有一些研究通过实证研究，验证了“中等收入陷阱”的存在（张德荣，2011），这就导致该问题存在较大争议。二是“中等收入陷阱”对于中国是否是一个伪命题？截止到 2019 年，中国人均国民总收入已经迈上 1 万美元大关，且距高收入国家的门槛值仅有不到 20%的差距。据此，一些观点认为，按照中国经济的增长势头，人均国民总收入达到高收入国家标准只是时间问题，“中等收入陷阱”不会给中国带来挑战，其只是一个伪命题。

然而本文认为，以人均国民总收入作为是否跨越“中等收入陷阱”的核心标志，实际上是值得商榷的，主要有以下两方面原因。第一，世界银行划分的高收入国家范围标准在不断变宽，这可能导致一个经济体跨越“中等收入陷阱”的“假象”出现。按照世界银行的划分标准，1991 年全球只有 18%的国家属于高收入国家，而在 2015 年这一比例变为 37%。与此同时，高收入国家门槛值与高收入国家人均国民总收入的平均值的差距也在不断扩大。本文对比了高收入国家人均国民总收入的平均值与高收入国家的门槛值，发现两者的比值从 1988 年的 2.82 上升至 2018 年的 3.67，这也进一步印证了高收入国家范围标准在不断变宽的事实。由此就会出现的一种情况是，即使一个经济体与高收入国家的“真实差距”没有缩小甚至有所扩大，但由于高收入国家的划分标准在不断放宽，依然会出现该经济体能够跻身高收入国家行列的情况。显然，这种数据上的“跨越”不能代表一个经济体真正跨越了“中等收入陷阱”。

第二，从国际经验来看，如果一个经济体只是人均国民总收入略高于高收入国家的门槛值，那么很容易再次回落到“中等收入陷阱”之中，不能视为真正跨越“中等收入陷阱”。拉美国家就是典型的例子，阿根廷、巴西及委内瑞拉等长期被公认为陷入在“中等收入陷阱”中的代表性国家，它们在一些时期的人均国民总收入已经达到了高收入国家的门槛值。比如，巴西、阿根廷 2013 年的人均国民总收入超过了高收入国家门槛值 3%左右。但是随后，巴西的人均收入水平持续下滑，又回落至门槛值以下，重新陷入“中等收入陷阱”之中。阿根廷的人均国民总收入则一直在高收入国家的门槛值附近徘徊。另一个典型案例是俄罗斯，俄罗斯 2013 年的人均国民总收入一度超过高收入国家门槛值 20%左右，但此后受经济增长方式单一等因素影响，人均国民总收入再次回落至高收入国家的门槛值以下。由此可见，不能简单地将人均国民总收入达到高收入国家门槛值的时点认为是跨越“中等收入陷阱”的时点。

本文认为，要判断一个国家是否真正跨越“中等收入陷阱”，需要更为全面与严苛的条件与标准。事实上，抛开对于“陷阱”一词是否得当的争议之外①，现有研究对于一个经济体从中高收入国家向高收入国家转变过程中所面临的严峻挑战与困难，基本都达成了共识。只有真正解决这些困难与挑战，中国才能真正地跨越“中等收入陷阱”。概括而言，困难与挑战主要集中于经济与社会两个层面。

就经济层面而言，核心在于经济增长方式能否顺利完成转型，从而保持可持续的发展。从国际经验来看，当一个经济体从低收入迈向中高收入的阶段时，经济增长主要依靠资本与劳动力等要素投入，而当一个经济体处于中高收入与高收入行列时，资源配置效率与技术进步就成为推动经济增长最为关键的要素。因此，一个经济体是否能将经济增长方式从对资本和劳动等要素的依赖转为对技术创新和效率改进的依靠，对于跨越“中等收入陷阱”就

① 尽管现有研究在“中等收入陷阱”究竟是否存在等一些方面存在争议，但这些争议更多聚焦于验证“陷阱”背后的逻辑是否成立。比如，中高收入国家迈向高收入国家的转移概率是否显著地低于向其他组国家转移的概率，又如，从几千年的漫长发展来看，因为一些国家在中等收入阶段停留了几十年就称之为“陷阱”是否合适。

尤为重要。这可以保证经济体在跨越“中等收入陷阱”之后继续保持对发达经济体的追赶态势，从而不会再跌落至“中等收入陷阱”之中。①以韩国为例，20 世纪 80 年代，韩国有效地激发了技术创新热潮，推动了韩国生产率的提升，降低了对要素投入的依赖，这也就成为跨过“中等收入陷阱”的关键环节（朴馥永和黄阳华，2013）。相比之下，巴西、阿根廷与俄罗斯等国家迟迟难以完成经济发展模式的转型，经济增长过度依赖资本等要素，从而难以摆脱“中等收入陷阱”的困扰。

就社会层面而言，核心在于是否能够有效扩大中等收入群体。“中等收入陷阱”不仅是经济增长的陷阱，也是“社会危机陷阱”，阶层差距的持续扩大会使社会陷入动荡状态（厉以宁，2012）。拉美国家陷入“中等收入陷阱”的一个主要成因就是分配不均，由此形成的社会两极分化对经济可持续发展产生了显著的负面影响。从世界银行的统计数据来看，巴西、阿根廷、委内瑞拉等拉美国家的基尼系数基本都在 0.4 的警戒线之上。相比之下，成功跨越“中等收入陷阱”的日本、韩国的基尼系数均在 0.3 左右的合理水平。进一步从中等收入群体所占比重来看，根据瑞士银行 2015 年的研究报告，巴西、俄罗斯等陷入“中等收入陷阱”的国家的中产群体收入占比不超过 10%②，而欧洲中产群体的占比为 33.1%，美国为 37.7%。韩国与日本的中产群体占比更是高达 45%和 60%。由此可见，缩小贫富差距，尤其是壮大中等收入群体，是跨越“中等收入陷阱”的关键一环。

（三）中国在“十四五”时期要真正跨越“中等收入陷阱”存在一定难度

根据之前的分析可知，如果只是把人均国民总收入是否达到高收入国家

① 第二次世界大战之后，在全球180多个发展中国家或经济体之中，仅有13个经济体成功地迈向了高收入行列，其中“亚洲四小龙”与东亚的日本最具有代表性。而“亚洲四小龙”与东亚的日本在跨越“中等收入陷阱”的过程中，一个突出的典型特征就是，经济在跨越“中等收入陷阱”前后的几年之内并没出现明显减速，甚至还呈现加速态势，继续保持了较快的追赶态势。比如，韩国是在1992年时，其人均国民总收入超过高收入国家门槛值，迈过高收入国家门槛值之前的5年间（1988～1992年）人均GDP增速平均值依然高达8%，相比于再之前的5年（1983～1987年）仅下降了1.8个百分点左右。达到高收入国家门槛之后的5年（1993～1997年），韩国人均GDP增速也仍能保持6.5%的较高水平。又如，日本在20世纪70年代跨过了高收入国家的门槛，20世纪80年代日本人均GDP增速平均增速为3.7%，甚至高于70年代。

② 根据瑞士信贷银行研究报告的定义，中产群体是指财富在1万～10万美元的人群。

门槛值作为中国是否跨越“中等收入陷阱”的判断依据，中国将会在 2023 年前后跨越“中等收入陷阱”，难度并不大。然而，这显然会低估“中等收入陷阱”所蕴含的挑战与风险。从更为全面的标准来看，中国在“十四五”时期难以轻易地真正跨越“中等收入陷阱”，面临较为严峻的挑战。

第一，“十四五”时期中国将继续处于新旧增长动力转换期，虽然 TFP 对经济增长的贡献率将会有所提升，但资本依然是推动经济增长的主要动力，经济增长方式难以完成转型。

改革开放以来，经济增长主要依靠资本和劳动等要素驱动，1980～2019 年两者对经济增长的贡献率总和高达 90%。不过，与众多面临“中等收入陷阱”的国家类似，当前中国也面临传统经济增长模式难以为继的局面。一方面，人口老龄化进程的快速推进导致劳动对经济增长的贡献率显著减弱，预计“十四五”时期将对经济增长形成抑制作用；另一方面，资本积累在高债务与部分领域投资已经过剩等的影响下，增速也在持续下滑。“老动力”的减弱也导致了 2010 年以来中国潜在增速的较快下滑。与此同时，中国经济增长的“新动力”还有所不足。按照当前经济的增长趋势，预计“十四五”时期资本依然是经济增长的核心驱动力，贡献率将达到 80%以上，TFP 的贡献率会有所回升，但预计在 10%左右。可见，“十四五”时期中国经济增长难以彻底完成转型，反而可能会因为新、老动力难以衔接，导致经济增速出现一定的下滑，由此难以满足真正跨越“中等收入陷阱”的条件。

第二，“十四五”时期中国的人均国民总收入虽然会越过高收入国家门槛值，但要真正被视为跨越“中等收入陷阱”，需要超过门槛值 20%以上，这一点在“十四五”时期较难实现。之所以将标准设定在高于 20%，主要有两方面的考虑。首先，从国际经验来看，当一个经济体的人均收入水平仅略高于高收入国家门槛值时，很容易再次跌落至“中等收入陷阱”之中。反之，当一个经济体人均收入水平高于高收入国家门槛值 20%以上时，即使经济发展面临一定的冲击，也不至于导致经济重新陷入“中等收入陷阱”之中。其次，如前所述，世界银行划分的高收入国家范围标准在不断变宽，以 2004 年为临界点，可以明显划分为两个阶段。1988～2003 年，高收入国家人均国民总收入平均值与高收入国家门槛值的比值为 2.74，而 2004～2018 年该比值上升至 3.38，这就造成了一些国家从数据上跨越“中等收入陷阱”的假象。若保持统一标准，2018 年高收入国家的门槛值应提高 20%左右。由此，本文认为，一个经济体的人均国民总收入至少高于高收入国家门槛值 20%，才能真正满足跨越“中等收入陷阱”的条件。“十四五”时期，中国难以达到这一标准，基准情形下，2025 年人均国民总收入将高于高收入国家门槛值 18%左右。预计 2026 年，才能满足高于门槛值 20%的条件。进一步考虑外部环境、新冠肺炎疫情及经济与金融风险等不确定性因素，那么中国人均国民总收入满足超过高收入门槛值 20%条件的时间点还将后移。

第三，“十四五”时期中国在缩小贫富差距上面临较大挑战，壮大中等收入群体的任务难以一蹴而就。改革开放以来，伴随着经济的快速发展，中国的贫富差距问题也越发明显。国家统计局数据显示，2008 年中国人均可支配收入的基尼系数触及 0.491 的峰值，近年来，其虽然有所下降但依然保持在 0.47 左右。如果进一步从财产差距来看，差距更为明显。根据北京大学中国社会科学调查中心与瑞士信贷银行等多家机构的测算，中国前 1%家庭占有了全国 1/3 以上的财富总量，财产基尼系数已高达 0.7 以上。在 2019 年中国人均 GDP 突破 1 万美元大关的情况下，李克强总理在第十三届全国人大三次会议记者会上表示中国依然“有 6 亿中低收入及以下人群，他们平均每个月的收入也就 1000 元左右”[①②]。更值得警惕的是，由于中等收入群体主要以工资性收入为主，因此与经济增速密切相关。高收入群体拥有更多的财产性收入，在经济增速下行阶段由于资金“脱实向虚”倾向增加，反而会推动部分房产与金融资产升值，从而使高收入群体的收入增加。因此，在经济增长速度下滑的背景下，受到影响最大的将会是中低收入群体。所以，随着“十四五”时期中国经济潜在增速较为显著地下滑，在扩大中等收入群体规模与提升中等收入群体收入水平方面，中国会面临较为棘手的挑战。

六、主要结论与政策建议

“十四五”时期是中国迈向建成社会主义现代化强国新征程的新起点，经济增长需要保持一定的速度，从而为建设社会主义现代化强国打下坚实基础。本文基于生产函数法测算发现，“十四五”时期中国经济的潜在增速将延续下滑态势，均值预计为 5.1%左右。考虑到外部环境、新冠肺炎疫情及经

---

①《李克强总理出席记者会并回答中外记者提问》，http://www.npc.gov.cn/rdxwzx/xwzx2020021/202005/1238ec34ec364e80a1a6e6b070bc48c4.shtml，2021年4月15日。

② 根据瑞士信贷银行的统计，2015年中国的中产群体人数所占全社会的比重仅为10.7%，与拉美国家平均水平相当，低于南非的13.7%，与韩国、日本等成功跨越“中等收入陷阱”国家50%左右的水平更是相距甚远。

济与金融风险等三大不确定性因素的影响，潜在增速或将进一步下滑。总体上，“十四五”时期中国经济将处于“老动力”显著减弱而“新动力”尚未成型的过渡期，需要警惕经济增速下滑过快的风险。

在此基础上，本文还进一步对“十四五”时期中国是否能够跨越“中等收入陷阱”这一重要问题进行了分析。如果仅以人均国民总收入达到高收入国家门槛值为标准，那么中国将在2023年前后跨越“中等收入陷阱”，但这其实低估了“中等收入陷阱”所蕴含的风险与挑战。要真正跨越“中等收入陷阱”，中国将面临经济增长方式转型与壮大中等收入群体等重要任务，而且还需要使人均国民总收入达到高收入国家门槛值的20%以上。根据目前的经济发展趋势，中国在“十四五”时期内完成以上任务的难度较大。有鉴于此，本文针对性地提出以下几点政策建议，以帮助中国经济迈向更高质量的发展、更顺利地跨越“中等收入陷阱”，从而为实现第二个百年奋斗目标打下扎实基础。

第一，进一步深化市场化改革，加快经济增长方式转型，有效提升“十四五”时期的潜在增速。近年来，中国经济潜在增速较快回落的一个重要原因在于，资本和劳动两大“老动力”对经济增长的支撑作用减弱，而TFP和人力资本两大“新动力”的力度还有所不足，亟须加快经济增长方式转型的步伐。经济增长方式转型的关键在于深化市场化改革，市场化改革不仅可以提升资源配置效率，还可以通过营造公平的市场环境促进技术进步、提升人力资本质量与利用率等渠道使TFP和人力资本的增长速度加快。这能够更有效地推动中国经济增长动力的转换，提升“十四五”时期中国经济的潜在增速，保证中国经济更加顺利地跨越“中等收入陷阱”，保持对发达经济体的追赶态势。

第二，将扩大中等收入群体规模作为“十四五”时期的重要工作任务，切实改善收入分配格局。“十三五”期间中国解决了贫困群体的收入问题，即将到来的“十四五”时期中国需要战略性地着力扩大中等收入群体的收入与消费，这样才能真正地跨越“中等收入陷阱”。为此，必须从初次分配和再分配两方面入手，切实缩小居民收入差距。在初次分配环节，要有效落实《关于构建更加完善的要素市场化配置体制机制的意见》，健全生产要素由市场评价贡献、按贡献决定报酬的机制，提高劳动报酬在初次分配的比重。在再分配环节，要增强税收对收入差距的调节作用，同时进一步完善社会保障体系，根本性地解决好广大居民在教育、医疗、养老、住房等方面的保障问题。

第三，加快构建“世界工厂+世界市场”的新模式，进一步增强经济增长韧性，有效抵御潜在的不确定性。虽然中国的“世界工厂”模式有力支撑了过去四十多年的高速经济增长，但随之产生的是中国居民消费水平偏低、内需持续不足的局面。同时，“世界工厂+低消费”的发展结构使得中国容易受外部环境等不确定性因素的影响。①由此，在“十四五”时期，中国有必要构建“世界工厂+世界市场”新发展模式。在进一步维护好“世界工厂”地位的同时，加快培育国内市场，加速技术进步和转型升级，提高中国产品的质量和技术含量，打造中国作为“世界市场”的新角色。“世界工厂+世界市场”的新模式既有助于带动国内需求的增长，也有助于全方位带动就业并提升居民福利水平，从而强化中国经济的增长韧性，降低不确定性对潜在增速的影响。

第四，宏观政策需要加大力度，为增长政策提升潜在增速创造良好的宏观环境。现阶段中国潜在增速处于持续较快下滑的状态，这就可能导致产出缺口被动缩小，从而难以真实反映经济面临的下行压力。由此，宏观调控不宜再以保证产出缺口为零为核心目标。宏观调控可以适当增加力度，使实际增速略高于潜在增速（建议高出 0.3 个百分点左右），即让产出缺口保持为正。这有助于防范经济陷入潜在增速与实际增速相叠加的螺旋式下滑局面，更有助于中国经济保持更好的较快的平稳增长，从而为跨越“中等收入陷阱”打下更为坚实的基础。

参考文献

蔡昉. 2011.“中等收入陷阱”的理论、经验与针对性. 经济学动态，（12）：4-9.

蔡昉. 2016. 认识中国经济减速的供给侧视角. 经济学动态，（4）：14-22.

陈昌兵. 2020. 可变折旧率的另一种估计方法——基于中国各省份资本折旧的极大似然估计. 经济研究，（1）：49-64.

陈彦斌，刘哲希. 2016. 经济增长动力演进与“十三五”增速估算. 改革，（10）：106-117.

华生，汲铮. 2015. 中等收入陷阱还是中等收入阶段. 经济学动态，（7）：4-13.

郭红兵，陈平. 2010. 基于 SVAR 模型的中国产出缺口估计及评价. 数量经济技术经济研究，（5）：116-128.

① 长期以来，中国依靠“高储蓄-高投资-高出口”的发展模式成为 “世界工厂”，但是这一模式显著抑制了居民消费，导致中国居民消费持续低迷。2018年中国居民部门消费率仅为39%，而同期世界平均水平达到了58%。

郭庆旺，贾俊雪．2004. 中国潜在产出与产出缺口的估算．经济研究，（5）：31-39.
郭熙保，朱兰．2016.“中等收入陷阱”存在吗?——基于统一增长理论与转移概率矩阵的考察．经济学动态，（10）：139-154.
郭豫媚，陈彦斌．2015. 中国潜在经济增长率的估算及其政策含义：1979—2020．经济学动态，（2）：12-18.
国务院发展研究中心“中等收入陷阱问题研究”课题组．2011. 中国经济潜在增长速度转折的时间窗口测算．发展研究，（10）：4-9.
厉以宁．2012. 论“中等收入陷阱”．经济学动态，（12）：4-6.
刘伟，陈彦斌．2020. 2020～2035 年中国经济增长与基本实现社会主义现代化．中国人民大学学报，（4）：54-68.
陆旸，蔡昉．2016. 从人口红利到改革红利：基于中国潜在增长率的模拟．世界经济，（1）：3-23.
朴馥永，黄阳华．2013. 以经济转型跨越“中等收入陷阱”——来自韩国的经验．经济社会体制比较，（1）：1-11.
宋科，杨雅鑫．2017. 我国的外汇储备究竟充足不充足．国际金融，（12）：53-58.
王小鲁，樊纲，刘鹏. 2009. 中国经济增长方式转换和增长可持续性．经济研究，（1）：4-16.
温兴祥．2017. 隐性失业与农村居民家庭消费．世界经济文汇，（3）：64-83.
吴国培，王伟斌，张习宁．2015. 新常态下的中国经济增长潜力分析．金融研究，（8）：46-63.
徐忠，贾彦东．2019. 中国潜在产出的综合测算及其政策含义．金融研究，（3）：1-17.
闫坤，刘陈杰．2015. 我国“新常态”时期合理经济增速测算．财贸经济，（1）：17-26.
赵昕东．2008. 基于 SVAR 模型的中国产出缺口估计与应用．经济评论，（6）：90-95，108.
张德荣．2011. “中等收入陷阱”发生机理与中国经济增长的阶段性动力．经济研究，（9）：17-29.
郑秉文．2011. “中等收入陷阱”与中国发展道路——基于国际经验教训的视角．中国人口科学，（1）：2-15，111.
中国人民银行营业管理部课题组．2011. 基于生产函数法的潜在产出估计、产出缺口及与通货膨胀的关系：1978～2009．金融研究，（3）：42-50.
Barro R J. 2016. Economic growth and convergence: applied to China. NBER Working Paper.
Jordà O，Singh S R，Taylor A M． 2020. Longer-run economic consequences of pandemics．NBER Working Paper.
Garrent G. 2004. Globalization’s missing middle．Foreign Affairs，83（6）：84-96.

专题研究五　2020～2035年中国经济增长与基本实现社会主义现代化[①]

一、引　言

改革开放以来，中国经济发展取得了举世瞩目的伟大成就。1978～2019年GDP平均增速高达9.5%左右，中国不仅跃升为世界第二大经济体，而且正在不断快速缩小与第一大经济体——美国的差距。2020年，中国将全面建成小康社会，进入到为第二个百年目标奋斗的新阶段，即“在新中国成立一百年时，把我国建成一个富强民主文明和谐美丽的社会主义现代化强国”。党的十九大报告综合分析了国际国内形势和中国实际发展条件，将向第二个百年目标的迈进过程进一步划分为两个阶段。第一个阶段，从2020年到2035年，在全面建成小康社会的基础上，再奋斗十五年，基本实现社会主义现代化。第二个阶段，从2035年到21世纪中叶，在基本实现现代化的基础上，再奋斗十五年，把我国建成富强民主文明和谐美丽的社会主义现代化强国。由此可见，2020～2035年是中国迈向社会主义现代化强国的关键时期，也是重要的战略机遇期（刘伟和蔡志洲，2019）。在此阶段，中国经济需要保持较快的发展势头，从而为到2050年实现社会主义现代化打下坚实的基础。

当前，中国已步入高质量发展阶段，经济增长不再是中国经济发展所追求的唯一目标。但不可忽视的是，经济规模的较快增长与人均GDP水平的不断提升是一个国家持续发展及迈向现代化的重要基础。美国、日本、德国、英国等公认的现代化国家，其人均GDP水平均排在世界前列。因此，在2020～

---

① 作者：刘伟，中国人民大学经济学院；陈彦斌，中国人民大学国家经济学教材建设重点研究基地、经济学院。本专题研究已经发表于《中国人民大学学报》2020年第4期。

2035 年中国迈向社会主义现代化强国的关键时期，中国经济必须还要保证一定的经济增长速度。与此同时，政府也不应放弃对经济增长目标的管理与中长期规划。[①]在经济增长目标制定更加科学合理的情况下，仍要积极发挥增长目标对经济发展的引领和带动作用，防范经济增速跌落合理区间之外。

因此，2020～2035 年中国经济增长的合理目标是多少，就成为亟待回答的关键问题。在明确经济增长目标的情况下，未来中国在不同情景下的经济增长速度又是否能够达到这一目标，也是需要提前评估的重要方面。有鉴于此，本文将从跨越"中等收入陷阱"、跻身创新型国家及迈向发达经济体三个维度，对 2020～2035 年中国经济的合理增长目标进行分析与研判。在此基础上，进一步运用生产函数法预测 2020～2035 年中国经济不同情景下的增长趋势，从而对以上问题进行回答，并为中国如何实现更好地迈向社会主义现代化强国提出一些政策建议。

二、2020～2035 年中国经济增长的合理目标分析

党的十九大报告明确指出，中国到 2035 年经济发展的核心目标是要"在全面建成小康社会的基础上，再奋斗十五年，基本实现社会主义现代化"。基本实现社会主义现代化的内涵无疑是丰富的、广泛的。具体到经济增长层面上，党的十九大报告明确指出，到 2035 年要实现"我国经济实力、科技实力将大幅跃升，跻身创新型国家前列"、"人民生活更为宽裕，中等收入群体比例明显提高"及"全体人民共同富裕迈出坚实步伐"。[②]基于以上设想与要求，本文认为，2020～2035 年中国经济要至少完成人均实际 GDP 水平翻一番的增长目标，即实际 GDP 年均增速要达到 4.8%，[③④]才能满足基本实现社会主义现代化的要求。具体而言，主要有以下三点原因。

---

① 徐现祥和刘毓芸（2017）的研究表明，经济增长目标管理是一个全球性现象，自1950年至今，至少49个包括发达和发展中国家在内的众多经济体一直或曾经定期公布经济增长目标。

②《习近平：决胜全面建成小康社会 夺取新时代中国特色社会主义伟大胜利——在中国共产党第十九次全国代表大会上的报告》，http://www.xinhuanet.com/2017-10/27/c_1121867529.htm，2021年3月10日。

③ 本文的实际GDP年均增速均是指实际GDP总体规模的增速。按照人均实际GDP翻一番的要求，2020～2035年人均实际GDP增速年均需要达到4.73%。进一步考虑人口增长的影响之后，对应于实际GDP年均增速为4.8%。

④ 2035年人均实际GDP水平比2020年翻一番，从增速来看，实际上要求2021～2035年的年均增速为4.8%，即不包含2020年本身的增速。但便于表述的统一，本文统一采用2020～2035年年均增速的表达方式，特此说明。另外，由于在测算时2020年尚未结束，而且受疫情等因素影响，中国GDP增速尚存在较大的不确定性，所以本文是以2020年实际GDP比2010年翻一番作为测算基准。"到2020年国内生产总值和城乡居民人均收入比2010年翻一番"也是党的十八大报告设定的增长目标。

（一）2020～2035 年人均实际 GDP 水平翻一番，能使中国真正跨越“中等收入陷阱”

党的十八大以来，习近平总书记在不同场合多次提及“中等收入陷阱”，明确指出“中等收入陷阱”是中国必须要迈过去的挑战。[①]“中等收入陷阱”是由世界银行在《东亚经济发展报告（2006）》中首次提出的。该报告发现在第二次世界大战之后的 50 多年中，全球 101 个中等收入国家和地区之中，仅仅有 13 个成功发展为高收入经济体。[②]大多数经济体在中等收入阶段都出现了经济停滞等问题，在中等收入水平徘徊不前，甚至重新跌落至低收入水平。截至 2019 年，中国的人均国民收入虽然迈上 1 万美元大关，但距离高收入国家的门槛值 12 375 美元还有 20%左右的差距，中国仍属于中高收入国家。因此，跨越“中等收入陷阱”是中国经济在 2020～2035 年发展过程中所面临的迫切任务。

需要注意的是，要真正跨越“中等收入陷阱”，不能仅以超过高收入国家门槛值作为标准。从国际经验来看，一些经济体如果只是人均国民收入水平略高于高收入国家的门槛值，那么很容易再次回落到“中等收入陷阱”之中，拉美国家就是典型的例子。阿根廷、巴西及委内瑞拉等是长期陷入在“中等收入陷阱”中的代表性国家，其在一些时期的人均国民收入水平已经达到了高收入国家的门槛值。比如，巴西、阿根廷 2013 年的人均国民收入超过了高收入国家门槛值 3%左右。但是随后均又回落至门槛值以下，重新陷入“中等收入陷阱”之中。相比之下，智利与乌拉圭等被认为跨越过“中等收入陷阱”的国家，其人均国民收入水平均达到了高收入国家门槛值的 20%以上。由此，即使当经济发展面临一定的冲击，也不至于导致经济重新陷入“中等收入陷阱”之中。

由于世界银行划定的高收入国家门槛值每年都有一定的变化，按照 1990～2019 年高收入国家门槛值的增长趋势，预计 2035 年高收入国家门槛

① 比如，2014年11月10日，习近平总书记在北京出席亚太经合组织领导人同工商咨询理事会代表对话会时的致辞表示“对中国而言，‘中等收入陷阱’过是肯定要过去的，关键是什么时候迈过去、迈过去以后如何更好向前发展。我们有信心在改革发展稳定之间，以及稳增长、调结构、惠民生、促改革之间找到平衡点，使中国经济行稳致远。”（资料来源于《习近平出席亚太经合组织领导人同工商咨询理事会代表对话会》，http://cpc.people.com.cn/n/2014/1111/c64094-26004860.html，2021年4月15日。）

② 13个经济体分别是赤道几内亚、希腊、爱尔兰、以色列、日本、毛里求斯、葡萄牙、西班牙、波多黎各、新加坡、韩国、中国台湾、中国香港。

值的名义值在 18 200 美元左右。以 2020～2035 年人民币对美元汇率的平均水平为 6、GDP 平减指数为 2%作为基准情形[①]，可以测算得到，如果 2035 年中国人均收入水平超过高收入国家划分标准的 20%，2020～2035 年实际 GDP 的年均增速需要在 1.1%左右；如果超过高收入国家划分标准的 40%，2020～2035 年实际 GDP 的年均增速需要在 2.1%左右；如果超过高收入国家划分标准的 60%，2020～2035 年实际 GDP 的年均增速需要在 3.1%左右。由此，到 2035 年人均实际 GDP 水平较 2020 年翻一番，实现年均 4.8%的实际 GDP 增速，能够大幅超过高收入国家门槛值，完全迈入高收入国家行列。进一步从跨越的时间点上看，如果 2020～2035 年能够保持年均 4.8%的实际 GDP 增速，以超越高收入国家门槛值 20%为真正跨越的时点，那么中国将在 2026 年前后完成跨越“中等收入陷阱”的历史使命。

（二）2020～2035 年人均实际 GDP 水平翻一番，有助于中国跻身创新型国家前列

“我国经济实力、科技实力将大幅跃升，跻身创新型国家前列”是党的十九大报告提出的实现基本现代化的庄严要求。不可否认，影响一个国家创新能力的因素有很多，但从国际经验来看，一个国家创新能力的强弱还是与经济发展水平息息相关。比如，美国、日本、德国等创新能力排在前列的国家，其经济的发展程度也均在全球范围内处于领先水平。根据世界知识产权组织发布的《全球创新指数报告 2019》来看，创新能力指数排在前 10 位的国家，其 2019 年人均 GDP 的平均水平高达 5.4 万美元，是中国的 5 倍之多。可见，2035 年跻身创新型国家前列其实也对中国经济的增长速度提出了较高的要求。

如果以《全球创新指数报告 2019》中创新能力排名前 10 位国家的人均 GDP 水平作为参照标准，假设 2020～2035 年排名在前 10 位的创新型国家的 GDP 名义增长速度为 3%，人民币对美元的汇率与 GDP 平减指数与之前的基准情形设定相同。那么，到 2035 年，中国如果要达到创新型国家参照标准的 40%，需要 2020～2035 年实际 GDP 的年均增速在 4.3%左右；如果要达到创

① 不可否认，汇率受到经济基本面、资本流动及非预期外生冲击等多个因素影响，难以准确预测。本文是按照在中国经济稳定发展情况下人民币对美元汇率稳定上升这一大概率事件，作为基准预测情形，因而将人民币对美元汇率的平均水平设定为6，这与IMF的预测路径相近似。由此，到2035年人民币对美元汇率预计上升至5.3。GDP平减指数是参考过去40年中国经济的GDP平减指数情况，设定为2%。

新型国家参照标准的 50%，需要 2020～2035 年实际 GDP 的年均增速在 5.9%左右；如果要达到创新型国家参照标准的 60%，需要 2020～2035 年实际 GDP 的年均增速在 7.3%左右。由此可见，中国至少需要到 2035 年实现人均实际 GDP 水平较 2020 年翻一番的目标，才能为中国能够跻身创新型国家前列提供经济层面的保障。

（三）2020～2035 年人均实际 GDP 水平翻一番，将大幅缩小与中等发达经济体的差距，为 2050 年人均 GDP 达到中等发达经济体水平打下坚实基础

党的十九大报告指出，到 2050 年，“中国将成为综合国力和国际影响力领先的国家”，[①]这意味着届时中国需要迈入发达经济体行列。事实上，党的十三大报告中为中国现代化建设制定“三步走”发展战略时，最后一步目标就明确为“到二十一世纪中叶基本实现现代化，人均国民生产总值达到中等发达国家水平，人民过上比较富裕的生活”。相比于高收入国家对经济发展水平的要求，发达经济体的要求明显更高，这可以从两个方面体现。一是从数量上看，2019 年，全球范围内的高收入国家共有 70 个左右，而发达经济体仅有 39 个。[②]二是从人均 GDP 或收入水平来看，2019 年高收入国家的人均国民收入门槛值为 1.2 万美元左右，而发达经济体中人均 GDP 水平最低为 2 万美元，平均水平高达 4.5 万美元。剔除卢森堡、新加坡等体量偏小的经济体后，人均 GDP 的平均水平也在 4.1 万美元左右。截止到 2019 年，中国人均 GDP 水平刚突破 1 万美元大关，这意味着，如果以发达经济体的人均 GDP 平均水平作为中等发达经济体的标准，那么当前中国人均 GDP 水平仅达到中等发达经济体标准的 25%左右。

因此，2020～2035 年，中国不仅要真正跨越“中等收入陷阱”，还要尽量缩小与中等发达经济体人均 GDP 水平的差距。如果以发达经济体的人均 GDP 平均水平（剔除卢森堡、新加坡等体量偏小的经济体）作为衡量中等发

① 《习近平：决胜全面建成小康社会 夺取新时代中国特色社会主义伟大胜利——在中国共产党第十九次全国代表大会上的报告》，http://www.xinhuanet.com/2017-10/27/c_1121867529.htm，2021年3月10日。

② 本文对发达经济体的分类引自IMF的分类，后文主要剔除了卢森堡、马耳他、新加坡、中国澳门、中国香港等被IMF列为发达经济体的国家和地区。

达经济体的标准，假设发达经济体人均GDP的名义增长速度为3%[①]，基准情形下，到2035年如果要达到发达经济体人均GDP平均水平的50%，2020～2035年中国实际GDP的年均增速需要在4.1%左右；如果要达到发达经济体人均GDP平均水平的60%，2020～2035年中国实际GDP的年均增速需要在5.4%左右；如果要达到发达经济体人均GDP平均水平的70%，2020～2035年中国实际GDP的年均增速需要在6.5%左右。由此可见，到2035年人均实际GDP水平较2020年翻一番，将使中国人均GDP达到发达经济体平均水平的50%～60%，有助于到2050年使中国人均GDP达到中等发达经济体水平，使中国建成社会主义现代化强国。

总体而言，2020～2035年作为迈向社会主义现代化强国的关键时期，中国面临跨越"中等收入陷阱"、跻身创新型国家及追赶发达经济体等多重任务和挑战，这些任务和挑战均对2020～2035年中国经济的增长速度提出了约束性要求（表1）。综合来看，2020～2035年人均实际GDP水平翻一番是比较恰当与合适的目标。这既能够完成跨越"中等收入陷阱"的任务，也能够为中国跻身创新型国家前列提供保障，还能进一步大幅缩小与中等发达经济体的差距。如果要实现2020～2035年人均实际GDP水平翻一番的目标，再考虑到人口因素的影响[②]，那么在此期间，中国实际GDP年均增速要达到4.8%。

表1　2020～2035年中国经济增速的合理目标分析

项目		2020～2035年实际GDP年均增速	2035年人均实际GDP/2020年人均实际GDP
跨越"中等收入陷阱"	超过门槛值20%	1.1%	1.16
	超过门槛值40%	2.1%	1.35
	超过门槛值60%	3.1%	1.56
跻身创新型国家前列	参照标准的40%	4.3%	1.85
	参照标准的50%	5.9%	2.33
	参照标准的60%	7.3%	2.80
追赶发达经济体	平均水平的50%	4.1%	1.80
	平均水平的60%	5.4%	2.17
	平均水平的70%	6.5%	2.53
2020～2035年合理增速目标		4.8%	2.00

① 该增速的设定是依据IMF对发达经济体2020～2024年人均名义GDP增速的预测。

② 根据联合国2019年发布的《世界人口展望》的数据，基准情形下，预计到2035年，中国人口总量比2020年增长1.5%。

三、2020～2035 年中国经济增长趋势分析

本部分将基于生产函数法，对中国经济增长动力进行分解，厘清改革开放以来中国经济潜在增速的变化趋势，以及背后增长动力的变化情况。在此基础上，将进一步对 2020～2035 年中国经济增长趋势进行预测和分析，从而判断按照当前的经济增长趋势，中国到 2035 年能否完成基本实现现代化的目标。

（一）模型设定与数值求解

生产函数法是测算一国潜在增速与未来增长趋势的常用方法（Klenow and Rodríguez-Clare，1997；郭庆旺和贾俊雪，2005；吴国培等，2015；郭豫媚和陈彦斌，2015；陈彦斌和刘哲希，2016）。相较于滤波法和 SVAR 模型等其他方法，生产函数法基于经济增长理论，能够较为全面地反映各生产要素对经济增长的影响变化，从而更有助于把握经济增长的核心趋势与特征。因此，本文使用生产函数法对中国经济的增长动力进行分析。具体而言，本文将总量生产函数设定为附加人力资本的 C-D 形式：

$$Y_t = A_t K_t^{\alpha_t} H_t^{\beta_t} = A_t K_t^{\alpha_t} (L_t E_t)^{\beta_t} \tag{1}$$

其中，$\{Y_t, A_t, K_t\}$分别为实际产出、全要素生产率（TFP）及资本存量；H_t为附加人力资本的劳动，是劳动数量 L_t 与人力资本存量 E_t 的乘积；α_t 和 β_t 分别为资本和附加人力资本劳动的产出弹性，有 $\alpha_t + \beta_t = 1$。①

在（1）式两端同时除以 H_t，并采用状态空间模型对资本产出弹性进行动态估计，由此设定状态空间模型如下：

$$\text{测量方程：}\ln\left(\frac{Y_t}{H_t}\right) = c + t + \alpha_t \ln\left(\frac{K_t}{H_t}\right) + \gamma_t \tag{2}$$

$$\text{状态方程：}\alpha_t = b + \theta\alpha_{t-1} + \xi_t \tag{3}$$

假设 α_t 服从 AR（1）过程。θ 为自回归系数；γ_t 和 ξ_t 为独立且服从正态分布的随机扰动项；c 和 b 为截距项；t 为时间趋势项，以控制 TFP 的趋势变动。利用 OLS 回归确定模型的初始状态和参数初值，然后采用 Kalman 滤波对状态空间模型中的参数和未知变量进行估计，即可得到资本产出弹性和附

① 本文同样先假设生产函数不服从规模报酬不变的特征，测算得到资本和附加人力资本劳动的产出弹性之和基本也处于1左右，因而本文参照陆旸和蔡昉（2016）、陈彦斌和刘哲希（2016）等的一般做法，设定生产函数符合规模报酬不变的特征。

加人力资本的劳动产出弹性的动态变化参数。得到动态变化的要素产出弹性参数之后，要进一步估算 TFP 的增长率，即把（1）式转化为增长率形式，并将 $\alpha_t+\beta_t=1$ 代入，由此可得

$$\frac{\mathrm{d}A_t}{A_t}=\frac{\mathrm{d}Y_t}{Y_t}-\alpha_t\frac{\mathrm{d}K_t}{K_t}-(1-\alpha_t)\frac{\mathrm{d}H_t}{H_t} \tag{4}$$

通过（4）式可以计算各生产要素对经济增长的贡献率及经济的潜在增速。贡献率方面，将各个要素的增长率乘以相应的要素产出弹性之后除以实际产出的增长率，即可得到各个生产要素对经济增长的贡献率。例如，资本对经济增长的贡献率为 $\alpha_t(\mathrm{d}K_t/K_t)/(\mathrm{d}Y_t/Y_t)$。潜在增速方面，对附加人力资本的劳动和 TFP 等时间序列数据进行 HP 滤波处理得到趋势值，然后将趋势值和各年的资本存量值代入生产函数中可以得到相应年份的潜在产出，从而可以计算得到潜在增速。

在模型的数值求解过程中，需要对现实数据进行处理，主要包括 1978～2019 年的实际产出、资本存量、劳动力数量及人力资本。实际产出采用经 GDP 平减指数调整后的实际 GDP，相关数据来自历年《中国统计年鉴》。

劳动力数量方面，不同于已有研究直接采取劳动就业规模的数据，本文采用有效劳动的概念。这是因为，与发达经济体不同，中国第一产业的劳动效率只有第二和第三产业的 1/5，相比之下，发达经济体第一产业的劳动效率与第二和第三产业是较为接近的。这很大程度上源于中国第一产业存在一定的隐性失业现象，即在制度障碍下农村剩余劳动力难以完全向城镇转移，而只能为农业部门提供劳动力，导致人均生产效率偏低（黄宗智和彭玉生，2007；温兴祥，2017）。因此，就中国的实际情况而言，不应将总体劳动就业规模作为劳动力供给数量。本文将第二和第三产业就业人员全部视为有效劳动数量，并根据第二和第三产业就业人员数，以及第二和第三产业人均 GDP 与第一产业人均 GDP 的比值测算出第一产业有效劳动数量，将三个产业有效劳动数量加总作为劳动力数量的代理变量，相关数据来自历年《中国劳动统计年鉴》。

人力资本方面，参照以往文献的一般做法，本文采用劳动力人均受教育年限这一指标衡量人力资本存量。其中，1978～1998 年劳动力人均受教育年限数据来自王小鲁（2000），虽然 1998 年以来历年的《中国统计年鉴》开始公布不同教育程度的群体规模，但是该数据为抽查数据，抽样比仅为 0.1%左右，难以全面反映出劳动年龄人口受教育年限的总体情况。因此，本文结合

2000 年和 2010 年更为全面的第五次和第六次人口普查数据，对由调查抽样数据测算得到的劳动力人均受教育年限的增速进行调整。[①]

资本存量方面，借鉴已有研究较多采用的永续盘存法对资本存量进行推算（张军和章元，2003）。核心的估算式为 $K_t = I_t / P_t + (1-\delta_t)K_{t-1}$，$\{K_t, I_t, P_t, \delta_t\}$分别为第 t 期的资本存量、固定资产投资总额、固定资产投资价格指数与资本折旧率。具体步骤如下。第一，确定资本存量的基期。本文以 1978 年作为基期，数据来自 Hsueh 和 Li（1999）。第二，统计各年固定资产投资总额与价格指数。1979～1990 年数据来自《中国国内生产总值核算——历史资料：1952—2004》，1991～2019 年数据来自历年《中国统计年鉴》。第三，设定资本折旧率。参照王小鲁（2000）、陈彦斌和刘哲希（2016）等的一般做法，将其设定为 5%。

在得到各变量的数据序列后，由于状态空间模型需要满足变量平稳与协整的条件，因此要对各变量进行增广迪基-富勒（augmented Dickey-Fuller，ADF）平稳性检验与 Johansen 协整检验。[②]通过检验后，借助由（2）式和（3）式构成的状态空间对历年资本产出弹性和附加人力资本的劳动产出弹性进行估计后，可以估算出中国历年的 TFP 增速，进而计算得到 1979～2019 年中国的潜在增速。

（二）1979～2019 年中国经济潜在增速变化与增长动力分析

表 2 展示了 1979～2019 年中国经济潜在增速与各增长动力贡献率的测算结果。从潜在增速的变化情况来看，可以将中国经济增长分为两个阶段。第一个阶段是 1979～2013 年。在此阶段，中国经济的潜在增速平均高达 9.5%以上，而且，2000～2007 年，受益于市场化的持续推进与加入 WTO 带来的全球化红利，潜在增速平均水平更是达到 10%以上。长达三十余年的高增长推动中国成功由低收入国家跨入中等偏上收入国家行列，跃升为全球第二大经济体，创造了经济增长的奇迹。与此同时，这一阶段的实际增速基本上是围绕着潜在增速进行波动，经济偏冷与过热现象交替出现。比如，1989 年和 1990 年物价闯关失败后，实际增速仅为 4%左右，低于潜在增速水平 6 个百

① 本文基于2000年和2010年人口普查数据测算得到劳动年龄人均受教育年限的年均增速，依次对抽样数据测算的增速进行修正。对于2011～2019年，本文假设增速的偏差是一致的，由此对2011～2019年抽样数据测算的增速进行调整。

② 本文检验后发现，各变量均为一阶单整序列且存在协整关系，符合状态空间模型的要求。

分点；2007年，在全球金融危机爆发前期，中国经济增速高达14.2%，高于潜在增速3.3个百分点。

表2 1979～2019年中国经济潜在增速及增长动力变化情况

变量	总时间段	子时间段				
	1979～2019年	1979～1989年	1990～1999年	2000～2007年	2008～2013年	2014～2019年
实际GDP	9.40%	9.54%	10.0%	10.56%	9.15%	6.85%
潜在GDP	9.45%	9.50%	10.1%	10.24%	9.88%	7.25%
资本	12.22%（76.00%）	8.29%（51.48%）	11.06%（72.44%）	14.21%（80.09%）	18.09%（97.83%）	12.85%（99.65%）
劳动	3.99%（16.25%）	5.89%（25.56%）	4.98%（15.21%）	2.86%（11.84%）	2.85%（13.00%）	1.53%（10.00%）
人力资本	1.72%（7.55%）	3.29%（14.27%）	0.76%（2.65%）	0.93%（4.02%）	1.91%（8.58%）	1.16%（7.08%）
TFP	0.08%（0.20%）	0.83%（8.69%）	1.00%（9.70%）	0.40%（4.05%）	–1.87%（–19.41%）	–1.27%（–16.74%）

注：表中数字为各变量在相应时间段内的平均增长速度，括号内的数表示该生产要素对经济增长的贡献率，由于数据经四舍五入，可能存在各要素贡献率之和不等于100%的情况

第二个阶段是2014～2019年。在此阶段经济的潜在增速平均值下滑至7.25%。逐年来看，中国经济的潜在增速是从2014年的8.3%下滑至2019年的6.5%，下滑幅度较为明显。潜在增速的下滑符合经济增长的一般规律与理论。这是因为，一个经济体随着经济体量与发展水平的不断提升，其资本存量会逐步接近稳态值水平，技术水平也愈加逼近前沿从而后发优势减弱，这些因素都会导致经济增长速度不断放缓（林毅夫和苏剑，2007；刘世锦等，2015）。从国际经验来看，德国、新加坡、日本、韩国等经历过高增长的经济体，其经济增长速度大多是在高增长开始后的第三个或第四个十年开始回落（国务院发展研究中心“中等收入陷阱问题研究”课题组，2011）。比如，韩国1963～1997年实际GDP增速平均高达9.6%，而1998～2007年实际GDP增速均值下降至5%，2008～2018年增速均值进一步下滑至3.1%。在潜在增速下滑的同时，从表2可以看到，2014～2019年中国经济的实际增速显著低于潜在增速，这意味着中国经济的运行一直处于产出缺口为负的状态，面临

较大的下行压力。因此，在第二个阶段，中国经济实际上面临增速趋势性下滑与周期性放缓的双重挑战，核心特征与第一个阶段截然不同。

进一步从增长动力来看，改革开放以来中国经济的增长主要依靠资本和劳动等要素驱动，对 TFP 和人力资本的依赖程度偏低，这也符合经济发展的一般规律与国际经验。一般而言，一国在经济发展初期阶段大多处于人均资本存量与劳动参与率较低的状态，因而增加资本投资与提高劳动参与率是提升经济增长速度最直接的方式。但是，资本具有边际产量递减特征且人口红利难以持续，从而使得资本与劳动对经济增长的推动力会逐渐减弱。相比之下，人力资本与 TFP 具有规模收益递增特征，尤其是当国家经历了早期资本快速积累而进入后工业化时期，人力资本与 TFP 对经济增长更为重要（Easterly and Levine，2001；陈彦斌和刘哲希，2016）。更进一步来看，近年来中国经济的增长动力主要呈现以下三点特征。

一是资本积累仍是中国经济增长的核心驱动力，尤其是在 2008 年全球金融危机之后，虽然“调结构”一直是中国经济发展的主要目标，但实际上中国经济对资本积累的依赖不仅没有减轻，反而进一步增加。2008～2013 年和 2014～2019 年这两个时期，资本积累对经济增长的贡献率分别达到 97.83%和 99.65%，这主要源于 2008 年全球金融危机之后基础设施建设投资与房地产投资成为“稳增长”的重要抓手。不过从 2016 年开始，中国经济对资本积累的依赖程度开始减弱，2019 年资本积累的贡献率下降至 86.8%。

二是受人口红利不断衰减的影响，劳动力供给对经济增长的贡献率总体呈现下滑态势，但人力资本对经济增长的贡献率还未出现显著提升。改革开放以来，伴随着城乡之间人口流动性的不断增强，大量农村人口进入到工业和服务业部门，提供劳动力。可以看到，1979～1989 年，劳动供给对经济增长的贡献率高达 25.56%，1990～1999 年的贡献率也达到 15.21%。然而，伴随着人口老龄化进程的深化，劳动供给对经济增长的贡献率不断下滑，2014～2019 年的贡献率仅为 10%。从国际经验来看，在数量型人口红利不断消退的情况下，质量型人口红利的释放就至关重要。但遗憾的是，当前人力资本对经济增长的贡献率还未超过劳动供给，质量型人口红利还未得到有效释放。刘伟和张立元（2020）的测算结果也表明，中国的人力资本质量水平显著落后于发达国家，而且增长速率逐渐放缓，这已成为制约中国经济增长的一个重要因素。

三是2008年全球金融危机之后，TFP对中国经济增长的贡献率显著下滑。改革开放以来，受益于社会主义市场经济的逐步建立及国企改革等多项改革举措的推进，TFP 对中国经济增长的推动作用有所增强（樊纲等，2011）。然而，在 2008 年全球金融危机爆发之后，TFP 增速由正转负，对经济增长的贡献也在下降。TFP 增速之所以在 2008 年全球金融危机爆发之后出现明显下滑，主要有几点原因。其一，全球经济放缓与贸易保护主义的抬头导致全球化红利消退。其二，伴随着技术水平逐步逼近全球前沿水平，技术追赶效应不断减弱。其三，市场化改革步入深水区导致改革红利减弱。其四，全球金融危机后对房地产和基础设施建设“稳增长”效果的依赖，导致资源配置效率下降，TFP 增速显著下滑。其五，高债务下“僵尸企业”等问题难以得到解决，进一步降低了资金配置效率。不过，伴随着供给侧结构性改革等重要举措的推进，TFP 增速自 2016 年以来开始回升，至 2019 年已由负转正，增速达到 0.2%。

（三）2020～2035 年中国经济增长趋势分析

在厘清 1979～2019 年中国经济增长动力变化的基础上，本文将进一步对 2020～2035 年中国经济增长趋势进行预测和分析。具体而言，先对资本存量、劳动力供给、人力资本、TFP 增速及要素产出弹性等五方面核心因素的趋势进行分析判断，[①]再基于生产函数法对经济增长趋势进行测算。

（1）资本存量。本文设定 2020～2035 年，全社会固定资产投资增速将继续呈现稳中有降的趋势，2020～2025 年实际增速平均为 5%，2026～2030 年为 4%，2030～2035 年为 3%。该设定出于两方面的考虑：一是从理论上看，经济增长理论指出，随着资本存量逐步收敛至稳态水平，资本积累的增速也会相应不断放缓；二是从中国经济的实际情况来看，消费占 GDP 比重上升、投资占 GDP 比重下降将是未来的发展趋势。同时，房地产长效机制的构建与地方政府隐性债务问题的出现，将对房地产投资和基础设施建设投资形成较大的制约，而这两部分投资能够占到全社会固定资产投资的 40%以上。因此，2020～2035 年投资难以回升到以往的高增长态势，资本存量增速将呈现稳中趋缓的状态，由 9%逐步下滑至 4%左右。

（2）劳动力供给。伴随着人口老龄化进程的不断深化与推进，2020～

① 由于未来是无法准确预知的，利用增长核算模型做出的估算更多是帮助我们深化对未来经济走势机制的理解。

2035 年中国的劳动适龄人口（15～64 岁）将继续呈现下降态势，而且降幅将持续扩大。根据联合国《全球人口展望 2019》对中国 2020～2035 年劳动适龄人口的预测结果，本文设定 2020～2025 年中国劳动力规模的降幅为 – 0.07%，2026～2030 年为–1.42%，2031～2035 年为–3.43%。

（3）人力资本。联合国发布的《人类发展报告 2019》的数据显示，2018 年美国、英国、加拿大等发达经济体的人均受教育年限均在 13 年左右，中国 2020 年的人均受教育年限为 10.8 年，有一定的差距。考虑到 2035 年中国需要跻身创新型国家，并基本实现社会主义现代化，因而本文设定到 2035 年中国劳动力人均受教育年限将达到 13 年。由此，对 2020～2035 年各年的人力资本增速进行推算，测算得到的年均增速为 1.2%。与过去 15 年（2005～2020 年）年均 1.5%的增速相比，人力资本增速略有下降，但这也符合近年来中国人力资本增速放缓的总体趋势（刘伟和张立元，2020）。

（4）TFP 增速。2016 年以来中国 TFP 增速开始呈现回升势头，2019 年 TFP 增速由负转正，扭转了 2008 年全球金融危机之后 TFP 增速持续为负的局面。展望 2020～2035 年，一方面，新一轮以数字化和人工智能为主导的技术革命的迅速发展，将对 TFP 增速形成较强的带动作用（Brynjolfsson et al., 2017）；另一方面，市场化改革的推进与制度红利的进一步释放也将对 TFP 增速起到推动作用。由此，本文设定 2020～2035 年中国 TFP 增速将摆脱 2008 年全球金融危机之后的低迷时期，逐渐回升至 1979～2007 年 0.8%的平均增速水平。

（5）要素产出弹性。本文基于状态空间模型得到了时变的要素产出弹性。整体上，改革开放以来，资本产出弹性在下降，附加人力资本的劳动产出弹性在上升。2019 年资本产出弹性降至 0.54，附加人力资本的劳动产出弹性为 0.46。假设 2020～2035 年各要素产出弹性延续之前走势，那么到 2035 年资本产出弹性将逐步下降至 0.45 左右，而附加人力资本的劳动产出弹性逐步上升至 0.55 左右。要素产出弹性变化的背后其实反映了中国对高投资的依赖将逐步降低的发展趋势。从国际经验来看，美国等发达经济体的资本产出弹性一般在 0.4 左右，附加人力资本的劳动产出弹性一般在 0.6 左右。可见，到 2035 年，中国的要素产出弹性与实现现代化的发达经济体将更为接近。

基于以上设定，可以得到基准情形下 2020～2035 年中国经济潜在增速的预测结果（表 3）。结果表明，2020～2035 年潜在增速的平均水平将下降至 3.76%，其中，2020～2025 年的年均增速为 5.12%，2026～2030 年为 3.99%，

2031～2035 年为 2.21%。由此，在基准情形的经济增速水平下，到 2035 年人均实际 GDP 水平仅为 2020 年的 1.71 倍，难以完成翻一番的目标，从而也难以达到基本实现现代化的要求。

表 3　2020～2035 年经济潜在增速预测结果

项目	偏谨慎情形	基准情形	偏乐观情形
2020～2025 年	4.67%	5.12%	5.64%
2026～2030 年	3.36%	3.99%	4.65%
2031～2035 年	1.52%	2.21%	2.81%
2020～2035 年	3.17%	3.76%	4.36%
2035 年人均 GDP 水平/2020 年人均 GDP 水平	1.57	1.71	1.87

除此之外，本文还模拟了偏乐观和偏谨慎两种情形。偏乐观情形主要考虑以下几方面因素。一是以数字化和人工智能为核心的新一轮产业技术革命将对全球和中国经济的技术水平产生更为广泛和更迅速的推动作用，参考陈彦斌等（2019）的预测，或将 TFP 年均增速额外提高 20%，即提高至基准情形的 1.2 倍。二是以城市群为主体的新型城镇化推进，以及以“新基建”为主要抓手的新一轮基础设施建设投资启动，将会对固定资产投资增速形成推动，偏乐观情形下预计 2020～2025 年实际增速平均将达到 6.5%，2026～2030 年为 5%，2030～2035 年为 4%。三是质量型人口红利释放速度加快，劳动力人均受教育年限到 2035 年上升至 13.5 年，比基准情形增加 0.5 年。由此，在偏乐观情形的设定下，2020～2035 年的增速平均水平为 4.36%，但到 2035 年人均 GDP 水平只能达到 2020 年的 1.87 倍。

偏谨慎情形下主要考虑以下几方面因素。一是贸易保护主义抬头、逆全球化趋势加剧，以及全球产业链“去中国化”的潜在可能性或将拖累未来中国 TFP 的增长，由此将 TFP 年均增速调整为基准情形的 0.8 倍。二是新冠肺炎疫情不仅影响短期经济波动，而且会对经济长期增长趋势产生影响。Jordà 等（2020）基于历史数据分析发现，大规模疫情或会对经济增长产生长达数十年的影响，核心表现为储蓄的上升与投资的下降，自然利率持续走低。因此，偏谨慎情形下，本文将固定资产投资增速也调整为基准情形的 0.8 倍。三是质量型人口红利释放速度未及预期，进一步延续放缓走势，即将人均受教育年限到 2035 年调低至 12.5 年，比基准情形减少 0.5 年。结果表明，在偏谨慎情形下，2020～2035 年经济增速平均为 3.17%，比基准情形进一步降低了 0.59 个百分点。

总体上，根据以上的测算结果可知，无论是基准情形、偏谨慎情形还是偏乐观情形，按照当前中国经济的增长趋势，到 2035 年均难以完成较 2020 年 GDP 翻一番的目标。这意味着 2020～2035 年，中国必须实施有效促进中国经济长期增长的政策与举措，从而保证到 2035 年基本实现现代化。

四、政策作用下 2020～2035 年中国经济增速的情景分析

既然在已有增长路径下，2020～2035 年中国经济难以完成人均 GDP 水平翻一番的目标，由此，需要实施能够促进中国经济长期增长的政策与改革举措，从而进一步激发中国经济的增长动力。基于增长核算框架可知，促进一国经济长期增长的政策主要可以分为三类：第一类以提高 TFP 为核心；第二类以提高资本存量为核心；第三类以增加劳动力供给和提升人力资本为核心。具体到中国的实际情况，也应该从以上三类政策出发，针对中国经济增长面临的问题对症下药，提高经济的潜在增长速度。

（一）通过市场化改革促进资源配置效率提升与技术进步，从而提升 TFP 增速

市场经济是配置资源最为有效的手段。改革开放以来，随着市场化改革的不断深入，以及党的十八届三中全会对市场机制核心作用的进一步确立，中国经济的资源配置效率显著改善。但同时也应认识到，仍有一些市场化改革不彻底的方面抑制了资源配置效率的进一步提高。比如，利率市场化改革的不彻底使得国有企业依然能够享受较低利率的贷款，而民营企业面临较为严重的融资难、融资贵的问题。又比如，国有企业人才优势明显，而民营企业面临较为严重的人才荒的问题。因此，要加快市场化改革的步伐，推动资金、土地与劳动等要素市场的市场化改革，从而提高资源配置效率。2020 年 4 月 9 日，《关于构建更加完善的要素市场化配置体制机制的意见》的发布将会长期对未来中国经济起到关键性作用。

与此同时，市场化改革在推动技术创新方面的作用也不容忽视。事实上，要素市场扭曲与行政垄断是以往中国企业创新动力不足的核心原因。就要素市场扭曲而言，政府部门长期控制资金和土地等要素市场，人为压低资金和

土地的价格。由此，通过寻租获取廉价的生产要素与提高自身创新能力，就成了企业两种互相替代的利润创造手段（杨其静，2011）。这导致企业在创新方面投入的人力、物力和财力较少，致使创新能力难以得到有效提升。就行政垄断而言，由于限制了其他企业的进入，在位企业不需要提高自身的竞争力就能够占据较大的市场份额，创新动力显著下降（周黎安和罗凯，2005）。由此，深化市场化改革可以增强市场主体的创新动力，有效激励企业从事创新活动，进而提高 TFP 增速及对中国经济增长的贡献率。

根据以上分析，如果进一步深化市场化改革，在推动要素市场改革、金融体制改革、打破行政垄断及完善市场退出机制等方面加大力度，那么对资源配置效率和技术创新都会产生更大的推动作用。从改革开放以来的经验来看，每一次市场化改革的深化都会带来 TFP 增速的更快增长，比如，20 世纪 80 年代的改革开放之后、20 世纪 90 年代初确立社会主义市场经济体制之后和 21 世纪初加入 WTO 之后，都是 TFP 增速的高峰期。因此，本文假设新一轮市场化改革深化后，TFP 增速会与改革开放以来 TFP 增速的三轮高峰期均值持平，基准的政策效果为平均增速达到 1.2%。相应地，本文设定了政策效果偏谨慎和政策效果偏乐观的情形，谨慎政策效果下预计 TFP 增速会达到 1%，乐观政策效果下预计 TFP 增速会达到 1.4%。

（二）着力提高投资效率，注重提升资本积累质量

改革开放以来，中国一直实行高投资发展模式[①]。不可否认，资本积累是后发国家追赶发达国家的重要基础。但是，随着资本积累规模的快速增加，资本存量水平不断向稳态值靠近、资本积累速度逐步放缓是一般性规律。如果要继续维持高投资发展模式，那么就会带来越来越多的弊端。事实上，当前高投资发展模式的弊端已经凸显：恶化了总需求结构，导致居民消费不足，降低了社会福利水平；透支了中国资源和环境的承载能力；导致产能过剩问题出现，降低了资源配置效率；加剧了国有企业与地方政府的高债务风险，严重影响了经济与金融稳定。由此，高投资虽然能够带动资本规模的增加，但降低了投资效率，对经济增长的推动作用实际上并不强。2008 年全球金融危机之后，资本存量增速与 TFP 增速由之前的同向变化转变为反向变化，意味着高投资带来了资源配置效率的较大损失，因而显著减弱了投资对经济增

① 1979～2019年，中国投资率（资本形成占GDP的比重）基本始终保持在40%左右，该水平远高于同时期其他主要经济体。

长的拉动作用。

虽然高投资发展模式难以持续，但中国可以通过提高投资效率、提升资本积累质量，进一步增强资本对经济增长的拉动作用。具体而言，提升资本积累质量可以从以下几方面着手。第一，通过构建房地产市场长效机制，保持房地产市场的平稳发展，谨防继续将房地产作为稳定经济的手段。第二，积极财政政策不应以扩大基础设施建设投资为主要抓手，而是应以减税降费为核心。同时，进一步提高企业先进生产设备减税抵扣和研发费用税前加计扣除力度，调动企业扩大生产性投资和研发投资的积极性，从而更好地扩大有效投资。第三，进一步完善政府部门权力清单、责任清单、市场准入负面清单，逐步放松对部分行业的管制，特别是要解决民间资本进入金融、医疗、教育等第三产业领域时所面临的“玻璃门”“旋转门”“弹簧门”等问题，从而激发民间投资的积极性。

从增长核算视角来看，提升资本积累质量的效果主要体现为对 TFP 增速的拖累程度减轻。根据测算，如果按照 2008～2019 年资本积累对 TFP 增速的拖累情况，预计 2020～2035 年资本积累将拖累 TFP 增速 0.8 个百分点左右。因此，当将政策侧重点从推动资本规模的增长转变为提升资本积累的质量之后，一方面，对部分行业管制的放松可以带来新的投资增速，从而保证资本规模保持相当的增速；另一方面，资本积累质量的提升能够减少对 TFP 增速的拖累。基准的政策效果下预计资本积累不会对 TFP 增速产生拖累，换言之，将使 2020～2035 年 TFP 平均增速提高 0.8 个百分点左右。相应地，本文设定了政策效果偏谨慎和政策效果偏乐观的情形，谨慎政策效果下预计资本质量的提升会使 TFP 增速提高 0.5 个百分点，乐观政策效果下预计资本质量的提升会使 TFP 增速提高 1 个百分点。

（三）通过延迟退休、发展人工智能、促进人口流动与提升人力资本质量等多种举措，缓解人口老龄化对经济增长的影响

随着人口老龄化进程的不断推进，中国的劳动适龄人口规模已经开始下降，这将是拖累 2020～2035 年中国经济增长的一个重要因素。不过，可以通过以下几个方面的举措减缓劳动适龄人口规模下降带来的影响。

一是通过逐步延迟退休年龄，直接扩大劳动适龄人口规模。如果将退休年龄延长至 65 岁，那么劳动参与率将有所提高。2018 年我国就业人口占 15～

59岁人口的比重约为85%，实行延迟退休政策后，60～65岁人口的就业水平能够逐步接近这一标准。根据联合国预测的人口规模和国家统计局公布的就业人口数据可以测算得到，2020～2035年就业人口年均将增加400万～500万人左右。当然，因为延迟退休必然是逐步推进的，所以2020～2025年，延迟退休对劳动人口的影响较小，随后才将逐步增加。

二是发展人工智能等相关产业，提高自动化程度，对部分劳动力进行替代。人工智能虽然并非新鲜事物，但是2010年以来，随着深度学习算法的不断突破，人工智能开始满足可以大范围推广、持续升级换代、催生配套技术创新活动等三大条件，从而能够发展成为通用技术，进而对经济与社会的各个领域产生颠覆性影响。Arntz等（2016）预测，OECD国家的各项工作中约有9%可以被人工智能取代。陈彦斌等（2019）通过构建含有人工智能和老龄化的动态一般均衡模型并进行数值模拟，发现人工智能可以有效应对老龄化给中国经济增长带来的不利影响，而且人工智能应对老龄化的效果更是将明显优于延迟退休政策。因此，发展人工智能有利于缓解劳动力规模下滑的影响，推动中国经济的长期增长。

三是通过户籍和土地等制度改革促进人口流动，以优化劳动力供给结构，释放新一轮劳动人口红利。截至2019年，虽然中国就业人口规模达7.75亿人，但第一产业就业占比高达25%，吸附的劳动力过多。相比之下，美国、日本、德国、英国等发达经济体第一产业就业占比仅为1%～2%。因此，虽然中国劳动力规模在下降，但在优化劳动力供给方面拥有较大空间，可以通过推动第一产业劳动人口向第二、第三产业转移，从而释放新一轮的劳动红利。第一产业吸附劳动力过多的本质在于，农村人口在向城市流动的过程中受阻。要促进城乡之间的人口流动，核心是要推动两方面的改革。其一，户籍制度改革。不仅是单纯取消户籍制度，而且还要实现户籍制度所附加的教育、医疗、养老等权利平等化。其二，农村宅基地制度改革。逐步放开农村宅基地流转的限制，实现农村闲置宅基地的集约利用和交易流转，让农民享受土地流转增值的收益，使农村人口在进入城市时有足够的资金购房落户，促进新型城镇化建设，推动城乡双向流动。

四是通过加大公共教育支出与推进人力资本要素市场化配置，提升人力资本增长速度，加快质量型人口红利的释放。与发达经济体相比，中国人力资本还有巨大的提升空间。根据世界银行2018年发布的全球人力资本指数，中国在157个国家和地区中仅排名第46位。要促进人力资本的进一步积累，一方面需要政府加大对公共教育的投入，特别是对农村地区的教育支出和对职业教育体系的投入，从而结构性优化整个教育体系；另一方面，需要加快构建促进人才自由流动的人力资本市场化配置体制机制，提升人力资本投资与回报的匹配度，从而在微观层面上增加个体投资人力资本的激励，进而在宏观层面上提升人力资本对经济增长的推动作用。

伴随着上述举措的推进，预计将有效减缓 2020～2035 年劳动人口规模下滑对经济增长的负面影响。基准政策效果情形下，就延迟退休而言，假设到 2035 年退休年龄实现延迟到 65 岁，且 60～65 岁人口的劳动参与率与其他年龄段基本相同。就发展人工智能而言，借鉴 Arntz 等（2016）和陈彦斌等（2019）的估计，基准政策效果情形下假设到 2035 年人工智能可以替代 10%的劳动力。当然，这一实现过程需要逐步推进，以避免短期内造成大规模的失业情况。就促进人口流动而言，借鉴发达经济体的经验，基准政策效果情形下假设通过劳动人口由第一产业向第二、第三产业转移，使得第一产业劳动生产效率能够提高至第二、第三产业劳动生产效率的 1/2。就人力资本而言，通过加大公共教育支出与推进人力资本要素市场化配置，预计将使得劳动力人均受教育年限额外增加 0.5 年。由此，基准政策效果情形下劳动力供给和人力资本方面的政策可以使 2020～2035 年附加人力资本的劳动力增速年均提高 1.3 个百分点左右，谨慎政策效果下预计会使附加人力资本的劳动力供给增速提高 1.0 个百分点，乐观政策效果下预计会使劳动力供给增速提高 1.5 个百分点。

综合以上三个方面的分析，基于模型测算得到，“基准增长情形+基准政策效果”组合下，2020～2035 年中国经济的年均增速预计为 5.3%左右。由此，2035 年人均 GDP 水平将是 2020 年的 2.13 倍，从而能够完成翻一番的增长任务，为基本实现现代化打下坚实基础。更进一步地，本文还进一步测算了基准增长情形、谨慎增长情形和乐观增长情形叠加不同政策效果下，2020～2035 年中国经济增速的情形（表 4）。可以看到，即使是谨慎增长情形，如果实施的各项政策效果达到预期的情况下，到 2035 年中国经济也能基本实现人均 GDP 翻一番的目标。而在乐观增长情形下，推动各项政策带来的效果或使 2020～2035 年中国经济的年均增速达到 5.5%以上，能够超额完成翻一番的增长目标。总体而言，推进本文各项促进经济长期增长的政策，将有助于中国到 2035 年实现基本现代化的重要目标。

表 4 政策作用下 2020～2035 年中国经济增速预测结果

项目	基准增长情形	基准增长情形+基准政策效果	基准增长情形+谨慎政策效果	基准增长情形+乐观政策效果
2020～2025 年	5.12%	6.11%	5.83%	6.40%
2026～2030 年	3.99%	5.43%	4.76%	5.85%
2031～2035 年	2.21%	4.28%	3.50%	5.05%
2020～2035 年	3.76%	5.27%	4.69%	5.77%
2035 年人均 GDP 水平/2020 年人均 GDP 水平	1.71	2.13	1.96	2.28
项目	谨慎增长情形	谨慎增长情形+基准政策效果	谨慎增长情形+谨慎政策效果	谨慎增长情形+乐观政策效果
2020～2025 年	4.67%	5.61%	5.33%	5.80%
2026～2030 年	3.36%	4.90%	4.05%	5.50%
2031～2035 年	1.52%	3.92%	2.72%	4.70%
2020～2035 年	3.17%	4.92%	4.03%	5.33%
2035 年人均 GDP 水平/2020 年人均 GDP 水平	1.57	1.99	1.78	2.15
项目	乐观增长情形	乐观增长情形+基准政策效果	乐观增长情形+谨慎政策效果	乐观增长情形+乐观政策效果
2020～2025 年	5.64%	6.49%	6.30%	6.68%
2026～2030 年	4.65%	5.91%	5.34%	6.03%
2031～2035 年	2.81%	5.11%	4.00%	5.79%
2020～2035 年	4.36%	5.83%	5.21%	6.17%
2035 年人均 GDP 水平/2020 年人均 GDP 水平	1.87	2.31	2.11	2.42

五、主要结论与政策建议

2020 年，中国将进入到为第二个百年目标奋斗的新阶段。其中，从 2020 年到 2035 年，中国要在全面建成小康社会的基础上，再奋斗十五年，基本实现社会主义现代化。这就需要中国经济在 2020～2035 年仍然保持一定的增长速度，从而为基本实现社会主义现代化打下坚实基础。本文通过对跨越“中等收入陷阱”、缩小与中等发达经济体差距及跻身创新型国家前列等关于“基本实现社会主义现代化”的三个维度进行分析后认为，中国要到 2035 年基本实现社会主义现代化，那么经济增长需要完成翻一番的任务，即 2035 年人均实际 GDP 水平比 2020 年翻一番。这意味着中国在 2020～2035 年实际 GDP 的年均增速要达到 4.8%。

然而，本文利用生产函数法对 2020～2035 年中国经济增长趋势进行测算的结果值得担忧。测算结果表明，如果按照当前经济增长的路径，无论是偏谨慎情形、基准情形还是偏乐观情形，2020～2035 年中国实际 GDP 年均增速均难以达到所需要的 4.8%，从而难以完成翻一番的任务，不利于完成基本实现社会主义现代化的宏伟目标。因此，中国必须进一步深化改革开放，着力提高中国经济潜在增速。根据本文的情景分析，如果 TFP、资本与劳动等三个方面的增长动力得到进一步有效释放，那么预计 2020～2035 年中国实际 GDP 年均增速将会达到 5.3%左右，由此可以较好地完成 2035 年人均实际 GDP 水平比 2020 年翻一番的任务，达到基本实现社会主义现代化的目标与要求。

基于本文的研究，对未来中国经济增长的政策主要有以下几点建议。一是要推动市场化改革的进一步深化，尤其是要推动《关于构建更加完善的要素市场化配置体制机制的意见》的有效落实，从而提高资源配置效率并增强企业创新动力。二是要通过放松管制等举措，激发民间投资的积极性，不应再过于依赖房地产与基础设施建设投资的“稳增长”效果。“新基建”要更多考量其是否可以带动大规模就业和带动尽可能多居民的收入增长与消费增长，一定要避免重走重复建设与产能过剩的老路。三是要通过加大基础研究的投入与营造良好的市场环境，促进以数字化和人工智能为主的新兴产业健康发展，减少项目审批与目录指导等直接干预手段的使用。四是加大公共教育与职业教育的投入，以及加快构建促进人才自由流动的人力资本市场化配置体制机制，促进质量型人口红利的加速释放。五是由于现阶段中国经济潜在增速处于持续下滑状态，宏观调控不宜再以保证产出缺口为零为核心目标。宏观调控可以适当增加力度，使实际增速略高于潜在增速（建议高出 0.3 个百分点左右），即让产出缺口保持为正，这有助于防止潜在增速与总需求的螺旋式下滑，有助于为增长政策提升潜在增速营造良好的大宏观环境，有助于中国经济保持更好的较快的平稳增长。

参 考 文 献

陈彦斌，刘哲希. 2016. 经济增长动力演进与“十三五”增速估算. 改革，（6）：106-117.

陈彦斌，林晨，陈小亮. 2019. 人工智能、老龄化与经济增长. 经济研究，（7）：47-63.

樊纲，王小鲁，马光荣. 2011. 中国市场化进程对经济增长的贡献. 经济研究，（9）：4-16

郭庆旺，贾俊雪. 2005. 中国全要素生产率的估算：1979—2004. 经济研究，（6）：51-60.

郭豫媚，陈彦斌. 2015. 中国潜在经济增长率的估算及其政策含义：1979—2020.经济学动态，（2）：12-18.

国务院发展研究中心“中等收入陷阱问题研究”课题组. 2011. 中国经济潜在增长速度转折的时间窗口测算.发展研究，（10）：4-9.

黄宗智，彭玉生. 2007. 三大历史性变迁的交汇与中国小规模农业的前景. 中国社会科学，（4）：74-88.

林毅夫，苏剑. 2007. 论我国经济增长方式的转换. 管理世界，（11）：5-13.

刘世锦，刘培林，何建武. 2015. 我国未来生产率提升潜力与经济增长前景. 管理世界，（3）：1-5.

刘伟，蔡志洲. 2019. 经济周期与长期经济增长——中国的经验和特点（1978—2018）. 经济学动态，（7）：20-36.

刘伟，张立元. 2020. 经济发展潜能与人力资本质量. 管理世界，（1）：8-24.

陆旸，蔡昉. 2016. 从人口红利到改革红利：基于中国潜在增长率的模拟. 世界经济，（1）：3-23.

王小鲁. 2000. 中国经济增长的可持续性与制度变革. 经济研究，（7）：3-15，79.

温兴祥. 2017. 隐性失业与农村居民家庭消费. 世界经济文汇，（3）：64-83.

吴国培，王伟斌，张习宁. 2015. 新常态下的中国经济增长潜力分析. 金融研究，（8）：46-63.

徐现祥，刘毓芸. 2017. 经济增长目标管理. 经济研究，（7）：18-33.

杨其静. 2011 . 企业成长：政治关联还是能力建设？. 经济研究，（10）：54-66，94.

张军，章元. 2003. 对中国资本存量 K 的再估计. 经济研究，（7）：35-43.

周黎安，罗凯. 2005. 企业规模与创新：来自中国省级水平的经验证据. 经济学（季刊），（3）：623-638.

Arntz M，Gregory T，Zierahn U. 2016. The risk of automation for jobs in oecd countries：a comparative analysis. OECD Social，Employment and Migration Working Papers .

Brynjolfsson E, Rock D, Syverson C. 2017. Artificial intelligence and the modern productivity paradox：a clash of expectations and statistics. NBER Working Paper.

Easterly W，LevineR. 2001. What have we learned from a decade of empirical research on growth? it's not factor accumulation：stylized facts and growth models. The World Bank Economic Review，15（2）：177-219.

Hall R E，Jones C I.1999. Why do some countries produce so much output per worker than others. Quarterly Journal of Economics，114（1）：83-116.

Hsueh T，Li Q. 1999 . China's National Income，1952—1955. Boulder：Westview Press.

Jordà O，Singh S R，Taylor A M. 2020. Longer-run economic consequences of pandemics. NBER Working Paper.

Klenow P J, Rodríguez-Clare A. 1997. Economic growth：a review essay. Journal of Monetary Economics，40（3）：597-617.

专题研究六　人工智能、老龄化与经济增长①

一、引　言

历史和国际经验表明，虽然老龄化在短期内给一个国家或地区的经济增长带来的影响并不明显，但是在长期中的影响不容忽视。“亚洲四小龙”和日本在高增长时期之后，之所以经济增速显著放缓，重要原因之一就是老龄化带来了较大冲击。中国的老龄化程度不断加剧，而且面临“未富先老”“未备先老”的局面，如果不采取有效对策，那么老龄化对中国经济的冲击可能比其他国家更严重。在中国经济增速持续放缓，而“两个一百年”等重要目标的实现都需要经济增速保持在一定水平的背景下，很有必要深入研究如何才能有效应对老龄化对经济增长的不利影响，以促进经济与社会的平稳运行。

已有研究主要建议通过延迟退休年龄、调整生育政策、加快推进户籍制度改革等举措应对老龄化的影响，这些对策的本质是从供给端进一步“挖掘”劳动力。不过，现实情况表明，从供给端“挖掘”劳动力的难度越来越大，从需求端入手或许能够找到长期有效的应对之策。比如，随着人工智能的不断发展和推广应用，将会越来越多地实现机器人和自动化设备对劳动力的替代，从而减少劳动力需求，理论上可以成为应对老龄化的新思路。有鉴于此，本文将从需求端入手，研究人工智能究竟能否有效应对老龄化给中国经济增长带来的不利影响。

近年来学术界关于人工智能的研究成果大量涌现，包括人工智能对经济增长、生产率与技术创新、就业、收入分配与不平等、市场结构与产业组织等诸多方面的影响（曹静和周亚林，2018）。人工智能之所以引起了广泛关

① 作者：陈彦斌，中国人民大学经济学院。林晨：中国人民大学应用经济学院。陈小亮（通讯作者）：中国社会科学院经济研究所。本专题研究已经发表于《经济研究》2019年第7期。

注，是因为它能够进行“机器学习”（machine learning），从更大范围、更大程度上实现对劳动力的替代。而且，各界普遍预期人工智能会成为通用技术，从而给全世界带来深刻变革。正如 Brynjolfsson 等（2017）所言，通用技术需要满足三大条件：一是能够大范围推广使用，二是能够不断更新升级，三是能够引发与之相配套的创新活动。人工智能所具备的学习能力使其较好地满足了这三个条件，从而能够发展成为通用技术。

不过，到目前为止，鲜有文献专门研究人工智能究竟能否应对老龄化给经济增长带来的不利影响。Acemoglu 和 Restrepo（2017a）通过实证研究初步发现，老龄化越严重的国家，越倾向于更早、更多地使用人工智能（机器人）从事生产活动。Acemoglu 和 Restrepo（2018a）基于模型和实证研究进一步指出，老龄化将导致 21～55 岁的劳动人口数量减少，而该年龄段人群对生产活动而言是最重要的。为了减弱老龄化对生产活动的冲击，企业将更多地使用机器人替代劳动。这两篇文献较早地明晰了老龄化与人工智能应用之间的关系，但是它们并没有系统研究老龄化对经济增长的影响机制，以及人工智能究竟是否可以有效应对老龄化给经济增长带来的负面影响，这也给本文研究提供了契机。

本文通过构建含有人工智能和老龄化的动态一般均衡模型，并且基于中国的实际情况对模型参数进行校准，研究了人工智能究竟能否应对老龄化给中国经济增长带来的冲击。之所以选择动态一般均衡模型而非计量分析和统计分析作为本文的研究方法，主要有两点考虑。一是人工智能目前尚处于初期发展阶段，相关数据较为匮乏，这会限制计量分析和统计分析方法的使用，而动态一般均衡模型和数值模拟对数据的要求相对偏弱。二是本文尝试将人工智能和延迟退休政策对老龄化的影响进行对比分析，与计量分析和统计分析相比，基于动态一般均衡模型的数值模拟实验在这方面具有明显优势。

研究结果表明，人工智能主要通过三条机制应对老龄化对经济增长的冲击。一是提高自动化程度，减弱生产活动对劳动的依赖，从而减轻老龄化背景下劳动力供给减少对经济增长的不利影响。二是提高资本回报率，进而提高储蓄率和投资率，以减缓老龄化背景下储蓄率和投资率下降对经济增长的冲击。三是促进全要素生产率的提升，从而进一步对冲老龄化对经济增长的冲击。数值模拟结果显示，如果不考虑人工智能的影响，老龄化将使得 2035 年的中国经济增速下滑至 4.70%（如果考虑国内与国外其他不利因素的冲击，经济增速的下滑幅度将会更大）。而在本文设定的三种人工智能发展情景下，到 2035 年，中国经济增速将分别比老龄化情形高出 0.95 个百分点、1.77 个百分点和2.68个百分点。而且，本文对人工智能促进全要素生产率提升幅度的设定相对保守和谨慎，长期来看，人工智能对全社会技术进步和全要素生产率的提升效果将越来越明显，从而进一步提高人工智能对经济增长的拉动能力。此外，本文还发现，人工智能应对老龄化冲击的效果明显优于延迟退休政策的效果。

本文的学术贡献主要体现在三个方面。第一，Aghion等（2017）通过构建模型考察了人工智能对经济增长的影响，但并没有将老龄化考虑在内，本文则构建了同时包含人工智能和老龄化的模型，从而能够回答人工智能究竟能否应对老龄化给中国经济增长带来的冲击这一重要问题。第二，Aghion等（2017）主要通过理论模型对人工智能的影响进行定性分析，本文则在理论建模的基础上结合中国实际情况进行参数校准，并且进行了丰富的数值模拟试验，从而可以较好地对人工智能的影响进行定量分析。第三，本文还基于所构建的模型研究了延迟退休政策应对老龄化的效果，并将其与人工智能进行对比，从而进一步明确了人工智能应对老龄化的显著效果，这有助于为政府应对老龄化提供可靠的决策依据。

二、老龄化对经济增长的影响及人工智能的作用

本部分的主要目的是，基于理论和国际经验，概括出老龄化对经济增长的主要影响，并探寻人工智能是否能够减弱老龄化所带来的影响，从而为下文在模型中刻画人工智能及其对经济增长的影响机制打下基础。考虑到劳动力供给、资本积累和全要素生产率提升是长期经济增长的主要动力源泉，本文从这三方面展开分析。

（一）劳动力供给层面的影响

劳动力是生产和经济增长不可或缺的要素投入，然而老龄化却会导致劳动力供给减少。这是因为，老龄化会使得劳动年龄人口不断减少，而且伴随着老龄化的不断加剧，全社会的劳动参与率会越来越低。以老龄化率最高的日本为例，截至2016年底，日本劳动年龄人口数量已经比1995年的峰值减少了 11.82%。[①]而且，老龄化导致日本劳动参与率明显偏低，周祝平和刘海

① 参照国际通行做法，本文将15～64岁的人口定义为劳动年龄人口，将65岁及以上的人口定义为老年人口，将65岁及以上人口占总人口的比重定义为老龄化率。

斌（2016）通过国际对比发现，2013 年日本的劳动力参与率比中国低 12.1 个百分点，其中接近 80%归咎于老龄化。上述两方面因素导致劳动力对日本经济增长的贡献日益减弱：日本产业生产率数据库（Japan Industrial Productivity Database, JIP）的数据显示，日本劳动投入对经济增长的贡献度在 1980～1985 年为 34.17%，1986～1990 年已经降至 10.56%，而 1990 年以后则持续为负。

不过，人工智能可以减少生产过程中的劳动力需求，从而减弱老龄化对经济增长的不利影响。这是因为，人工智能可以提高生产过程的自动化程度，用智能系统和设备替代劳动力，而且人工智能对劳动力的替代比以往传统的机械自动化对劳动力的替代幅度更大，从而减少劳动力的需求量。Acemoglu 和 Restrepo（2017b）利用 1990～2007 年美国的数据进行了定量研究，发现每 1000 个工人所拥有的机器人数量增加 1 个，就会减少 0.18%～0.34%的劳动需求。Chui 等（2015）的预测结果进一步表明，如果人工智能系统的表现可以达到人类的中等水平，那么在美国将会有 58%的工作可以通过使用人工智能系统完成。

（二）资本积累层面的影响

老龄化会降低储蓄率和投资率，进而降低资本积累速度，阻碍经济增长。根据生命周期理论，一个国家的劳动年龄人口占比越高，则储蓄率和投资率越高；老年人口占比越高，则储蓄率和投资率越低。①不仅如此，老龄化过程中劳动供给减少，会使得资本边际产出递减规律的影响更加明显，进而降低投资回报率，投资率和储蓄率也就随之下行。大量实证研究发现，老龄化的确会降低一国的储蓄率（陈彦斌等，2014a），而储蓄率的下降不可避免地会导致投资率下滑。以日本为例，世界银行数据库的数据显示，日本的投资率已经从 1970 年的 40.9%下降到 2010 年以来的 20%～25%。

相比之下，人工智能则会提高资本回报率，从而提高储蓄率和投资率，进而减弱老龄化的冲击。伴随着人工智能水平的提高，生产过程中的自动化水平会不断升高，而且越来越多的生产任务可以用资本代替劳动加以完成，从而使得生产过程中资本相对于劳动变得更加重要，投资回报率将因此而上升。除此之外，人工智能的发展还可以促进全社会技术进步和全要素生产率

① 老龄化过程中，养老制度改革等因素可能会使得老龄化对储蓄率产生正向影响，不过本文研究的重点是老龄化本身和人工智能的发展对储蓄率的影响，暂不考虑养老制度改革等因素对储蓄率的影响。

的提升（具体见下文的分析），这同样有助于提高资本回报率。

（三）全要素生产率层面的影响

国内外已经有大量文献研究了老龄化对技术进步和全要素生产率的影响，汪伟和姜振茂（2016）对相关文献进行了梳理，发现到目前为止学术界关于老龄化对技术进步和全要素生产率的影响并未达成共识。一部分研究认为，老龄化不仅会减弱劳动者的脑力机能、影响劳动者的人力资本积累，而且还会通过增加企业用工成本和政府养老支出进而挤占研发投入，因此老龄化不利于技术进步和全要素生产率的提高。另一部分研究则认为，老龄化促使人们更加重视人力资本投资，并激励一国转变经济发展方式，进而对技术进步和全要素生产率产生积极影响。

尽管学术界关于老龄化对技术进步和全要素生产率的影响尚未达成共识，但是我们仍然可以研究人工智能对技术进步和全要素生产率的影响。由于老龄化会通过减少劳动供给和资本积累抑制经济增长，因此只要人工智能可以促进技术进步和全要素生产率的提高，那么就会减弱老龄化对经济增长的不利影响，而不管老龄化对技术进步和全要素生产率的影响是正是负。考虑到人工智能本身就是技术不断进步的结果，而且人工智能还会通过“机器学习”，以及激发配套创新科技等方式促进全社会技术进步（Brynjolfsson et al.，2017），因此长期来看，人工智能将有助于全要素生产率的提高，从而进一步减弱老龄化对经济增长的影响。

三、基准模型构建与求解

为了研究人工智能是否能够减轻老龄化对中国经济增长的不利影响，本文将构建含有人工智能和老龄化的动态一般均衡模型。本文模型以 Aghion 等（2017）为基准，并在此基础上做了四方面改进。第一，Aghion 等（2017）假设人口年龄结构不变，而本文需要考察老龄化的影响，因此将老龄化引入模型。第二，Aghion 等（2017）假设储蓄率外生，然而人工智能会影响储蓄率，因此本文模型将储蓄率内生化。第三，Aghion 等（2017）外生给定了人工智能的演进轨迹，而本文则使用 Logistic 函数刻画了人工智能的演进轨迹，从而为数值模拟提供了基础。第四，Aghion 等（2017）没有刻画政府部门，而本文则引入了政府部门。究其原因，长期以来中国政府部门的投资活动对经济增长而言至关重要，而老龄化的推进则会加剧政府的财政养老负担，使得政府拉动投资的能力越来越弱，如果不引入政府部门，很可能会低估老龄化对中国经济增长的负面影响，也就无法准确判断人工智能是否可以应对老龄化的冲击。

（一）居民部门与老龄化

耿志祥和孙祁祥（2017）等的相关文献在研究老龄化对经济增长的影响时，一般使用世代交叠（over lapping generation，OLG）模型刻画居民部门，通过出生率的下降和死亡率的上升来刻画老龄化走势，并且重点分析居民个体在年轻时期和老年时期的差异化行为决策。与之不同，本文主要关注的是老龄化导致全社会劳动供给总量减少，而单一个体所提供劳动的差异，以及年轻时期和老年时期个体的其他行为差异并非本文关注的重点。如果使用两期或多期 OLG 模型，需要对不同时期的个体进行加总，这会使得模型刻画和求解更为复杂，但模型对现实问题的解释能力并不会因此而提高。为了简化表达，本文直接抽象出一个“加总个体”，该个体的劳动投入量是已有文献的 OLG 模型中所有个体提供劳动的总和。“加总个体”劳动投入量的变化体现的就是老龄化对劳动供给的影响，伴随着老龄化的不断加剧，“加总个体”所能够提供的劳动力数量不断减少[①]。

假设“加总个体”可以无限期存活，其一生中的每一期所面临的最优化问题的形式是相同的：

$$\max \sum_{t=0}^{\infty} \beta^t U(C_t) \tag{1}$$

其中，β 为时间贴现因子；C_t 为“加总个体”在第 t 期的消费。假设效用函数形式为 $\frac{C_t^{1-\sigma}}{1-\sigma}$，$\sigma$ 为相对风险规避系数。需要说明的是，本文效用函数只引入了消费，而没有引入劳动与闲暇的内生决定问题。这是因为，本文将基于所构建的模型，模拟老龄化对经济增长的冲击，而数值模拟的一个重要前提就是外生给定老龄化过程中劳动供给量的变化。而且，后文并没有直接使用联合国《世界人口展望 2017》所预测的中国劳动年龄人口的数量进行数值模拟

① 理论上，本文刻画的无限期“加总个体”模型等价于符合以下两个特殊条件的OLG模型。一是模型中的个体具有代际利他偏好（Barro，1974）。一般而言，含有代际利他偏好的OLG模型等价于无限期的代表性个体模型。二是模型中的每一个个体在年轻时期无弹性地供给一单位劳动力。此时，“加总个体”的劳动供给恰好等于全社会劳动力的数量之和。

实验，而是将劳动参与率的影响考虑在内[①]，这相当于在模型外间接考虑了劳动与闲暇的内生决定问题。

“加总个体”在每一期面临的预算约束如下：

$$C_t + I_t^H = (1-\tau)(w_t N_t + r_t K_t^H) + \mathrm{TR}_t \tag{2}$$

其中，I_t^H为“加总个体”在第t期的投资，用于企业生产活动；K_t^H为“加总个体”在第t期所拥有的资本存量；N_t为“加总个体”在第t期提供的劳动，全部用于生产活动；w_t为工资率；r_t为利率，$w_t N_t$和$r_t K_t^H$分别为“加总个体”在第t期的劳动工资收入和资本收入；τ为税率，TR_t为政府在第t期支付给“加总个体”的养老金。此外，“加总个体”的资本存量变动方程可以表示为$K_{t+1}^H = I_t^H + (1-\delta)K_t^H$，其中$\delta$为资本折旧率。

（二）生产部门与人工智能

刻画生产部门的关键在于对人工智能进行刻画。目前，已有研究刻画人工智能的方法主要有两种。第一种是基于任务式（task-based）的刻画，假设人工智能会使得更多的任务可以实现自动化生产，然后使用已经实现自动化的生产任务占所有生产任务的比重反映人工智能的发展程度（Aghion et al.，2017；Acemoglu and Restrepo，2018a）。第二种是基于资本异质性的刻画，假设人工智能的发展使得生产函数中出现了与普通资本不同的智能资本，然后通过智能资本及其变化来刻画人工智能的发展程度（Lankisch et al.，2017；Pretter，2019）。本文选择了第一种方法，这是因为，如果使用异质性资本刻画人工智能，后续的参数校准工作将面临很大困难。我们很难对初始时期的普通资本和智能资本进行准确分割，而且两种资本的折旧率预期会有较大差别，但是目前仍无法知悉智能资本的折旧率到底是多少。相比之下，基于任务式的刻画则避免了不同资本的分割和折旧率的区分，在参数校准时的可行性较高。

对于生产函数的形式，本文参照Aghion 等（2017）所使用的CES函数进行刻画。假设存在无数家竞争性厂商生产最终产品，最终产品的生产函数为

$$Y_t = A_t\left(\int_0^1 X_{nt}^{\rho}\mathrm{d}n\right)^{\frac{1}{\rho}} \tag{3}$$

① 考虑到男性和女性的老龄化状况与劳动参与率存在明显差别，本文基于马忠东等（2010）预测的男性和女性劳动参与率数据，分别计算了每一年的男性劳动力和女性劳动力数量，将其加总得到每一年的劳动力总量。

其中，Y_t为最终产品的产出；A_t为全要素生产率；X_{nt}为第 t 期第 n 类中间品的数量。参数$\rho<0$，$\frac{1}{(1-\rho)}$给出了资本与劳动的替代弹性（下文简称为要素替代弹性）。假设中间品要么用资本生产，要么用劳动生产。如果相应的生产任务实现了自动化，那么就假设该中间品全部使用资本进行生产；如果相应的生产任务没有实现自动化，那么就假设该产品全部使用劳动投入进行生产。具体用下式表示：

$$X_{nt}=\begin{cases}K_{nt}, & \text{如果生产任务实现了自动化}\\ L_{nt}, & \text{如果生产任务没有实现自动化}\end{cases} \tag{4}$$

进一步地，假设生产任务实现自动化的中间品占全部中间品的份额为α_t，实现自动化的中间品总额为$\int_0^1 K_{nt}\mathrm{d}n=K_t$，没有实现自动化的中间品总额为$\int_0^1 L_{nt}\mathrm{d}n=L_t$。而且，假设资本在所有实现自动化的中间品之间均匀分配，劳动在所有未实现自动化的中间品之间均匀分配（Aghion et al.，2017），即每一类实现自动化的中间品生产所需的资本投入为$\frac{K_t}{\alpha_t}$，每一类未实现自动化的中间品生产所需的劳动投入为$\frac{L_t}{(1-\alpha_t)}$。据此，（3）式可以改写为

$$Y_t=A_t\left[\alpha_t\left(\frac{K_t}{\alpha_t}\right)^{\rho}+(1-\alpha_t)\left(\frac{L_t}{1-\alpha_t}\right)^{\rho}\right]^{\frac{1}{\rho}}=A_t\left[\alpha_t^{1-\rho}K_t^{\rho}+(1-\alpha_t)^{1-\rho}L_t^{\rho}\right]^{\frac{1}{\rho}} \tag{5}$$

（5）式在本质上与 Acemoglu 和 Restrepo（2018b）对生产函数的刻画是相同的。伴随着人工智能水平的提高，原来无法用智能系统替代劳动的生产任务将越来越多地实现自动化生产，α_t随之提高。有鉴于此，可以用α_t反映人工智能给自动化程度带来的变化。由于$\rho<0$，人工智能水平越高，CES 生产函数中资本K_t前面的系数$\alpha_t^{1-\rho}$越大，这意味着资本对全社会生产过程而言变得越来越重要，越来越多的生产任务可以用资本代替劳动加以完成。需要强调的是，人工智能还会通过“机器学习”、创造新思想、激发配套创新和技术进步等途径，提高全要素生产率A_t的增长率（Aghion et al.，2017）。[①]

在刻画完生产函数后，要想深入考察人工智能给经济增长带来的影响，还要进一步确定人工智能影响之下自动化程度 α_t 和全要素生产率的增长率

① 除了人工智能，老龄化也会对技术进步和全要素生产率的增长率产生影响，但是考虑到目前学术界关于老龄化对技术进步的影响机理和方向并未达成共识，因此本文模型暂不考虑。

$g_t = \dfrac{\dot{A}_t}{A_t}$的函数表达式。由于人工智能的发展尚处于起步阶段，究竟人工智能对自动化水平和全要素生产率的影响是什么样的函数形式，目前难以清晰确定。不过，我们仍然可以从已有文献中总结出一定的规律。一方面，刻画 α_t 和 g_t 的函数需要呈现出“先凸后凹”的演化趋势。根据 Brynjolfsson 等（2017）的分析，人工智能发展初期对生产率的促进作用相对有限，因为与人工智能相配套的技术创新和生产体系的转型升级需要一定时间才能完成。但是，长期而言，人工智能将显著促进技术进步和生产率的提升。Mckinsey（2018）进一步预测了人工智能在全世界企业的普及率演化曲线，总体上呈现“先凸后凹”的趋势，即人工智能发展初期阶段，在企业的普及相对较慢；伴随着人工智能的发展，其普及程度会快速升高；当达到一定程度之后，人工智能发展的态势将会趋缓。另一方面，自动化程度 α_t 的取值一定处于 0～1 的区间内，因此需要所选择的函数存在上下限。考虑到 Logistic 函数同时满足“先凸后凹”和存在上下限这两个特点，本文尝试采用 Logistic 函数刻画人工智能对 α_t 和 g_t 的影响，具体函数形式如下：

$$\alpha_t = \alpha_0 + (\bar{\alpha} - \alpha_0)/[1 + \mathrm{e}^{-\zeta(t-h)}]$$
$$g_t = g_0 + (\bar{g} - g_0)/[1 + \mathrm{e}^{-\eta(t-\mu)}] \tag{6}$$

其中，α_0 和 g_0 分别为自动化程度和全要素生产率增长率的起始值；$\bar{\alpha}$ 和 $\bar{g}$ 分别为自动化程度和全要素生产率增长率的极限值；ζ 和 η 分别为自动化程度和全要素生产率增长率变化趋势的曲率；h 和 μ 分别为自动化程度和全要素生产率增长率变化趋势由凸转凹的时间节点。

需要强调的是，虽然本文模型对人工智能的刻画以生产任务的自动化为支撑，但是本文所刻画的人工智能与传统的自动化存在根本差别。第一，本文根据人工智能的特征，使用 Logistic 函数刻画 α_t，当人工智能从发展初期逐渐达到成熟阶段时，α_t 将加速上升（“凸状”走势），这根源于人工智能的“机器学习”等独有特点。相比之下，自动化本身难以带来 α_t 的加速上升（“凸状”走势）。[①]第二，人工智能可以通过“机器学习”及激发配套创新科技等方式促进全社会技术进步，从而提高全要素生产率的增长率 g_t，而且人工智能在从发展初期逐渐达到成熟阶段的过程中同样会使 g_t 加速上升（“凸状”走势）。相比之下，自动化则难以促进全社会的技术进步。

① 与历史上出现的其他通用技术类似，当人工智能逐渐成熟并在全社会推广使用以后，其影响将会逐渐减弱，α_t 随之进入“凹状”走势阶段。

（三）政府部门

之所以引入政府部门，主要基于两点考虑。第一，与绝大多数国家明显不同，中国的政府部门很大程度上是增长型政府而非服务型政府，政府部门所拉动的投资活动对于中国经济增长而言是非常重要的。第二，以往很长一段时间内，中国处于“人口红利”阶段，政府部门不需要支付太多养老金，但是伴随着老龄化的快速推进，中国出现了越来越大的养老金缺口，需要政府部门予以补贴，而这无疑会削弱政府部门的投资能力。根据刘学良（2014）的预测，如果不采取其他应对措施，并且使用财政资金补贴养老金缺口，那么到 2030 年，财政养老补贴占 GDP 的比重将达到 2.71%，到 2050 年，财政养老补贴占 GDP 的比重将达到 9.55%,由此给政府部门带来的负担可想而知。如果不引入政府部门，将会低估老龄化对中国经济增长的冲击。有鉴于此，本文引入政府部门，这也是本文与 Aghion 等（2017）的主要区别之一。

为了便于模型求解和机制分析，本文对政府部门进行简化处理。具体而言，现实中政府部门除了从事投资活动和支付养老金，在教育、医疗、科技、环保等方面也担负着不少责任，不过那些活动并不是本文关注的重点，因此本文不再刻画政府在投资和养老之外的其他活动。假设政府部门的预算约束为

$$I_t^G + \mathrm{TR}_t = \tau(w_t L_t + r_t K_t^H) + r_t K_t^G \tag{7}$$

其中，（7）式左侧为政府部门的各项支出，I_t^G 和 K_t^G 分别为政府部门的投资和资本存量；TR_t 为政府部门支付的养老金。（7）式右侧为政府部门的各项收入，$\tau(w_t L_t + r_t K_t^H)$ 为与政府投资和养老活动相对应的税收收入，$r_t K_t^G$ 为政府投资获得的回报。需要强调的是，由于本文模型中政府征税的目的是为投资和养老活动融资，与教育、医疗、科技、环保等相对应的税收不在其中，因此模型中的税率 τ 将会明显低于实际经济中的宏观税负。此外，政府部门资本存量的变动方程可以表示为 $K_{t+1}^G = I_t^G + (1-\delta) K_t^G$ 。

理论上，伴随着老龄化的不断加剧，退休人员数量越来越多，而缴纳养老保险金人员相对减少，从而会导致财政养老收入和支出之间的缺口变大。再加上退休人员领取退休金的时间越来越长，政府部门需要支付的养老金总额 TR_t 显著升高。在税率 τ 保持不变的前提下，政府投资总额 I_t^G 将随之降低。当然，由于政府部门已经积累了大量的资本存量 K_t^G，这些资本的收益能够在一定程度上延缓 I_t^G 下降所出现的时间节点并减少下降幅度，因此，在老龄化推进过程中，政府投资 I_t^G 不会立刻下降，而是伴随着时间的推移逐步

显现出来。

（四）市场均衡条件和模型求解

（1）市场出清条件。模型经济体包含三个市场，均衡时需要三个市场全部出清：最终产品市场出清要求 $C_t + I_t^H + I_t^G = Y_t$，资本市场出清要求 $K_t^H + K_t^G = K_t$，劳动市场出清要求 $L_t = N_t$。

（2）居民部门最优化问题的求解。通过求解（1）式中给出的居民部门效用最大化问题，可得

$$\left(\frac{C_t}{C_{t-1}}\right)^{\sigma} = \beta[(1-\tau)r_t + (1-\delta)] \tag{8}$$

从（8）式给出的一阶条件可知，消费的增长率随着利率和时间贴现因子的提高而提高，随着税率和折旧率的提高而降低。

（3）生产部门最优化问题的求解。通过求解基于（5）式的生产部门利润最大化问题，可得

$$r_t = A_t[\alpha_t^{1-\rho} K_t^{\rho} + (1-\alpha_t)^{1-\rho} L_t^{\rho}]^{\frac{1}{\rho-1}} \alpha_t^{1-\rho} K_t^{\rho-1} \tag{9}$$

$$w_t = A_t[\alpha_t^{1-\rho} K_t^{\rho} + (1-\alpha_t)^{1-\rho} L_t^{\rho})]^{\frac{1}{\rho-1}} (1-\alpha_t)^{1-\rho} L_t^{\rho-1} \tag{10}$$

其中，（9）式给出了均衡状态下投资回报率的表达式，（10）式给出了均衡状态下工资率的表达式。当人工智能发展水平不断提高时，α_t 和 A_t 均提高，根据（9）式可知，二者都会抬升投资回报率，全社会的投资率和储蓄率也会随之提高。因此，理论上人工智能的发展会减缓老龄化所带来的储蓄率和投资率的下滑趋势，从而对冲老龄化给经济增长带来的不利影响。

（4）模型求解策略。求解本文模型的均衡解，等价于求解由生产函数、居民部门预算约束、政府部门预算约束、政府部门资本存量变动方程、市场出清条件，以及居民部门和生产部门最优化问题一阶条件所构成的差分方程组。由于变量较多并且存在非线性函数，我们难以求得模型的解析解，因此，主要通过数值模拟求解模型，并在此基础上回答本文关注的核心问题。

四、参 数 校 准

本文模型经济体中的一期代表现实经济中的一年，而且接下来数值模拟实验选择的时间段是 2016～2035 年。之所以选择 2016 年作为起始时期，是

为了结合 2016～2018 年中国的实际 GDP 增速，更准确地校准出中国经济增速的走势；之所以选择 2035 年为终止时期，主要是因为校准人工智能对经济增长的影响时会用到埃森哲发布的两份研究报告(Purdy and Daugherty, 2017; Purdy et al.，2017）中的数据，而他们预测的终止时期是 2035 年。

（一）人工智能相关参数的校准

如模型部分（6）式所述，本文采用“先凸后凹”的 Logistic 函数刻画了人工智能对自动化程度和全要素生产率增速的影响，其中参数$\{\bar{\alpha},\bar{g},\zeta,\eta,h,\mu\}$由人工智能的演进轨迹决定[①]，因此需要获得人工智能演进轨迹的信息才能校准这些参数。Purdy 和 Daugherty（2017）、Purdy 等（2017）预测了人工智能对美国、日本和中国等国家劳动生产率的影响幅度，为本文研究提供了参考标准。根据他们的预测结果，到 2035 年，人工智能会使得美国、日本等 10 余个发达经济体的劳动生产率额外提高 11%～41%[②]，使得中国的劳动生产率额外提高 27%。本文基于他们的测算结果对人工智能的影响进行了三种情景分析，分别假设到 2035 年人工智能使中国的劳动生产率额外提高 10%、20% 和 30%。而且假设在每一种情形下，劳动生产率的涨幅中都有 10%归因于人工智能带来的全要素生产率的提升，90%归因于人工智能带来的自动化水平的提高，这与 Purdy 和 Daugherty（2017）、Purdy 等（2017）的测算结果也是一致的。

笔者认为，上述情景设定是较为谨慎与合理的。一方面，三种情景下人工智能所带来的劳动生产率最低增幅小于上述 10 余个国家的最低增幅（11%），最高增幅也明显小于上述 10 余个国家的最高增幅（41%）。另一方面，人工智能作为一项通用技术，未来会通过大幅加快技术进步和提高全要素生产率以促进经济增长，而本文只将劳动生产率额外涨幅中的 10%归因于人工智能，这同样是较为严谨的。将三种情景下人工智能对劳动生产率的影响幅度及其在全要素生产率和自动化水平之间的分解纳入生产函数，并结合 α_t 和 g_t 的表达式，即可反推出相关参数的取值。具体校准结果如表 1 所示。

① α_0和g_0与人工智能的未来演进轨迹无关，因此无须根据劳动生产率的变化进行校准，而是根据已有文献加以确定，具体参见下文。

② 额外增长指的是考虑人工智能情形下2035年的劳动生产率比不考虑人工智能情形下2035年的劳动生产率所提高的幅度。

表 1　不同情景下人工智能相关参数的校准结果

情景设定	参数校准值	
情景 1：到 2035 年，人工智能使得中国的劳动生产率额外提高 10%	$\bar{\alpha}$=1 $\bar{g}$=0.050 ζ=0.055 η=0.1	h=100.0，μ=57.5
情景 2：到 2035 年，人工智能使得中国的劳动生产率额外提高 20%		h=89.0，μ=50.5，
情景 3：到 2035 年，人工智能使得中国的劳动生产率额外提高 30%		h=80.0，μ=48.5

（二）其余参数的校准

除了上述参数，还需要校准$\{\beta,\rho,\alpha_0,g_0;\delta,\tau,\sigma\}$。其中，$\{\beta,\rho,\alpha_0,g_0\}$参照已有文献予以确定。关于时间贴现因子 β，参照庄子罐等（2012）的研究，令 β=0.99。关于参数 ρ 的取值，需要通过要素替代弹性 $1/(1-\rho)$加以确定，袁礼和欧阳峣（2018）估算发现 1950～2014 年中国、巴西、埃及、伊朗等发展中国家的要素替代弹性处于 0.965～1，本文选择中间值 0.985 作为参照，据此求得 ρ=–0.015。关于初始期自动化程度 α_0，通过资本密集度 $\alpha_0^{1-\rho}$ 间接校准得到：章上峰等（2017）估算得出 1978～2013 年中国的资本密集度为 0.5 左右，再结合 ρ=–0.015，即可得到 α_0=0.51。关于初始期的全要素生产率增速 g_0，参照陈宇峰等（2013），令 g_0=0.025。

剩余的三个参数$\{\delta,\tau,\sigma\}$通过模型内校准得到。校准用到的三个矩条件分别是初始期的储蓄率、政府投资占 GDP 的比重及资本产出比。究其原因，这三个参数与居民投资行为和消费行为及政府投资行为密切相关，因此会共同决定经济体的储蓄率、政府投资规模和资本产出比。校准结果显示：δ=0.05①、τ=0.05、σ=1.1②。而且，从表 2 可以清晰地看到，模型生成的三个矩条件的数值与中国的实际情况较为接近。此外，模型经济体 2016～2018 年的经济增速平均为 7.00%，与中国的实际情况（6.73%）也比较一致，可见，本文所构建

① 关于资本折旧率δ，陈昌兵（2014）等研究的取值为5%，本文模型内校准的结果与之一致。不过，金戈（2016）计算发现2003～2011年中国经济基础设施、社会基础设施与非基础设施资本的折旧率分别为9.21%、8.51%和9.73%。为此，我们对折旧率δ进行了稳健性检验，发现当δ取值为0.06、0.08、0.10时，不同情景下人工智能对经济增速等的影响大小会有所变化，但是其作用机制和方向保持不变，本文的核心结论依然成立。

② 陈晓光和张宇麟（2010）、陈彦斌等（2014b）对σ的赋值处于1～3.5，本文模型内校准得到的结果在该范围内。此外，我们还分别令σ取值1.5和2进行稳健性检验，发现不同情景下人工智能对经济增速等的影响大小会有所变化，但是其作用机制和方向保持不变，本文的核心结论依然成立。

的模型经济体能够较好地拟合中国的现实经济特征，适用于本文的研究。

表 2　模型经济体的矩条件与现实数据的对比

数值	初始期的储蓄率	初始期政府投资占 GDP 的比重	初始期的资本产出比
模型数值	45.00%	9.40%	2.92
实际数值	47.97%	9.25%	3.17

注：考虑到 2008 年前后中国经济特征发生了较大变化，本文用 2008 年以来的宏观数据计算所需的矩条件。第一，由于本文构建的是封闭经济模型，因此模型经济体的储蓄率和投资率完全相等。世界银行数据库的数据显示，2008～2016 年中国的储蓄率平均为 49.67%、投资率平均为 46.26%，本文取二者的平均值（47.97%）作为初始期的储蓄率。第二，借鉴梁东黎（2013）的做法，通过考察资金流量表，将政府部门资金运用去向中的“资本转移”和“资本形成总额”视为政府投资，据此计算得到 2008～2015 年政府投资占 GDP 的比重平均为 9.25%，并将其视为该指标的初始值。第三，根据陈昌兵（2014）可以测算得出 2008～2012 年中国的资本产出比平均为 2.97，根据柏培文和许捷（2018）可以测算得出 2008～2013 年中国的资本产出比平均为 3.22，根据田友春（2016）可以测算得出 2008～2014 年（不含 2009 年和 2011 年数据）中国的资本产出比平均为 3.32，本文将三者的平均值（3.17）确定为初始期的资本产出比

五、数值模拟结果分析

基于所构建的模型，本文主要试图回答如下问题。第一，人工智能究竟能够在多大程度上对冲老龄化对中国经济增长的不利影响？第二，人工智能影响经济增长的主要机制有哪些？第三，当前社会各界正在广泛讨论，试图通过延迟退休政策应对老龄化对中国经济增长的不利冲击，那么人工智能与延迟退休政策相比，哪个能更好地应对老龄化的不利影响？为此，本文设置了多组数值模拟实验（表 3）。通过对比“实验 1”与“实验 2”的模拟结果，即可得出老龄化给中国经济增长带来的冲击及其影响机制。通过对比“实验 2”与“实验 3”的模拟结果，即可得出不同情景下人工智能对中国经济增长的影响大小及具体机制，进而判断人工智能是否能够对冲老龄化带来的冲击。通过对比“实验 3”与“实验 4”的模拟结果，即可得出人工智能和延迟退休政策应对老龄化的效果孰优孰劣。

表 3　数值模拟实验的情景设定和标识

编号	具体情景设定	标识
实验 1	老龄化率保持在 2016 年的水平不变，并且不考虑人工智能的影响	no-aging
实验 2	老龄化率按照联合国预测的轨迹演进，并且不考虑人工智能的影响	real

续表

<table>
<tr><th>编号</th><th colspan="2">具体情景设定</th><th>标识</th></tr>
<tr><td rowspan="3">实验 3</td><td rowspan="3">“老龄化+人工智能”</td><td>情景 1：到 2035 年，人工智能使中国的劳动生产率额外提高 10%</td><td>AI_10%</td></tr>
<tr><td>情景 2：到 2035 年，人工智能使中国的劳动生产率额外提高 20%</td><td>AI_20%</td></tr>
<tr><td>情景 3：到 2035 年，人工智能使中国的劳动生产率额外提高 30%</td><td>AI_30%</td></tr>
<tr><td>实验 4</td><td colspan="2">“老龄化+延迟退休政策”，并且不考虑人工智能的影响</td><td>postponed retirement</td></tr>
</table>

（一）人工智能应对老龄化对经济增长冲击的总体效果

图 1 中的数值模拟结果显示，如果中国的老龄化率维持在 2016 年的水平，并且没有人工智能的影响（no-aging 情形），那么中国的 GDP 增速将逐渐下降，到 2035 年降至 5.43%。GDP 增速下降的原因在于，资本深化程度不断提高，使得资本边际产出不断下降，这与理论预期相一致。如果中国的人口老龄化进程按照联合国《世界人口展望 2017》的预测轨迹演进（real 情形），那么 2035 年中国的 GDP 增速将会进一步下降至 4.70%，这与陆旸和蔡昉（2014）等的结论是吻合的，即人口老龄化会使得中国经济增速出现明显下滑。需要强调的是，上述预测结果并没有考虑其他不利因素可能带来的影响。比如，中国的资本存量中有很大一部分是住房投资所形成的资本存量，这些并非生产性资本，难以直接提升实体经济的生产能力。而且，中国住房的折旧率较高，伴随着住房资本存量的增加，资本折旧会越来越多，新增投资必须弥补折旧后才能形成新的资本存量，导致资本积累对经济增长的拉动能力越来越弱。如果将其他不利因素考虑在内，到 2035 年，中国的经济增速预计还会进一步降低。

不过，从图 1 还可以看出，人工智能将会较为有效地应对老龄化对经济增长的不利冲击。在情景 1（AI_10%）之下，即假设到 2035 年人工智能可以使中国的劳动生产率额外提高 10%，那么 2035 年中国的 GDP 增速将会达到 5.65%，已经足以抵消老龄化对经济增长的不利冲击。在情景 2（AI_20%）之下，到 2035 年中国的 GDP 增速将升至 6.47%。在情景 3（AI_30%）之下，到 2035 年中国的 GDP 增速更是达到 7.37%的相对较高水平。当然，这同样没有考虑国内与国外的其他不利因素可能带来的影响。不过，由于除了人工

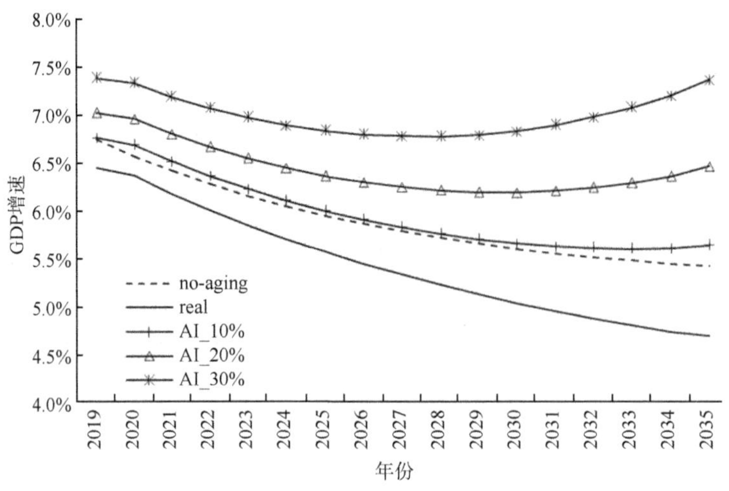

图 1　不同情形下中国经济增长率的走势

智能和老龄化之外，所有情景下考虑的其他因素是相同的，因此可以通过比较不同情形下 GDP 增速的差异来判断人工智能的影响，这也是动态一般均衡模型下的数值模拟实验相比实证分析和统计分析所具有的显著优势之一。通过计算可知，在三种情景之下，到 2035 年人工智能将分别使得中国的 GDP 增速比老龄化情形（real 情形）高出 0.95 个百分点、1.77 个百分点和 2.68 个百分点。据此可以看出，如果人工智能可以在全国范围内顺利地发展、推广和应用，那么它不仅能够完全对冲老龄化给经济增长带来的不利影响，还将给中国经济增长带来较为明显的促进作用。

（二）人工智能应对老龄化对经济增长冲击的核心机制

1. 人工智能可以提高生产的自动化程度，更大幅度地实现资本对劳动的替代，从而减轻老龄化背景下劳动力供给减少对经济增长的不利影响

老龄化会减少全社会劳动力的供给数量，而人工智能则会减少生产活动对劳动力的需求，从而弱化老龄化给经济增长带来的不利影响，这是人工智能对冲老龄化所带来不利影响的最直接的作用机制。而且，由于人工智能系统具备自我学习能力，甚至还具备越来越完善的感知和认知能力，因此，最新的人工智能系统对劳动的替代能力远远超过了以往的机械设备和自动化系统。这最终体现为资本劳动比率的不断升高（表 4）。

表 4 不同情形下资本劳动比率的走势

年份	不同情形下的资本劳动比率					
	no-aging	real	AI_10%	AI_20%	AI_30%	postponed retirement
2019	1.343	1.356	1.367	1.376	1.391	1.353
2020	1.468	1.489	1.505	1.518	1.539	1.485
2025	2.181	2.243	2.294	2.337	2.407	2.179
2030	3.069	3.192	3.315	3.421	3.590	3.116
2035	4.189	4.387	4.660	4.901	5.276	4.325

注：如果直接用模拟得到的 K/L 表示资本劳动比率，数值较大，不易于观察和比较。为便于分析，将各种情形下 2016 年的资本劳动比率标准化为 1，在此基础上得到其他年份的相关数值。此外，为了节省篇幅，表中只列出了部分年份的模拟结果

从表 4 可以得到如下结论。第一，所有情形下的资本劳动比率都在不断升高，这是因为中国仍然处于资本深化的过程中。第二，考虑老龄化（real 情形）相比不考虑老龄化时（no-aging 情形），资本劳动比率上升得反而更快，因为老龄化过程中劳动力供给不断减少，而且资本投入相对于劳动投入变得便宜（Acemoglu and Restrepo，2018b），企业将更多地使用资本替代劳动，导致资本劳动比率被动升高。第三，人工智能的不断发展会使得资本劳动比率更加显著地升高。这与老龄化情形（real 情形）背后的机理明显不同，因为伴随着人工智能的不断发展，资本对劳动的替代能力显著提升，企业会主动用人工智能系统（新型资本）替代劳动力，而不是老龄化情形（real 情形）所发生的资本被动替代劳动。模拟结果显示，到 2035 年，三种不同人工智能发展情景下的资本劳动比率将分别比老龄化情形（real 情形）高出 6.23%、11.72%和 20.26%；与老龄化率不变的情形（no-aging 情形）相比，更是分别高出了 11.24%、17.00%和 25.95%。

2. 人工智能可以提高资本回报率，进而提高储蓄率和投资率，以减缓老龄化背景下储蓄率和投资率下降对经济增长的冲击

老龄化对经济增长的冲击并不仅仅局限于劳动力供给数量的减少，还会导致全社会投资率的下降。“人口红利”之所以能够促进中国经济增长，其本质在于劳动投入的持续增加避免了资本边际报酬递减规律的发生，而老龄化则会导致资本边际报酬递减规律的作用更快地体现出来。图 2 显示，伴随着老龄化的不断加剧，中国的资本回报率将会持续下降，储蓄率也随之下行。到 2035 年，老龄化情形（real 情形）下的全社会储蓄率将会降至 40.22%，这比不存在老龄化的情形（no-aging 情形）低了 1.91 个百分点。现实中，资本回报率和储蓄率的下降幅度将会比模拟结果更大。其一，由于企业部门和政

府部门面临高债务负担，而且部分地区的房地产投资和基建投资已经相对过剩，因此现实中资本回报率将比模型经济体更低。其二，资本回报率的下降直接就会导致储蓄率下降，不仅如此，本文模型将政府进行了简化处理，没有考虑政府在教育、医疗等领域的支出，未来政府在这些领域的支出占 GDP 的比重会不断提高，从而进一步降低全社会储蓄率。此外，由于本文构建的是封闭经济模型，因此投资率与储蓄率走势相同，不再赘述。

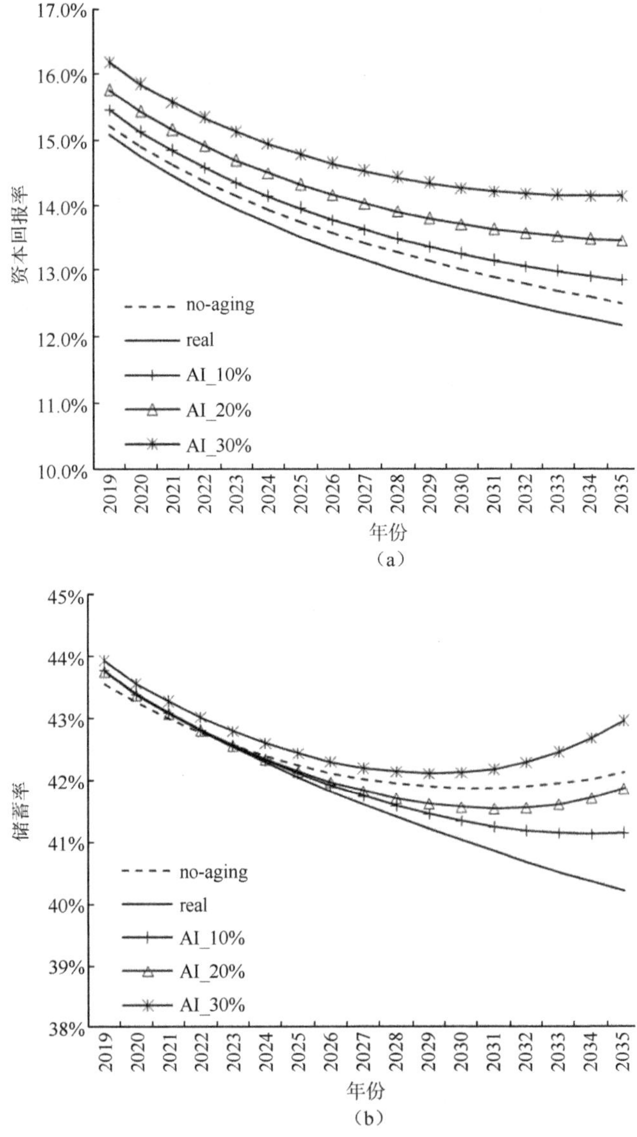

图 2　不同情形下资本回报率和储蓄率的走势

由于本文所构建的封闭经济体的储蓄率和投资率走势相同，故而不再专门绘制投资率的走势图

相比之下，人工智能的发展则会提高投资回报率。一方面，人工智能有助于提高自动化和智能化程度（即模型中的 α_t 升高），使得生产过程中资本比劳动更加重要，因此有助于提高资本回报率。另一方面，人工智能还可以促进全社会技术进步和全要素生产率的提高（即模型中的 A_t 升高），从而进一步提高资本回报率。数值模拟结果显示，在情景 3（AI_30%）之下，到 2035 年资本回报率将达到 14.15%，比老龄化情形（real 情形）高出 1.96 个百分点。在相对较高的资本回报率的支撑下，全社会的储蓄率和投资率也摆脱了老龄化所带来的下滑态势。仍然以情景 3（AI_30%）为例，在人工智能的驱动下，到 2035 年全社会储蓄率和投资率将回升至 42.97%，比老龄化情形（real 情形）高出 2.75 个百分点。在情景 1（AI_10%）和情景 2（AI_20%）之下，由于人工智能的发展速度相对慢一些，因此储蓄率和投资率比情景 3（AI_30%）要低一些，但是与老龄化情形（real 情形）下的表现相比，同样明显好转。

需要强调的是，本文还专门探析了老龄化对政府投资率的影响，主要目的是论证在模型中引入政府部门的必要性。从图 3 可以发现，如果保持老龄化率不变（no-aging 情形），那么政府投资占 GDP 的比重将会持续升高，这也是一直以来中国经济增长的重要动力来源之一。但是，伴随着老龄化的加剧（real 情形），政府投资占 GDP 的比重则会表现出截然不同的走势，尤其是 2028 年之后政府投资增速将会明显放缓[①]，导致在随后的年份中政府投资占 GDP 的比重基本稳定不变。将 no-aging 情形与 real 情形对比可知，到 2035 年，real 情形下政府投资占 GDP 的比重低了 5.4 个百分点之多。这意味着，如果模型中没有引入政府部门，那么将会明显低估老龄化对中国经济增长的负面冲击。可见，在研究老龄化对中国经济增长的影响时，的确有必要在模型中引入政府部门，也只有引入了政府部门，才能更加准确地评估人工智能是否能够对冲老龄化给中国经济增长带来的不利影响。

① 之所以政府投资占GDP的比重在2019～2027年仍然持续升高，是因为此前政府部门已经积累了大量的资本存量，这些资本的收益能够在一定程度上延缓政府新增投资规模收缩所出现的时间节点并减少其下降的幅度。因此，在老龄化推进过程中，政府投资不会立刻下降，而是伴随着时间的推移逐步显现出来。

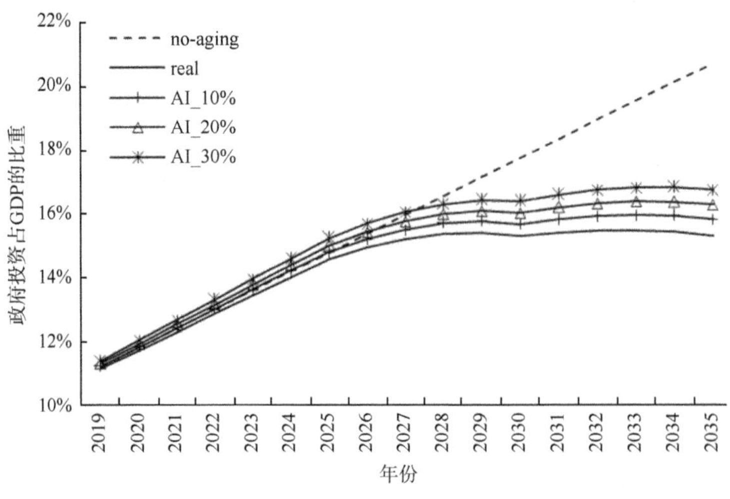

图 3　不同情形下政府投资占 GDP 比重的走势

3. 人工智能可以促进全社会的技术进步，提高全要素生产率，从而进一步对冲老龄化对经济增长的不利影响

遵循 Purdy 和 Daugherty（2017）、Purdy 等（2017）的思路，假设到 2035 年，人工智能主要通过提高自动化程度来提高劳动生产率，劳动生产率的额外涨幅中只有 10%归因为人工智能带来的全要素生产率的提升。基于这一假定，本文模拟了三种情形下人工智能对全要素生产率的影响（表 5）。结果发现，到 2035 年人工智能将分别使得中国的全要素生产率额外提升 1.30%、2.58%和 3.12%。从数值模拟结果来看，至少到 2035 年为止，人工智能通过促进技术进步和全要素生产率提升，进而提高经济增速的效果并不明显。

表 5　不同情形下全要素生产率的走势

年份	不同情形下的全要素生产率水平			
	real	AI_10%	AI_20%	AI_30%
2019	13.577	13.586	13.594	13.598
2020	13.916	13.928	13.940	13.945
2025	15.745	15.785	15.825	15.842
2030	17.814	17.922	18.029	18.075
2035	20.155	20.418	20.675	20.784

注：为了节省篇幅，表中只列出了部分年份的模拟结果

上述设定和模拟结果并不会弱化本文的研究结论，相反会强化本文的研究结论。历史经验表明，一项颠覆性的通用技术对全社会生产率的深远影响

可能需要数年甚至数十年才能完全显现，电力和信息技术的发展和应用历程均是如此，人工智能很可能也是如此。到目前为止，人工智能对技术进步和生产率的影响并未显现出来，至少从统计数字来看，过去一段时期内美国等创新型国家的生产率并没有因为人工智能的发展而升高，这一现象被Brynjolfsson等（2017）称为"现代生产率悖论"。究其原因，一方面，具备自我学习能力和创新能力的人工智能系统尚未得到充分发展和广泛应用；另一方面，人工智能要想显著提升生产率，依赖于大量配套创新科技的问世和应用。这两方面条件尚不具备，导致目前人工智能对生产率的促进作用仍然有限。不过，从更长远的视野来看，人工智能的不断发展将会显著提高全要素生产率（Brynjolfsson et al.，2017）。

（三）人工智能与延迟退休政策应对老龄化的效果对比

上文数值模拟实验已经证实，人工智能可以较好地对冲老龄化给经济增长带来的不利影响。不过，有可能其他政策的效果更好，如近年来社会各界广泛讨论的延迟退休政策。有鉴于此，本文接下来将人工智能和延迟退休政策在应对老龄化给经济增长带来的冲击时的效果进行对比分析，以探寻究竟孰优孰劣。关于延迟退休的具体方案，目前尚无定论，不过大多数研究建议的方案是逐步出台、循序渐进。参考刘晓光和刘元春（2017）等已有研究的设计思路，假设2020～2024年中国逐步提高退休年龄，到2024年男性和女性的退休年龄分别比2019年提高五岁，并在此设定下进行数值模拟实验。

从图4可知，延迟退休政策（postponed retirement情形）实施的最初几年确实能够提高经济增速，2020～2024年效果最为显著，延迟退休政策平均每年使得GDP增速比老龄化情形（real情形）提高0.40个百分点。但是，随后延迟退休政策的效果迅速衰减，2025～2035年只能使得经济增速比老龄化情形（real情形）高出0.09个百分点。究其原因，延迟退休政策实施的初期，本应退休的劳动力不得不停留在劳动力市场，与老龄化情形（real情形）相比，劳动力供给量有所增加，从而可以较为显著地促进经济增长。但随着时间的推移，这些劳动力达到新的法定退休年龄后还是要退出劳动力市场。而且，在政策实施的过渡期结束之后，延迟退休政策所带来的相邻两年内的劳动力净增加量非常有限，也就无法显著推高经济增速。由此可知，延迟退休政策应对老龄化的效果明显不及人工智能。

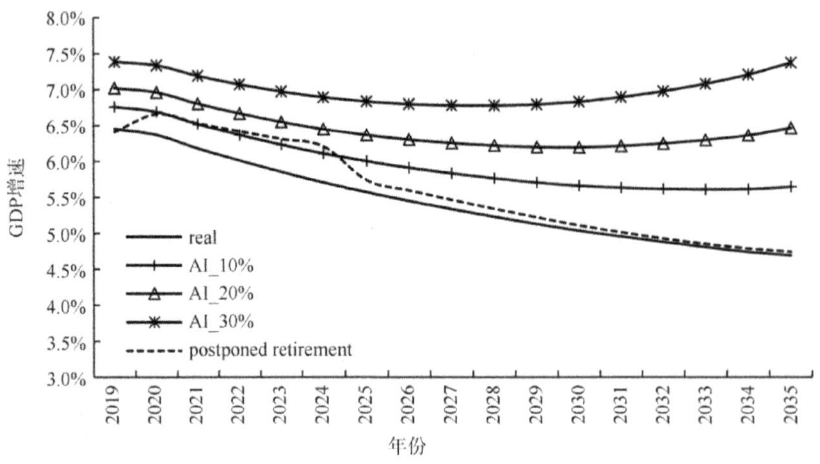

图 4　人工智能与延迟退休政策应对老龄化对经济增长影响的效果对比

可以通过人工智能影响经济增长的三条主要机制进一步解释延迟退休政策的作用效果不及人工智能的原因。第一，延迟退休政策试图“挖掘”劳动供给，但是难以扭转老龄化背景下劳动供给日趋减少的趋势。与之不同，人工智能可以提升生产的智能化和自动化程度，持续不断地减少劳动需求数量，从而使其可以长期可持续地应对老龄化的冲击。如表 4 所示，延迟退休情形下（postponed retirement 情形）的资本劳动比率与老龄化情形（real 情形）相比，略微有所降低，这归因于延迟退休所带来的劳动力供给的增加。相比之下，人工智能的发展使得企业可以摆脱劳动力供给不足的束缚，用先进的、智能化的设备替代劳动力，这体现为人工智能的三种发展情景下资本劳动比率的显著升高。第二，人工智能可以提高资本回报率，从而驱动储蓄率和投资率升高，这同样是延迟退休政策无法比拟的。数值模拟结果显示，延迟退休政策对资本回报率的影响微乎其微①，而人工智能对资本回报率的影响则非常显著。第三，人工智能有助于提高技术进步速度和全要素生产率增速，这也是延迟退休政策难以实现的。

六、结　　语

本文通过构建含有人工智能和老龄化的动态一般均衡模型，探寻了人工

① 延迟退休政策也会略微提高资本回报率，因为该政策少量增加了劳动力供给，使得资本边际报酬递减规律的作用效果略有减弱。囿于篇幅所限，暂不汇报延迟退休政策对资本回报率的影响，感兴趣者可向作者索取。

智能影响经济增长的主要机制，以判断人工智能究竟能否有效对冲老龄化给中国经济增长带来的不利影响。本文研究发现，人工智能主要通过三条机制促进经济增长，进而应对老龄化的冲击。一是人工智能可以不断提高生产的自动化和智能化程度，越来越多地实现资本对劳动的替代，从而减轻老龄化背景下劳动力供给减少对经济增长的不利影响。二是人工智能可以提高资本回报率，进而提高储蓄率和投资率，以减缓老龄化背景下储蓄率和投资率下降对经济增长的冲击。三是人工智能可以促进全要素生产率的提升，从而进一步对冲老龄化对经济增长的冲击。

数值模拟结果显示，人工智能的确可以较为有效地应对老龄化对中国经济增长的不利影响。老龄化背景下，到 2035 年中国的经济增速将会下滑至4.70%（如果考虑国内与国外其他不利因素的冲击，经济增速的下滑幅度将会更大）。而在本文设定的三种人工智能发展情景下，到 2035 年中国经济增速将分别比老龄化情形下高出 0.95 个百分点、1.77 个百分点和 2.68 个百分点。而且，长期来看，人工智能对全社会技术进步和全要素生产率的提升效果将越来越明显，从而进一步提高人工智能对经济增长的拉动能力。为了进一步评估人工智能应对老龄化的效果，本文还专门将其与延迟退休政策的效果进行了对比分析。结果显示，延迟退休只是在政策实施的最初几年较为有效，平均每年大约提高经济增速 0.40 个百分点，此后的效果将大幅减弱，平均每年只能提高经济增速约 0.09 个百分点。可见，延迟退休政策应对老龄化的效果明显低于人工智能的效果。

有鉴于此，本文认为中国可以通过发展人工智能来应对老龄化对经济增长的冲击。不过，要想实现这一目标并非易事。其一，人工智能的发展高度依赖于先进半导体、微处理器和高性能计算技术，但是长期以来中国的微晶片高度依赖进口，部分类型的高端半导体则几乎完全依靠进口，因此，人工智能的发展仍然面临技术难题。其二，虽然长期而言人工智能有助于促进经济增长和技术进步，但会带来短期失业问题。随着某项关键技术的突破，人工智能可以在短时间内导致个别工作岗位退出历史舞台，从而引发短期内的集中性失业问题。其三，人工智能的发展使得生产过程中资本相对于劳动更加重要，这意味着国民收入分配格局更加向资本倾斜，而不利于劳动者。①有

① 本文数值模拟结果显示，人工智能发展水平越高，全社会资本报酬相对于劳动报酬就越高。例如，在情景3（AI_30%）之下，2035年资本报酬与劳动报酬之比将会升至96.18%，比real情形高出6.65个百分点之多。囿于篇幅所限，暂不汇报具体模拟结果，感兴趣者可向作者索取。

鉴于此，政府部门既需要增加对人工智能关键技术领域的基础性研发投入从而为人工智能创造良好的发展环境，又需要未雨绸缪，以防范人工智能可能带来的失业和收入分配问题，这样才能使得人工智能更加有效地应对老龄化对中国经济增长的影响。

参 考 文 献

柏培文，许捷. 2018. 中国三大产业的资本存量、资本回报率及其收敛性：1978—2013. 经济学（季刊），（3）：1171-1206.

曹静，周亚林. 2018. 人工智能对经济的影响研究进展. 经济学动态，（1）：103-115.

陈昌兵. 2014. 可变折旧率估计及资本存量测算. 经济研究，（12）：72-85.

陈晓光，张宇麟. 2010. 信贷约束、政府消费与中国实际经济周期. 经济研究，（12）：48-59.

陈彦斌，郭豫媚，姚一旻. 2014a. 人口老龄化对中国高储蓄的影响. 金融研究，（1）：71-84.

陈彦斌，陈小亮，陈伟泽. 2014b. 利率管制与总需求结构失衡. 经济研究，（2）：18-31.

陈宇峰，贵斌威，陈启清. 2013. 技术偏向与中国劳动收入份额的再考察. 经济研究，(6)：113-126.

耿志祥，孙祁祥. 2017. 人口老龄化、延迟退休与二次人口红利. 金融研究，（1）：52-68.

金戈.2016. 中国基础设施与非基础设施资本存量及其产出弹性估算. 经济研究，（5）：41-56.

梁东黎. 2013. 我国财政支出结构的失衡与优化——基于资金流量表数据的分析.探索与争鸣，（3）：57-61.

刘晓光，刘元春. 2017. 延迟退休对我国劳动力供给和经济增长的影响估算. 中国人民大学学报，（5）：68-79.

刘学良. 2014. 中国养老保险的收支缺口和可持续性研究. 中国工业经济，（9）：25-37.

陆旸，蔡昉. 2014. 人口结构变化对潜在增长率的影响：中国和日本的比较. 世界经济，（1）：3-29.

马忠东，吕智浩，叶孔嘉. 2010. 劳动参与率与劳动力增长：1982～2050 年. 中国人口科学，（1）：11-27.

田友春. 2016. 中国分行业资本存量估算：1990～2014 年. 数量经济技术经济研究，(6)：3-21.

汪伟，姜振茂. 2016. 人口老龄化对技术进步的影响研究综述. 中国人口科学，（3）：114-125.

袁礼，欧阳峣. 2018. 发展中大国提升全要素生产率的关键.中国工业经济，（6）：43-61.

章上峰，董君，许冰. 2017. 中国总量生产函数模型选择——基于要素替代弹性与产出弹性视角的研究. 经济理论与经济管理，（4）：19-29.

周祝平，刘海斌. 2016. 人口老龄化对劳动力参与率的影响. 人口研究，（3）：58-70.

庄子罐，崔小勇，龚六堂，等. 2012. 预期与经济波动——预期冲击是驱动中国经济波动的主要力量吗?. 经济研究，（6）：46-59.

Acemoglu D，Restrepo P. 2017a. Secular stagnation? The effect of aging on economic growth in the age of automation. NBER Working Paper.

Acemoglu D，Restrepo P. 2017b. Robots and jobs：evidence from US labor markets. NBER Working Paper.

Acemoglu D，Restrepo P. 2018a. Demographics and automation. NBER Working Paper.

Acemoglu D, Restrepo P. 2018b. Artificial intelligence, automation and work. Working Paper.

Aghion P，Jones B F，Jones C I. 2017. Artificial intelligence and economic growth. NBER Working Paper.

Barro R J. 1974. Are government bonds net wealth?.Journal of Political Economy，82（6）：1095-1117.

Brynjolfsson E, Rock D, Syverson C. 2017. Artificial intelligence and the modern productivity paradox：a clash of expectations and statistics. NBER Working Paper.

Chui M，Manyika J，Miremadi M. 2015. How many of your daily tasks could be automated?.https://hbr.org/2015/12/how-many-of-your-daily-tasks-could-be-automated[2019-06-05].

Lankisch C，Prettner K，Prskawetz A. 2017. Robots and the skill premium：an automation-based explanation of wage inequality. Working Papers in Economic Theory and Policy.

McKinsey. 2018. Modeling the impact of AI on the world economy. McKinsey discussion paper.

Prettner K. 2019. A note on the implications of automation for economic growth and the labor share. Macroeconomic Dynamics，23：1294-1301.

Purdy M，Daugherty P. 2017. How AI boosts industry profits and innovation. Research Report，Accunture Institute for High Performance.

Purdy M，Qiu S，Chen F. 2017. How Artificial Intelligence Can Drive China's Growth. Accunture research paper.

专题研究七　中国构建“世界工厂+世界市场”新模式的战略意义与关键举措[①]

一、引　　言

改革开放以来，中国坚定扩大对外开放的道路，通过“高储蓄-高投资-高出口”的发展战略使中国迅速发展成为“世界工厂”。1982 年，中国货物出口占全球货物贸易的比重仅为 1.1%。至 2018 年，中国在全球货物出口贸易中所占比重达到 12.6%，已连续十年位列全球第一。[②]除此之外，2018 年中国制造业增加值占全球制造业增加值的比重高达 28.2%，连续九年位列全球第一。2020 年新冠肺炎疫情暴发以来，中国制造的口罩、防护服、呼吸机等医疗物资大量出口，为全世界联合抗疫做出了重要贡献，进一步凸显了中国作为“世界工厂”的作用和地位。[③]

中国的“世界工厂”模式成功推动了中国四十余年的高速增长。1978 年中国人均国民总收入仅为 200 美元，根据世界银行的划分标准，中国位居低收入国家行列。至 2018 年，中国人均国民总收入达到约 9460 美元，已跨入中高收入国家行列。1978～2018 年中国 GDP 年均增速高达 9.4%，高出世界同期平均水平 6.5 个百分点之多。在此期间，中国的“世界工厂”发展模式为推动中国经济迅速发展做出了重大贡献。

---

① 作者：陈彦斌，中国人民大学国家经济学教材建设重点研究基地、经济学院。本专题研究已经发表于《江海学刊》2020年第5期。

② 如无特殊说明，本文数据均来源于国家统计局与世界银行数据库。

③ 根据中国海关总署于2020年5月17日公布的数据，3月以来中国共验放价值1344亿元（人民币）的出口防疫物资，其中口罩509亿只、防护服2.16亿件、呼吸机7.27万台。防疫物资主要出口目的地为美国、德国、日本、法国、意大利。

然而，不容忽视的是，中国“高储蓄-高投资-高出口”形成的“世界工厂”发展模式严重挤压了中国居民消费，使中国经济发展呈现出“低消费”的特征。1978～2018 年中国居民消费率平均仅为 44%，并且自 2005 年起持续低于 40%。相比之下，1978～2018 年世界居民消费率平均达到 58%，英国、美国等发达经济体更是超过了 65%的高水平。与此同时，中国居民消费增长也持续乏力。1978～2018 年中国最终消费需求对 GDP 增长的贡献率平均仅为 63%，虽略高于世界平均水平（60%），但与英国、美国等发达经济体超过 80%的高水平相比，仍有较大差距。

随着中国经济步入高质量发展的新阶段，“世界工厂+低消费”模式的弊端也逐渐显现。本次新冠肺炎疫情进一步凸显了中国内需不足的严重后果，即对于外需波动的承受力较低。疫情冲击下，世界经济遭受巨大冲击，外需大幅萎缩。受此影响，中国 2020 年一季度 GDP 同比遭受断崖式下跌，跌至–6.8%的历史低位。除此之外，近几年全球经济增速放缓，贸易保护主义不断抬头，外需很有可能面临较为长期的疲软。因此，很有必要对中国长期以来“世界工厂+低消费”的发展模式做出调整，从而有效应对当前外部环境的持续性冲击。

二、“世界工厂”模式对中国增长奇迹的巨大贡献

改革开放以来，中国经济进入了四十余年的高速增长。1978～2018 年中国 GDP 年均增长达到 9.4%，高出世界同期平均水平 6.5 个百分点之多。中国潜在 GDP 也实现了同步快速增长，基于陈彦斌和刘哲希（2016）的测算方法，测算得到 1978～2019 年中国潜在 GDP 年均增速高达 9.6%。从增长核算的视角来看，资本积累和劳动力供给增加是实现中国潜在产出持续高速增长的关键。据测算，1978～2019 年，资本要素对潜在 GDP 增长的贡献率平均高达 74.9%，劳动要素的贡献率平均达到 16.8%。资本和劳动要素的快速积累解释了潜在产出超过 90%的增长。

不过，增长核算只是给出了经济增长奇迹的表象解释，更为深刻地理解中国经济的增长，是要看到“世界工厂”模式对中国过去数十年的高速发展所起到的至关重要的作用。自 1978 年改革开放起，中国就坚持“走出去”的发展战略，尤其是在 2001 年加入 WTO 之后，中国充分发挥资源和劳动力等比较优势，不断深入参与国际分工和国际贸易，从供给和需求两方面共同推

进了 21 世纪初中国经济的高速发展。具体而言，主要表现为以下两个方面。

一是“世界工厂”模式推动了出口规模的快速增长，对经济增长形成了直接的拉动作用。改革开放以来，中国的贸易规模保持较快增长，2001 年加入 WTO 之后增速进一步提高。2001～2007 年，货物出口总额年均增速高达 24.5%，比 1978～2000 年高出 11 个百分点左右。2008 年全球金融危机之后，受全球经济增速放缓及贸易保护主义抬头等因素影响，中国的货物与服务出口增速有所回落，但依托“世界工厂”的重要地位，2010～2019 年的近十年间，货物出口的平均增速依然保持在 8.1%的较高水平。总体上看，1979～2019 年中国货物出口平均增速高达 19.8%，显著高于同期的 GDP 增速，出口是拉动中国经济增长的核心力量之一。

二是“世界工厂”模式通过“出口-投资”联动机制，促进了投资需求的增长，对经济增长形成了间接的拉动作用。“世界工厂”模式除了直接拉动出口增长之外，还能够促进投资需求的增加。一方面，随着“世界工厂”发展模式的建立，全球产业链的中心逐步向中国转移，外商直接投资快速增长。1990～2019 年外商直接投资平均增速高达 16.8%。另一方面，出口的快速增长提高了企业的利润与盈利预期，激励国内企业增加机器设备、厂房等生产性投资的规模，从而推动了全社会固定资产投资的增长。由此可见，出口需求显著地带动了投资需求的增加，形成了“出口-投资”联动机制，这使得“世界工厂”模式对经济增长形成了较强的间接带动作用。

三、中国“世界工厂”模式当前面临严峻挑战

虽然中国的“世界工厂”模式有力支撑了中国过去四十多年的高速经济增长，但是，随着中国经济步入高质量发展的新阶段，“世界工厂”模式的弊端也逐渐显现，尤其是在本次疫情的冲击之下，体现得更为明显。

（一）“世界工厂”模式抑制了居民消费，不符合高质量发展的新要求

长期以来，中国依靠“高储蓄-高投资-高出口”的发展模式成为“世界工厂”，但是这一模式显著抑制了居民消费，导致中国居民消费持续低迷。2018 年中国居民部门消费率仅为 39%，而同期世界平均水平达到了 58%。发达经济体中，美国居民部门消费率为 68%，英国为 66%，加拿大为 58%，日

本为 56%。新兴市场和发展中经济体中，巴西为 64%，南非为 60%，印度为 59%，俄罗斯为 49%。可见，不论是发达经济体还是发展中经济体，其居民部门消费率均明显高于中国水平。

近年来，中国居民消费需求不足的问题进一步凸显。从居民人均消费性支出来看，剔除价格因素的实际增速从 2014 年 12 月的 7.5%下滑至 2019 年 12 月的 5.5%，接近该指标公布以来的最低值。从社会消费品零售总额来看，剔除价格因素的实际增速从 2012 年 12 月的 12.1%下滑至 2019 年 12 月的 6%，触及 2008 年全球金融危机以来的最低点。从居民消费率来看，虽然在 2010～2016 年有所回升，但仍处于低于 40%的历史低位，并且这一指标在 2017 年再度下降至 38.8%，是 2008 年以来的最大降幅。由此可见，中国长期以来的“世界工厂”模式使居民消费水平持续低迷，居民部门承受了较大的福利损失。

党的十九大报告指出，“我国经济已由高速增长阶段转向高质量发展阶段”[①]，这是对新时期中国经济所处发展阶段的全新定位。经济高质量发展的重要内涵之一就是扩大居民消费从而提升居民福利水平。中国“世界工厂”模式下居民消费与福利水平持续偏低的状况显然不符合新时代高质量发展的要求。有鉴于此，有必要对中国“世界工厂+低消费”模式做出根本性重构，从而更好地实现高质量发展。

（二）“世界工厂+低消费”模式易受外部环境冲击，加剧了经济陷入“低消费—大量失业—需求不足—低消费”恶性循环的风险

在消费低迷的情况下，主要依靠投资和出口的发展模式很容易受到外部环境的冲击，再加上中国的投资和出口之间存在联动机制，导致中国经济更容易受到外部冲击的影响。具体到此次疫情，疫情在世界范围内的蔓延造成外部需求明显萎缩，2020 年一季度中国制造业的采购经理指数（purchasing managers' index，PMI）的新出口订单指数均位于 50%以下，其中 2 月更是下降至 28.7%，触及历史最低位。外部需求的下降带动投资增速显著下滑，2020 年一季度全国固定资产投资增速下跌至–16.1%，较 2019 年同期降低了 22.4 个百分点之多。在消费本就低迷的情况下，出口和投资显著下滑，导致中国

① 《习近平：决胜全面建成小康社会 夺取新时代中国特色社会主义伟大胜利——在中国共产党第十九次全国代表大会上的报告》，http://www.xinhuanet.com/2017-10/27/c_1121867529.htm，2021年3月10日。

难以通过宏观政策和其他经济政策有效带动总需求复苏。

更为严峻的是，在全球贸易保护主义抬头和逆全球化趋势加剧的态势下，近几年中国出口面临的阻力明显加大。2018 年和 2019 年，以人民币计价的中国出口总额增速分别仅为 7.1%和 5%，比 2017 年降低了 3.7 个百分点和 5.8 个百分点，更是比 2001～2007 年的高增长时期下降了超过 20 个百分点之多。外部需求萎缩导致出口对中国经济增长的拉动作用明显减弱，近几年净出口对 GDP 增长的贡献率持续在 0 附近波动，2018～2019 年平均仅为约 1%，远低于 2005～2007 年超过 10%的高水平。一旦国际撤资和经贸脱钩问题真正发生，那么其对中国经济的伤害将是不言而喻的。

较大的外部冲击甚至有可能导致中国经济陷入"低消费—大量失业—需求不足—低消费"的恶性循环。具体而言，受疫情蔓延与外部环境不确定性增加等因素的影响，全国调查失业率明显上升，从 2020 年 1 月的 5.3%升高到 2 月的 6.2%和 3 月的 5.9%，持续处于该指标自发布统计数据以来的高位。失业率的升高直接影响了失业家庭的可支配收入，对未来失业预期的增加还将使家庭准备更多的预防性储蓄，导致家庭部门削减消费支出，从而有可能导致经济陷入"低消费—大量失业—需求不足—低消费"的恶性循环。虽然目前还没有完全出现这种恶性循环，但是有必要提前预防。

需要注意的是，中国"低消费—大量失业—需求不足—低消费"的恶性循环机制不同于美国 1929～1933 年大萧条期间"债务—通缩"导致的有效需求不足恶性循环机制，必须依据国情"对症下药"才能有效应对。美国大萧条期间"债务—通缩"恶性循环的关键在于通缩预期的自我强化。高债务下，价格水平下跌导致公众形成通缩预期，实际利率上升。家庭实际债务负担增加使得家庭缩减消费支出，企业融资成本上升使得企业投资需求减少。[①]因此，总需求受到抑制，价格水平进一步下跌。在没有政府干预的情况下，这更加强化了公众的通缩预期，陷入恶性循环，因而使得美国陷入有史以来最严重的衰退（陈彦斌，2015；Fisher，1933；Mishkin，2016）。这一循环机制的关键在于通缩预期的自我强化，而货币政策干预能够有效打破这一恶性循环。这是因为，适度宽松的货币政策能够提高公众的通胀预期并阻止资产价格持续下跌，从而阻止通缩预期的强化和信息不对称问题的加深，稳定消费和投资需求，避免出现"债务—通缩"恶性循环（陈彦斌，2015；陈小亮和

① 除了实际利率上升的影响外，资产价格下跌将减少企业净值，信息不对称下逆向选择和道德风险加剧，信贷供给减少，这将进一步抑制企业投资。

马啸，2016）。

与之相异，中国“低消费—失业”恶性循环的关键在于中国长期以来的低消费发展模式。近几年中国面临的外部不稳定、不确定因素持续增加，而长期低迷的消费使得投资需求对这些外部冲击较为敏感，投资需求明显下滑，导致总需求降低和失业大量增加。若消费需求得不到有效提振，这将使得消费水平进一步下降，中国经济面对外部冲击时将更加脆弱，从而更加加深“低消费—失业”的恶性循环。由此可知，低消费是导致这一恶性循环的关键，然而，这并不能依靠货币政策或财政政策来应对。

究其原因，中国长期以来的低消费根源在于中国投资驱动的发展模式，资本积累超过黄金律水平使得消费受到挤压。只有优化发展模式，“实现高质量发展”，才能从根本上扭转中国居民消费持续较低的局面。除此之外，居民收入水平较低、预防性储蓄较高、居民部门债务积累和高品质产品与服务供给不足等问题进一步抑制了消费需求。[①]这些都需要更有针对性的政策来应对，并非货币政策或财政政策所能解决的。

四、构建“世界工厂+世界市场”新模式的战略意义

在疫情冲击和贸易保护主义抬头等复杂形势下，中国经济下行压力不断加大，破局之策在于打造“世界工厂+世界市场”的新模式。“世界市场”不仅是指对世界开放的中国大市场，也是指国内自己市场规模要足够大，成为一个世界级的大市场。大幅提升居民消费、加快培育国内市场，使其规模足够大是发展“世界市场”的前提与关键。我们要进一步维护好“世界工厂”的地位，尤其是要加快技术进步和转型升级，提高中国产品的质量和技术含量。同时，我们也要进一步扩大消费，打造中国作为“世界市场”的新角色，以“世界工厂+世界市场 ”的新模式来应对当前中国所面临的困境和未来的发展问题。这一新模式的重要战略意义体现在以下三个方面。

（一）“世界工厂+世界市场”新模式有助于防止中国陷入经贸脱钩的局面，并且有助于加速形成国内国际双循环的新发展格局

随着疫情在世界范围内加速蔓延，各国均采取了不同程度的贸易管制和

① 关于导致中国居民低消费的因素，在文章第五部分有详细讨论。

旅游禁令等强制措施，全球商品、服务和人员跨境流动的壁垒有所上升。如果强制措施在疫情的影响下趋于长期化、常态化，再叠加贸易保护主义和民粹主义等势力不断抬头，会进一步加剧逆全球化的进程和中美贸易脱钩的可能性。[①]即使是有限脱钩，也会对中国经济产生较大影响。拥有巨大市场本就是中国的优势，进一步做大、做强、做优国内市场有助于提高中国所拥有的优势。因此，通过构建“世界工厂+世界市场”的新模式，能够充分释放中国巨大的市场潜力，增强中国在国际市场上的谈判力和吸引力，从而有效防止中国陷入经贸脱钩的局面。

（二）“世界工厂+世界市场”新模式有助于全方位带动就业

就业是民生之本，“稳就业”是社会稳定的根本保障与前提，位居中央提出的“六稳”和“六保”之首。[②]从短期视角来看，在此次疫情的冲击下，餐饮、住宿、旅游等行业首当其冲，多数相关企业停工停产。由于中国第二、第三产业的就业人数占总就业人数的比重超过了 70%，因此疫情对就业产生了较大冲击。在调查失业率上升至历史高位的同时，企业用工需求也持续低迷。当前，除制造业招聘需求有所增加之外，金融、进出口贸易、服务业等行业的招聘需求降幅均高达 40%以上。2020 年 1～3 月，PMI 非制造业从业人员指数分别为 48.6%、37.9%、47.7%，均位于历史较低位。通过“世界工厂+世界市场”的新模式持续扩大消费，能够为企业创造订单，从而有效增加企业用工需求，帮助中国经济走出困境、实现稳定复苏。从长期视角来看，随着中国老龄化程度的不断加深，居民对医疗、养老等方面的服务性消费需求会不断增加，能够为“世界工厂+世界市场”的新模式提供适宜的发展环境，服务行业的用工需求也将随之上升，从而更大程度地带动就业提升。

---

① 逆全球化在最近几年有两大主要表现。一是英国脱离欧洲联盟计划（即“脱欧”）。二是美国的全球贸易保护主义，与中国的贸易摩擦是其中重要的一部分。2018年至今，中美贸易摩擦不断升级，中美在经贸、科技、人文等方面的“脱钩”愈演愈烈。逆全球化产生的原因可归为经济和政治两大方面。经济方面的根源在于全球化利益分配不平衡，导致国与国之间及国家内部收入差距扩大。政治方面则主要认为民主政治的极端化是导致逆全球化的直接原因（刘志中和崔日明，2017；裴长洪，2014；程大为，2018）。

② “六稳”于2018年7月在中共中央政治局会议上首次被提出，指“稳就业、稳金融、稳外贸、稳外资、稳投资、稳预期”。“六保”于2020年4月在中共中央政治局会议上首次被提出，指“保居民就业、保基本民生、保市场主体、保粮食能源安全、保产业链供应链稳定、保基层运转”。

（三）“世界工厂+世界市场”新模式有助于更好地实现高质量发展

党的十九大报告指出，“我国经济已由高速增长阶段转向高质量发展阶段”，这是对中国经济所处发展阶段的全新定位。①经济高质量发展意味着中国将不再一味地追求经济增长的速度，转而更加重视经济发展的质量。以往高增长发展模式以居民福利损失为代价，如今扩大居民消费从而提高居民福利水平，成为高质量发展的重要内涵之一。除此之外，正如前文所述，在当前国际形势复杂多变的情况下，扩大消费还将有助于化解国际贸易冲突，提高中国经济面对外部冲击的抵抗力，保证中国经济平稳、健康发展，这同样也是实现高质量发展的关键。因此，在当前疫情冲击对居民消费产生明显抑制作用的情况下，通过构建“世界工厂+世界市场”新模式切实扩大中国居民消费，有助于增加居民福利水平，并增强中国经济面对外部冲击的承受力，从而能够更好地实现高质量发展。

五、扩大消费形成“世界市场”的关键举措

当前中国消费低迷，这既与发展模式有关，也与居民收入增速偏低、消费品品质不高、社会保障体系不健全等因素有关，多措并举才能有效扩大消费，使中国真正形成“世界市场”，从而构建起“世界工厂+世界市场”的新模式。

（一）优化发展模式，实现高质量发展

虽然“高储蓄-高投资-高出口”这一发展模式促使中国经济实现了高速增长，但也必然导致资本积累过度直至偏离黄金律水平②。这就使得稳态下持平投资③相对于有效人均产出而言过高，对消费造成挤压。然而，若要将资本积累水平向黄金律水平调整，短期内整体经济增速必将下滑。这是因为，稳

① 改革开放以来增长主义发展模式的根源在于中华民族对伟大复兴的强烈渴望，广大人民群众和政府部门领导人迫切要求改变国家贫穷落后的面貌，由此，中国走上了以经济建设为中心的增长主义发展道路（陈彦斌和郭豫媚，2014；陈彦斌等，2013）。

② 根据新古典增长理论，黄金律水平指使得稳态下有效人均消费达到最大化的资本存量水平（Romer，2019）。

③ 持平投资指使得资本存量水平维持在稳态时所需要的投资。

态资本存量的降低要求增加消费和降低储蓄率，从而会使得短期内单位资本存量对应的新增投资下降。因此，提高消费率需要以资本积累速度下降为代价，进而会导致短期内经济增速的下滑。然而，在改革开放后的很长一段时间里，追求经济高速增长是主要目标，经济增速的显著下滑无疑是难以接受的，这就掣肘了发展模式的改革，导致我国居民消费持续低迷。

在当前中国经济下行压力加大和债务负担增加的情况下，追求高增长更加不应成为掣肘发展模式改革的因素。这是因为，“高储蓄-高投资-高出口”这一发展模式本身已不可持续。具体而言，过度的资本积累必将降低实体投资回报率。在当前中国实体经济已较为低迷的情况下，这一方面将加重负债主体的偿债负担；另一方面，将诱使资金“脱实向虚”，高债务风险与资产泡沫风险将使得这一资本驱动的发展模式难以为继。有鉴于此，很有必要坚定改变发展模式的决心。只有调整和优化发展模式，切实将追求高质量发展作为主要目标，才能真正扩大中国居民的消费需求，从而把中国的居民部门消费率提高到国际平均水平，甚至接近发达经济体的水平（陈彦斌，2019）。

（二）切实降低居民债务尤其是房债，大幅提高居民可支配收入，让居民有钱消费

当前，我国居民部门的债务风险已较为严重。2018 年末，按照“居民债务占可支配收入的比重”衡量的我国居民部门杠杆率已经高达 120.2%，超过美国 20 个百分点。如果再将居民向亲戚朋友的借款考虑在内，那么实际的居民债务风险更高。众多实证研究已经表明，较高的居民部门债务将对居民消费产生明显抑制作用（潘敏和刘知琪，2018；Baker，2014）。因此，应合理控制居民部门杠杆率，减轻居民部门债务负担，由此，居民家庭才有可能增加消费。

除此之外，还要切实提高居民收入水平。2016 年以来，我国居民收入情况发生了明显变化，收入差距扩大的原因由高收入群体收入增长过快转为中等收入群体收入增速下滑过快，尤其是 2018 年中等收入群体的人均可支配收入增速仅为 3.1%，而高收入群体的人均可支配收入增速依然高达 8.8%。作为消费的主力军，中等收入群体收入增速的下滑成为制约全社会消费的主要因素。因此，需要深入贯彻党的十九大报告所提出的“完善按要素分配的体制机制”“履行好政府再分配调节职能”[①]等举措，从而提高中等收入群体的收入水平，扭

① 《习近平：决胜全面建成小康社会 夺取新时代中国特色社会主义伟大胜利——在中国共产党第十九次全国代表大会上的报告》，http://www.xinhuanet.com/2017-10/27/c_1121867529.htm，2021年3月10日。

转中等收入群体可支配收入增速下滑过快的局面（刘哲希和陈彦斌，2018）。

（三）深化供给侧结构性改革，提高产品质量，满足居民潜在的高品质消费需求

居民消费是由需求与供给两端共同决定的，如果供给端难以提供居民所需的产品与服务，那么即使居民存在扩张消费的欲望，也难以实现居民消费的快速增长。这恰恰是现阶段中国面临的突出问题：居民对于高品质教育和医疗等民生产品与服务的需求日益增多，但是国内市场供给却明显不足，由此显著抑制了国内消费需求的扩张。越来越多的人群开始通过“代购”“海淘”等方式大量购买国外产品就是这一问题的真实反映。要想解决高品质产品供不应求的现状，需要深化供给侧结构性改革。一方面，减少教育、医疗等领域的管制，让民间资本、外资更顺利地进入市场并享受公平的市场环境；另一方面，政府在强化市场主体地位的同时，要切实履行自身的监管职能，以更高的标准和更严格的监管“着力提升整个供给体系质量，提高供给结构对需求结构的适应性”（刘哲希和陈彦斌，2018）。

（四）根本性地解决好广大居民在教育、医疗、养老、住房等方面的后顾之忧，让居民敢于消费

降低居民的预防性储蓄是释放消费需求的又一关键举措。一直以来，教育、医疗、养老、住房等服务性消费供给数量不足，导致“上学难、看病难、养老难”等问题持续存在。“上学难”方面，中国学校“学生-教师比”高于主要发达经济体水平。2017 年中国小学“学生-教师比”为 16.6，而同期日本为 15.7，英国为 15.1，美国为 14.2，欧元区为 13.2，德国仅为 12.3。“看病难”方面，2018 年全国每万人平均仅有医院 0.24 家，其中广东、上海等省（直辖市）由于近年来人口净流入，每万人平均医院数分别仅有 0.14 家和 0.15 家，明显低于全国平均水平。2018 年全国每千人平均仅拥有医疗机构床位 6.03 张，这也反映出我国医疗服务供给不足。“养老难”方面，2018 年全国每千个老年人平均仅拥有养老床位 29.15 张，养老床位供给明显不足。除此之外，养老金储备也严重不足。《中国养老金精算报告 2019—2050》指出，截至 2017 年末，中国养老金储备余额占 GDP 的比重为 10.3%，而同期美国养老金储备余额占 GDP 的比重为 160%。

党的十九大报告明确指出，“我国社会主要矛盾已经转化为人民日益增长的美好生活需要和不平衡不充分的发展之间的矛盾”，解决好教育、医疗、养老、住房等方面的后顾之忧，才能解决我国社会面临的主要矛盾，从而使人民的生活更加美好。需要强调的是，“上学难、看病难、养老难”等问题有其机制体制上的原因，因此要进一步推进供给侧结构性改革，补短板、惠民生，才能从根本上让居民降低预防性储蓄，从而敢于消费。也只有这样，中国才能真正扩大消费形成“世界市场”。

参考文献

陈小亮，马啸. 2016. “债务—通缩”风险与货币政策财政政策协调. 经济研究，（8）：28-42.

陈彦斌. 2015-12-13. 中国目前不必过于担忧“债务—通缩”问题. 光明日报，7 版.

陈彦斌. 2019. 用改革办法扩大消费. 中国金融，（17）：72-73.

陈彦斌，郭豫媚. 2014. 高投资发展模式如何转变为适度投资发展模式?. 学习与探索，（8）：87-92.

陈彦斌，刘哲希. 2016. 经济增长动力演进与“十三五”增速估算. 改革，（6）：106-117.

陈彦斌，姚一旻，陈小亮. 2013. 中国经济增长困境的形成机理与应对策略. 中国人民大学学报，（4）：27-35.

程大为. 2018. 美国治下全球贸易体系的变化及中国贸易治理对策. 政治经济学评论，（4）：97-109.

刘哲希，陈彦斌. 2018. 消费疲软之谜与扩大消费之策. 财经问题研究，（11）：3-12.

刘志中，崔日明. 2017. 全球贸易治理机制演进与中国的角色变迁. 经济学家，（6）：50-57.

潘敏，刘知琪. 2018. 居民家庭“加杠杆”能促进消费吗?——来自中国家庭微观调查的经验证据. 金融研究，（4）：71-87.

裴长洪. 2014. 全球经济治理、公共品与中国扩大开放.经济研究，（3）：4-19.

Baker S R. 2014. Debt and the consumption response to household income shocks. Stanford University Working Paper.

Fisher I. 1933. The debt deflation theory of great depressions. Econometrica，1（4）：337-357.

Mishkin F S. 2016. The Economics of Money，Banking and Financial Markets. 12th ed. New York：Pearson Education.

Romer D. 2019. Advanced Macroeconomics. 4th ed. New York：McGraw-Hill Education.